DER ALLTÄGLICHE FASCHISMUS

FRAUEN IM DRITTEN REICH

Verlag J.H.W. Dietz Nachf.

CIP-Kurztitelaufnahme der Deutschen Bibliothek:

Der alltägliche Faschismus: Frauen im Dritten Reich. – Berlin; Bonn: Dietz, 1981.

ISBN 3–8012–0057–4

ISBN 3-8012-0057-4

Berlin · Bonn
Godesberger Allee 143, D-5300 Bonn 2

Lektorat Charles Schüddekopf
Umschlag Karl Debus, Bonn
Satz Satzstudio Hülskötter, Burscheid-Dürscheid
Druck Göttinger Druck- und Verlags-GmbH
Printed in Germany 1981

Inhalt

Einleitung

1980 fand in der Hamburger Markthalle, einem über die Stadtgrenze hinaus bekannten Kultur- und Kommunikationszentrum, auf Initiative der Arbeitsgemeinschaft sozialdemokratischer Frauen eine Veranstaltung über das Leben von Frauen unter dem Hakenkreuz statt. Idee und Realisation dieses Abends gingen von Frauen aus, die zum Teil noch in den Kinderschuhen steckten, als das Dritte Reich seinen unheilvollen »Ritt nach Osten« auf der Suche nach »Lebensraum für das deutsche Volk« begann. Oder sie waren erst nach der Niederlage des nationalsozialistischen Faschismus geboren worden.

Wer diese Veranstaltung besuchte und sich innerlich vorbereitet hatte auf eine elitäre Podiumsdiskussion unter Geschichts- und Sozialwissenschaftlern auf der Suche nach einem Vexierbild, konnte, je nach Interessenlage, angenehm enttäuscht sein. Anstatt auf berufene Vertreter der herrschenden geschichtsphilosophischen Interpretationen zu stoßen, sah sich das Publikum mit den ehemals Beherrschten selbst konfrontiert, mit Frauen, die über ihre subjektive Lebenswirklichkeit in der Nazi-Diktatur berichteten.

Nun war es nicht Ziel dieser Veranstaltung, gegen die Erkenntnisschranken der Geschichtswissenschaft zu rebellieren. Gegen Schranken, die sie sich selbst gesetzt hat, indem sie die von der Geschichte Beherrschten aus ihrer Wahrnehmung ausgeklammert und die »Blindstellen der Subjektivität« mit den Konstruktionen einer »objektiven« Geschichtsschreibung ausgefüllt hat. Rückblickend war es auch nicht erklärte Absicht, die von den Faschismusanalysen und -theorien verdinglichten und verdrängten Strukturen von alltäglicher Lebensgeschichte im Nationalsozialismus bloßzulegen. Es gab auch keine erklärte Opposition gegen den ideologischen und historischen Metaphernschutt, unter dem die Opfer, aber auch die Täter des Nationalsozialismus als Individuen begraben liegen. Diese Fragestellungen sollten erst später auftauchen, als direkte Folge der Erfahrungen und Eindrücke, die dieser Abend den Frauen selbst vermittelte und die dann letztlich zu einem Buch führten über den alltäglichen Faschismus, wie ihn Frauen im Dritten Reich erlebt haben.

Vorerst waren ganz andere Probleme zu lösen: Wie waren die Frauen, die dort in der Öffentlichkeit aus ihrem Alltag im Nationalsozialismus erzählen sollten, dazu zu bewegen, ihre schützende Anonymität zu verlassen, sich zu zeigen, zu entblößen und die Fragen nach ihrer Identität in einer Diktatur zuzulassen? War der Bruch zwischen denen, die aufgefordert waren, sich ihrer Lebenswirklichkeit im Faschismus zu erinnern, und

jenen, die abgeschnitten von diesen Erfahrungen nur mit den Rekonstruktionsversuchen der öffentlichen Geschichtsschreibung lebten, nicht längst unüberbrückbar geworden? Und hatte nicht auf der einen Seite das jahrzehntelange beharrliche Schweigen über die eigene Lebenswirklichkeit in dieser Zeit und das zornige, hilflose Fragen auf der anderen Seite alle Möglichkeiten der Vermittlung und des Verstehens blockiert?
Die beiden zuletzt genannten Probleme schienen sich durch zwei Zauberformeln und ihre organisatorischen Äquivalente aufzulösen: die kollektive Identität und das »kollektive Gedächtnis«, und doch waren es genau diese beiden Begriffe, die später bei der Planung des Buches die größten Schwierigkeiten bereiten sollten. Doch zunächst kristallisierte sich als überaus konkretes Problem nur eine Fragestellung heraus: Die öffentliche Preisgabe von Lebensgeschichte, der Verlust von Privatheit und die Angst vor der eigenen Erinnerung, die für die Frauen, die dort sich selbst erzählen sollten, zur seelischen Barriere wurden.
Wie dieser Interessenkonflikt zwischen den Frauengenerationen, zwischen den »Müttern« und »Töchtern«, gelöst wurde, ließe sich oberflächlich und stereotyp durch den Begriff der Solidarität charakterisieren. Und doch war es mehr, es war die Einsicht in eine politische Aktualität, die die einen anscheinend schon fast nicht mehr zu betreffen schien und die anderen erneut zu ängstigen begann. In einer nachträglich erschienenen Broschüre über diese Veranstaltung heißt es: »Den Frauen ist der Kampf gegen den Faschismus und seine versteckten Anfänge besonders gegenwärtig. Die Wirtschaftskrise und die Krise auf dem Arbeitsmarkt verunsichern Frauen stark; denn das einseitige Leitbild von der natürlichen Rolle der Frau als Hausfrau und Mutter feiert Urständ, weil sie der Gesellschaft wieder das bescheren könnte, auf das sie so sehnlich hofft: Gebärende Frauen, die ihren Beruf mit dem häuslichen Herd vertauschen und damit sowohl die Krise auf dem Arbeitsmarkt beseitigen wie über die Geburt neuer Bürger auch die Finanzierung der Renten sicherstellen. Die CDU/CSU-Vorschläge für Gebärprämien und staatlich bezahlte Mütter erinnern fatal an die Mutterkreuze des Faschismus . . . Schon einmal galten Frauen nur etwas, wenn sie Kinder bekamen und im Interesse des Staates die Kinder erzogen. Die Verfälschung der Mutterrolle wurde schon einmal dazu benutzt, Frauen als Bürger politisch zu erniedrigen und zu entmündigen.«
Um aber über die offenen politischen Implikationen hinaus den inneren Zusammenhang zwischen »Müttern« und »Töchtern« zu verstehen, der gleichzeitig auch die Voraussetzung für das Gelingen der Veranstaltung war, die ja ein Stück »mündlicher Geschichtsschreibung« sein wollte, muß man der Bedeutung von zwei Begriffen nachspüren: der des »kollektiven Gedächtnisses« und der der kollektiven Identität. Ich habe sie oben

deshalb als Zauberformeln beschrieben, weil ihre Wirkungsweise auf der Veranstaltung selbst nicht transparent wurde, sondern erst retrospektiv in der Auseinandersetzung und Arbeit mit dem Buch. Nun läßt sich die folgende Argumentationskette nur verstehen, wenn deutlich wird, daß die sich selbst erzählenden »Mütter« an vielen Stellen ihre Zugehörigkeit zur Arbeiterbewegung zwischen 1900 und 1933 betonten und diese fast übereinstimmend als ihre eigentliche »Heimat«, als ihre kollektive Identität beschrieben. Und in diesem Zusammenhang scheint es legitim zu sein, im Folgenden von einem »kollektiven Gedächtnis der Arbeiterbewegung« zu sprechen, das an diesem Abend und später in dem davon angeregten Buch aufschien.
Die französischen Sozialwissenschaftler Isabelle Bertaux-Wiame und Daniel Bertaux unterscheiden in einer Studie zwischen drei Formen des kollektiven Arbeitergedächtnisses. Die Geschichte der Klassenkämpfe — gemeint als eine Darstellung, die die Geschichte der Macht »in der Zeit« erzählt — bezeichnen die beiden Sozialwissenschaftler als die erste prägende Instanz des »kollektiven Gedächtnisses der Arbeiterbewegung«. Das Ensemble der informellen assoziativen, gewerkschaftlichen und politischen Organisationsformen der Arbeiterbewegung verkörpert die zweite Form des »kollektiven Gedächtnisses«, die sicherlich unmittelbar mit der letzten und dritten Form verknüpft ist, der Arbeiterkultur. In der Fortsetzung der These wird angenommen, daß man die beiden letztgenannten Formen des »kollektiven Gedächtnisses der Arbeiterbewegung« nicht als »Summe individueller Erinnerungen, sondern als ein Netz *sozialer Beziehungen* begreifen muß«.
Nun wäre diese wie aus einem Block gehauene Argumentation — und das bedeutet natürlich auch, daß von den Autoren stillschweigend vorausgesetzt wird, es gäbe eine intakte Arbeiterbewegung — geschichtsphilosophischer Selbstzweck, wenn nicht auch die offensive Funktion des »kollektiven Gedächtnisses« und dessen gesellschaftliche Gegenkräfte beschrieben würden. Und hier wird das »kollektive Gedächtnis« zum »klassenkämpferischen Instrument der Arbeiterbewegung«, das sich gegen »das letzte Ziel der herrschenden Klasse wendet, das Wesen von Geschichte an sich zu vernichten (Geschichte verstanden als Geschichte eines noch zu schreibenden Klassenkampfes), indem sie die Vergangenheit mit allen ihr zur Verfügung stehenden Mitteln auszulöschen, zu verfälschen und neu zu interpretieren sucht und an ihre Stelle eine offizielle Geschichte setzt«.
Sicherlich ist die Hegemonie der bürgerlichen Geschichtsschreibung über die Arbeiterbewegung unumstritten, aber es wird sich an Hand der Entstehungsgeschichte des Buches über die alltägliche Lebenswirklichkeit von Frauen im Dritten Reich gleich zeigen, daß auch das »kollektive Gedächtnis der Arbeiterbewegung« Teile der Vergangenheit auszulö-

schen und neu zu interpretieren sucht. Und weiter, daß es sich selbst aus dem Netz seiner widersprüchlichen sozialen Beziehungen und Organisationen heraus nicht als ein kollektives und *ideelles Gesamt*gedächtnis begreift. Damit soll nicht gesagt sein, daß das klassenspezifische »kollektive Gedächtnis« nicht existierte, sondern daß es in der Konstruktion der Bertauxs von der Wirklichkeit als Wissenschaftspostulat entlarvt wird.
Auf der Veranstaltung selbst hatten die gemeinsamen Erinnerungen noch durchaus harmonische Züge gehabt. Alle dort sich selbst erzählenden Frauen waren Mitglieder der sozialdemokratischen Arbeiterbewegung gewesen und konnten ihre Identität in der Nazi-Diktatur als Opfer des gemeinsamen Klassengegners, der Faschisten, schildern. Alle hatten sie in dieser oder jener Form Widerstand geleistet. Sobald sich aber die Aufgabe stellte, aus dieser mündlichen Geschichtsschreibung ein Buch zu machen, das sich nicht mehr offizielle Organisationsgeschichte zum Vorbild und zur Rahmenhandlung nahm, sondern die vielfältigen widersprüchlichen Strömungen in der Arbeiterbewegung selbst, erwies sich die Annahme *eines* »kollektiven Gedächtnisses der Arbeiterbewegung« als eine ebensolche Wirklichkeitsverleugnung, wie sie die Geschichtshegemonie der bürgerlichen Intelligenz erzeugt. Zwar hatte die gemeinsame Zugehörigkeit zur Arbeiterschaft die solidarische Verbundenheit der Frauen untereinander ausgemacht, aber ihre unterschiedliche Organisationszugehörigkeit ließ das kollektive Gedächtnis schon mit der Definition des Klassengegners enden. Viel weniger waren es die Personen in der Geschichte selbst, die sich als deren Subjekte erinnerten, als die Mitglieder einer bestimmten politischen Gruppierung innerhalb der Arbeiterbewegung. Nicht »*das* kollektive Gedächtnis« trat zutage, sondern eine Anzahl miteinander rivalisierender »kollektiver Gedächtnisse«, in denen sich die unterschiedlichen politischen Gruppierungen und ihre Geschichtsinterpretation widerspiegelten. Aber entscheidend ist nicht die widersprüchliche Erinnerung — sie ist ein Spiegel der Zeit und ihrer Vielfalt —, sondern die Tatsache, daß die erinnerte Lebenswirklichkeit in ständiger Wechselbeziehung mit der jeweiligen Organisation selbst und ihrem institutionellen Charakter »konstruiert« wird.
»Konstruiert« und »erdacht« wird in dieser Wechselbeziehung zwischen den Mitgliedern und ihren Institutionen (der Gruppe, dem Verein, der Partei usw.) nicht die reale Geschichte, sondern die Bedeutung und zentrale Stellung der eigenen Organisation in der gesellschaftlichen, politischen und kulturellen Zeit. So verbergen sich hinter den verschiedenen Geschichtsinterpretationen mehr als nur gegensätzliche ideologische Motive. In jeder Interpretation wird auch von der jeweiligen kollektiven Identität erzählt und — als Ausdruck eben des »kollektiven Gedächtnisses« — von dem, worum sie *alle* ringen: um die Heimat in der eigenen

Bewegung. Dieses Muster wird auch da nicht durchbrochen, wo diejenigen, die Mitläufer oder gar Repräsentanten des Dritten Reiches waren, in diesem Buch aus einer kritischen Distanz über ihre *damalige* Lebenswirklichkeit berichten.

»Kollektives Gedächtnis« und kollektive Identität kann aber auch wandfest machen gegenüber der Geschichte der anderen und so zur Unterschlagung von Teilen der zurückliegenden Wirklichkeit führen. Exemplarisch mag hierfür die kontroverse, rivalisierende Geschichtsschreibung über den Widerstand im Dritten Reich stehen, die selbst heute in allen politischen Lagern noch nicht ohne Wirklichkeitsunterschlagung auskommt. Aber in diesem Buch wurde die Frage nach der Wirklichkeitsunterschlagung nicht im Zusammenhang mit Legitimationsgeschichte, sondern mit der Darstellung des Alltags im Dritten Reich problematisiert. In einem Projekt, in dem ursprünglich nur Sozialdemokratinnen und ihre kollektive Identität und politische Heimat zur Sprache kamen, war es vergleichsweise einfach, sich darüber klarzuwerden, daß eine Schilderung des Alltags im Dritten Reich auch Frauen rivalisierender politischer Gruppierungen wie des ISK (Internationaler Sozialistischer Kampfbund) und der KPD, aber auch die gänzlich Unpolitischen zu Wort kommen lassen mußte.

Aber war es auch da noch berechtigt, von einer Blindstelle der Wahrnehmung zu sprechen, wo es unmittelbar die Funktionärin der NSDAP betraf? Konnte Fragestellung und Erkenntnisabsicht des Buches ausreichende Legitimation für den autobiographischen Text einer ehemaligen BDM-Führerin sein? Wie weit geht das Recht auf menschlichen und politischen Irrtum? Und dem gegenüber: schweigen wir uns nicht selber tot, wenn wir nicht auch außerhalb der Gerichtssäle nach der subjektiven Lebensgeschichte ehemaliger Nationalsozialisten fragen? Welche Fragen bleiben offen, wenn wir nur die nach der Schuld stellen? Fragen, die gestellt werden mußten, nicht auf der Suche nach Brücken des Verständnisses für den einzelnen Nationalsozialisten, aber des Verstehens. Aber es waren doch auch Fragen, die dieses Buch nicht gültig lösen konnte. Dennoch gab es Gründe hier ehemalige Mitläufer und Funktionäre nicht an den Rand der Wahrnehmungsfähigkeit zu drängen. Denn wie sollen die Nachgeborenen begreifen, wie der Nationalsozialismus den Einzelnen infizierte, sich die Verankerung der Diktatur subjektiv vollzog, wenn nicht die damals aktiv Beteiligten, die heute zu einer kritischen Distanz gegenüber dem Naziregime gefunden haben, über ihre Lebensgeschichte berichten? Und wird die so vermittelte Erkenntnis nicht von zentraler Bedeutung für den Widerstand gegen ein Aufleben des Faschismus gerade im eigenen Land sein?

Wandfest aber kann das »kollektive Gedächtnis« nicht nur gegenüber den anderen machen, sondern auch gegenüber der eigenen Person. So schildert man sich allzuleicht zuerst als Mitglied der eigenen Bewegung (der SPD, KPD, der Gewerkschaften usw.), erzählt die Geschichte der eigenen Organisation und beginnt, sich selbst als Subjekt dabei zu unterschlagen. Neben der Scheu, den Schutzraum der kollektiven Identität zu verlassen und sich selbst mit den eigenen Leiden und Freuden preiszugeben, gibt es gerade in diesem geschichtlichen Zusammenhang noch andere Gründe, sich in der Organisationsgeschichte der Arbeiterbewegung unsichtbar zu machen. So verschließt auch heute noch die Summe der individuellen Leiden derer, die Opfer der Nazis wurden, denen den Mund, die zwar auch in irgendeiner Weise Opfer des Regimes waren, aber mit dem Leben davonkamen. In fast allen Gesprächen und Interviews, die im Zusammenhang mit diesem Buch gemacht wurden, versuchten die befragten Frauen, sich an den Rand der Geschichte zu drängen, erschien ihnen die eigene Lebensgeschichte nicht erzählenswert angesichts derer, die ihr Leben verloren hatten. Und über die alltägliche Wirklichkeit, in der andere — Verwandte, Freunde, Nachbarn — abgeholt, gefoltert und erschlagen wurden, in der Teile von einem selbst gestorben waren, ließ sich nicht berichten, ohne das Grauen erneut zu erleben. So sind die Lebensgeschichten, die dieser Band überliefert, nicht ohne innere Konflikte der Beteiligten geschrieben und erfragt worden. Es kann hier nicht nachgezeichnet werden, wieviel persönlichen Mut und Überwindung die einzelnen Frauen aufbringen mußten, um sich hier zeigen zu können. Einiges steht in den Texten zwischen den Zeilen. Für alle läßt sich jedoch eine gemeinsame Überzeugung formulieren, hinter der die Furcht, ein Stück Erinnerung erneut zu erleben und fortzugeben, zurücktrat: daß Widerstand und Demokratie einander bedingen und daß die Demokratie dort zu Herrschaftsformen Einzelner wird, wo sie ihren Bürgern das Recht auf Widerstand und Ungehorsam verweigert: »Nie wieder Faschismus« bleibt eine leere Phrase, wenn der Widerstand gegen ihn nicht erlernt und erprobt wird.

Als 1933 die Nationalsozialisten an die Macht kamen, war ihre antifeministische und rassistische Ideologie, die dann Zug um Zug zur Herrschaftspraxis wurde, längst öffentliches Gut geworden. Längst hatten die Ideologen und Marktschreier der NSDAP drastisch demonstriert, daß es ihr erklärtes Ziel war, die Frauen aus allen Bereichen der Öffentlichkeit zu verdrängen und jede Form der Frauenemanzipation zu bekämpfen. So sahen die »Nationalsozialistischen Monatshefte« (laut »Vossischer Zeitung« vom 21. 10. 1930) in der aktiven Politikerin und »Frau im Parlament« eine »unerquickliche Erscheinung des liberalistischen Zeitalters«. Der nationalsozialistische Reichtagsabgeordnete Walter Busch schrieb schon im November 1930 im »Völkischen Beobachter«, daß die Frauen

auf die Berufe der Lehrerin, Krankenschwester und Helferin in der Landwirtschaft beschränkt werden sollten. Im gleichen Artikel weiß er auch zu sagen, wozu die göttliche Vorsehung und damit der Führer die Frauen bestimmt hatte, nämlich »die Hüterin des Blutes«, also der »reinen Rasse« zu sein. »Denn zum Untergang verurteilt wird ein Volk immer erst dann, wenn sein Blut soweit vermischt wurde, daß es vom Edling herabsank zum Köter.« Diese ebenso monströsen wie lächerlichen Gedankengänge bedeuteten für das konkrete gesellschaftliche Leben nach der »Machtübernahme«, daß der Instinkt den Verstand, die »Lebenskraft« das Gesetz und die propagandistische Lüge die Wahrheit dominierten. Wie sich Rassismus und Antifeminismus miteinander vermischten zu einem metaphysischen Konglomerat mit später tödlichen Folgen findet sich in dem Nazi-Blatt »Die Flamme« bereits 1930. Dort schrieb Paul Feder, Herausgeber und weltanschaulicher Kommentator des 25 Punkte-Programms der NSDAP: »Der Jude hat uns die Frau gestohlen durch die Form der Geschlechtsdemokratie. Wir Jungen müssen ausziehen und den Lindwurm töten, damit wir wieder zum Heiligsten kommen, das es auf dieser Welt gibt: zur Frau, die Magd und Dienerin ist.« Etwas weniger salbungsvoll und diesmal als biologistisches Arrangement hat es vor 1933 der spätere kollektive Mund des Dritten Reiches, Josef Goebbels, in seinem Roman »Michael« formuliert: »Die Frau hat die Aufgabe, schön zu sein und Kinder zur Welt zu bringen. Das ist gar nicht roh und unmodern, wie sich das anhört. Die Vogelfrau putzt sich für den Mann und brütet für ihn die Eier aus. Dafür sorgt der Mann für die Nahrung. Sonst steht er auf der Wacht und wehrt den Feind ab!«
Die Rassenideologie mußte in ihrer sexistischen und antifeministischen Bezogenheit fast zwangsläufig die Frauen zu einem ihrer zentralen Objekte machen. Aber natürlich ist die politische und gesellschaftliche Unterdrückung der Frauen, die dem blanken Rassismus vorausging, nicht das originäre Produkt nationalsozialistischer Gesellschafts- und Familienpolitik. Frauenfeindliche Politik beginnt und endet nicht mit dem Dritten Reich. Sie kennt eine lange Traditionsbildung und hat eine bis heute reichende Kontinuität. Unnötig zu sagen, daß in dieser Aussage weder direkt noch indirekt ein Vergleich gezogen wird zwischen dem Naziregime und unserer heutigen gesellschaftspolitischen Wirklichkeit. Um so nötiger erscheint es allerdings, hier darauf hinzuweisen, daß eine kritische Aufarbeitung der heutigen frauenfeindlichen Politik und gesellschaftlichen Praxis sich in der Frage nach der Traditionsbildung nicht um das Dritte Reich betrügen darf.
Wie anfällig selbst die schärfsten Kritiker der Nazi-Ideologie von »Blut und Boden«, von »völkischer Reinheit« und »Edlingen« für eine paternalistisch-autoritäre Denkweise waren, zeigt sich an Wilhelm Hoegner,

einem sozialdemokratischen Reichstagsabgeordneten, der 1931 eine in vielen Teilen hellsichtige Kampfschrift gegen die Nazis mit dem Titel »Die Frau im Dritten Reich« veröffentlichte. In ihr kritisiert er unter anderem das Wahlverhalten der Frauen, die, wie er meinte, überproportional häufig die NSDAP wählten. So hatten in der Reichstagswahl von 1930 im Gebiet Groß-Berlin 204.122 Frauen und 191.866 Männer die Nationalsozialisten gewählt. Hoegner kritisiert diese vermeintliche Tendenz unter Frauen mit den Worten: »Wir Sozialdemokraten wenden uns bei der Kritik des Nationalsozialismus auch nicht an jene Frauen, die schwach werden, wenn sie einen maulstarken Helden des Dritten Reiches zu Gesicht bekommen. Diese verdienen die Peitsche, die das Dritte Reich für sie in Bereitschaft hat. Wir wollen nur jene Frauen, die bisher gefühlsmäßig der nationalsozialistischen Bewegung zugetan waren, vor die Frage stellen, ob sie das der Frau im Dritten Reich zugedachte Schicksal mit ihrer Frauenwürde und ihrem einfachen Frauenverstand vereinbaren können.« Der konkrete Vorwurf Hoegners, daß insbesondere Frauen die Nationalsozialisten unterstützt hätten, wird auch heute noch erhoben. Unbestritten ist, daß Frauen in der Weimarer Republik zu den konservativen bürgerlichen Parteien neigten. Der Rückschluß aber, Frauen hätten weitaus häufiger als Männer die NSDAP gewählt, wird durch das spärliche Datenmaterial über geschlechtsspezifisches Wahlverhalten in dieser Zeit nicht bestätigt.
Das erklärte Ziel der nationalsozialistischen Politik, die Frauen aus dem Arbeitsmarkt zurück ins Haus zu drängen, damit sie dort als Mütter und Hausfrauen den Kinderfreunden Hitler und Göring die zukünftigen Divisionen gebären sollten, fand seine Begrenzung in der kapitalistischen Wirtschaftsordnung. Obwohl die Nazis ein Verbot des Doppelverdienertums einführten — eine von Hitlers Patentrezepturen zur Beseitigung der Arbeitslosigkeit —, konnte die von ihnen erhaltene und geförderte kapitalistische Wirtschaftsordnung auf die billige Arbeitskraft der Frauen in der Industrie und insbesondere im Dienstleistungsgewerbe nicht verzichten. Und hier kam es nach der Liquidierung aller Arbeitnehmerorganisationen zu einer Auflösung fast aller gesetzlich verankerten Rechts- und Schutzbestimmungen für die arbeitende Bevölkerung. Daß insbesondere Frauen von diesem »Rückfall in die Barbarei« betroffen waren, zeigt die Tatsache, daß sich in den Jahresberichten der Gewerbeaufsichtsämter in dieser Zeit die Fälle häuften, in denen Frauen skrupellos ausgebeutet worden waren. Einige Beispiele mögen dies zeigen: »In Württemberg beschäftigte eine große Kleiderfabrik ihre Arbeiterinnen bis zu 69 Stunden wöchentlich und hielt auch die minimalsten Pausenvorschriften nicht ein ... Der Inhaber einer Faßfabrik ließ die bei ihm beschäftigten Frauen trotz behördlicher Verwarnung längere Zeit in Schichten von 5 Uhr bis

22.30 Uhr arbeiten ... Bedenkliche Gesundheitsschädigungen registrierte die Gewerbeaufsicht bei den Arbeiterinnen einer Schleswiger Fischkonservenfabrik, die häufig bis 102 Stunden ihre Arbeiterinnen zur Arbeit anhielt.«
Auch Angestellte als aufstrebende Schicht sahen sich um die Propagandaversprechungen der Nazis betrogen, die ihr wahres Ziel, ihre wahren Vorstellungen von »Volksgemeinschaft« spätestens 1937 zu erkennen gaben: »... was wir Ausbildner des Führernachwuchses wollen, ist ein modernes Staatswesen nach dem Muster der hellenistischen Stadtstaaten. Diesen aristokratisch gelenkten Demokratien mit ihrer breiten ökonomischen Helotenbasis sind die großen Kulturleistungen der Antike zu danken. 5—10 von Hundert der Bevölkerung, ihre beste Auslese, sollen herrschen, der Rest hat zu arbeiten und zu gehorchen.« Den, der es allein seinem »anatomischen Schicksal« zu verdanken hatte, Staatssklave der Nationalsozialisten sein zu dürfen, fand die selbsternannte Nazi-Aristokratie schon nicht mehr der Erwähnung wert: die Frauen. Auf einen Platz im nationalsozialistischen Olymp konnten nur die Männer hoffen. Für die Nazi-Ideologie folgerichtig wurden Frauen gleich zweimal zu Staatssklaven gemacht: Zum einen im Haus als Dienerin des Mannes und Gebärerin künftigen Kanonenfutters, zum anderen als billige Arbeitskraft in der Wirtschaft des Tausendjährigen Reiches.
Wie die rassistische und antifeministische Gesetzgebung nach 33 die Lebenswirklichkeit von Frauen bestimmte, kann hier nur in aller Kürze skizziert werden. So wurden im Mai 1933 die Gesetze gegen die Schwangerschaftsunterbrechung verschärft, um den drohenden »Volkstod« der Deutschen zu verhindern. Ihnen folgte — im Rahmen des »Gesetzes zur Verminderung der Arbeitslosigkeit« — die Einführung von Ehestandsdarlehen, die sowohl die Geburtenrate steigern als auch den Frauen Anreiz sein sollten, ihren Beruf aufzugeben. Wenig später wurde das Gesetz zur »Verhütung erbkranken Nachwuchses« erlassen, dessen Opfer in erster Linie Frauen wurden. Bis 1937 wurden 95.165 Frauen sterilisiert. Wieviel Frauen den daraus folgenden Euthanasieaktionen zum Opfer fielen läßt sich nicht genau feststellen.
Obwohl die folgende Passage von Gisela Bock das konkrete Elend und die Angst von Frauen nicht widerspiegeln kann, zeigt sie doch die Eskalation und die unmenschliche bürokratische Perfektionierung dieser Gesetzgebung:
»Am 18. Dezember 1933 folgte die Bestimmung, daß nur 10 % aller Studierenden weiblichen Geschlechts sein dürften: ein gravierender Schlag gegen die Kämpfe der Frauenbewegung um Zulassung zu höherer Bildung, der aber dennoch die Behauptung nicht rechtfertigen kann: ›Der Abbau begann an der Spitze.‹ In der Tat hatte er um diese Zeit an der

›Basis‹ längst begonnen und wurde am 3. Juli 1934 mit dem ›Gesetz zur Vereinheitlichung des Gesundheitswesens‹ fortgesetzt. Dieses Gesetz sorgte, nachdem 1933 die Erbgesundheitsgerichte eingesetzt worden waren, für die Einrichtung von ›Beratungsstellen für Erb- und Rassenpflege‹ bei den ebenfalls neugeschaffenen Gesundheitsämtern, die Aufgaben der Ehe- und Erbgesundheitsberatung zu übernehmen hatten. Am 8. Januar 1934 ergriff Reichsärzteführer Wagner die Initiative für eine Zulassung von Schwangerschaftsunterbrechungen aus ›eugenischen‹, d. h. »Erbkrankheits«-Gründen, die, im September 1934 von Hitler begrüßt, wegen des Widerstands der Kirchen zuerst geheimgehalten wurde und schließlich am 26. Juni 1935 Gesetzeskraft erlangte. Kaum einen Monat später, am 18. Juli 1935, bestimmte eine Durchführungsverordnung zum Sterilisierungsgesetz, daß jegliche Fehlgeburt, die Ärzten und Hebammen zur Kenntnis kam, dem Kreisarzt gemeldet werden mußte. Von dort wurden die Informationen an die Kriminalpolizei weitergereicht, die unter den Fehlgeburtsmeldungen die vermutlichen Abtreibungen aufspürte und verfolgte. Am 15. September 1935 folgten die ›Nürnberger Gesetze‹, die Jüdinnen und Juden vom Reichsbürgerrecht und von der Heirat mit ›Deutschblütigen‹ (so hießen die ›Norden‹ und ›Arier‹ von nun an) ausschlossen: eine Durchführungsverordnung vom 14. November erweiterte das Heiratsverbot dahingehend, ›nicht nur das Eindringen von Judenblut, sondern auch sonstigem fremdrassigem Blut, z. B. von Negern, Zigeunern oder Bastardblut zu verhüten‹. Zwischen den beiden letztgenannten Daten, nämlich am 18. Oktober, kam schließlich das ›Ehegesundheitsgesetz‹, das diejenigen Krankheiten — nicht nur ›Erb‹-Krankheiten — aufzählte, bei denen die Eheschließung verboten wurde: Standes- und Gesundheitsbeamte wurden die ausführenden Organe.«
Doch trotz dieses Gesetzeskatalogs des Schreckens gelang es den Herren des Dritten Reiches nicht, ihren Rassismus und Antifeminismus in Übereinstimmung mit den ökonomischen Zwängen zu bringen, die nach dem Kriegsbeginn 1939 immer stärker wurden. Obwohl der Bedarf an Arbeitskräften in der Rüstungsindustrie kontinuierlich stieg und die Produktionszahlen mit der Entfesselung des totalen Krieges weit hinter dem tatsächlichen Bedarf herhinkten, gelang es den Nazis nicht, die Frauen zurück aus dem Haus an die Drehbänke der Betriebe zu bringen. Im Gegenteil, arbeiteten 1939 noch 3.836.000 Frauen im Bereich von Industrie, Handwerk und Energiewirtschaft, so waren es 1942 nur noch 3.537.000 Frauen. Die Zahl der in diesen Bereichen arbeitenden Frauen sank beständig bis 1944 (nur das Jahr 1943 macht dabei eine Ausnahme). Auch die von Goebbels 1943 in seiner Sportpalast-Rede geforderte Generalmobilisierung der Frauen — die von der Nazibürokratie nur halbherzig exekutiert wurde — führte nicht dazu, daß der Stand von 1939 wieder

erreicht oder gar überschritten wurde. Die weit verbreitete Auffassung, daß die deutsche Rüstungsindustrie auf den Schultern deutscher Frauen lag, muß in Zweifel gezogen und notwendigerweise wohl auch revidiert werden. Wieweit ausländische Frauen, die zur Zwangsarbeit von der SS und Wehrmacht ins Reich verschleppt wurden, und in gewissem Maße deutsche Frauen aus den Konzentrationslagern eine tragende Rolle in der Rüstungsindustrie gespielt haben, darüber lassen sich kaum detaillierte Angaben finden.

Tausend Jahre sollten nach dem Willen der Nazi-Elite Diktatur und Terror, Rassismus und Mord dauern. Die elf Jahre bis 1944 waren in den Augen der Parteispitze der NSDAP offensichtlich nur eine Ouvertüre. Im Januar des gleichen Jahres verfaßte Martin Bormann, als Leiter der Parteikanzlei und Reichsminister einer der mächtigsten Männer des Dritten Reiches, eine Denkschrift mit dem Titel »Sicherung der Zukunft des deutschen Volkes«. In dieser Aufzeichnung beschreibt Bormann in der Sprache des barbarisch feinfühligen Bürokraten, wie die beherrschende Realität nach einem gewonnenen Krieg für die Frauen aussehen würde. In keinem Satz dieses mehrseitigen »Zukunftsausblickes« deutet sich ein Bruch zwischen den zur Zeit der Niederschrift existierenden Bedingungen — über die Niederlage des Dritten Reiches konnte 1944 eigentlich kein Zweifel mehr bestehen — und dem monströsen Entwurf eines fortentwickelten Sozialrassismus an. Einige der wichtigsten Textpassagen, die unter anderem auch die sexistischen Motive illustrieren, seien hier wiedergegeben: »Unsere volkliche Lage wird nach diesem Krieg eine katastrophale sein, denn unser Volk erlebt jetzt den zweiten gewaltigen Aderlaß im Zeitraum von dreißig Jahren. Wir werden den Krieg militärisch auf jeden Fall gewinnen, ihn volklich aber verlieren, wenn wir nicht zu einer entscheidenden Umwälzung der ganzen bisherigen Auffassungen und daraus resultierenden Haltungen kommen ... Nach diesem Krieg werden wir, wie der Führer betonte, 3—4 000 000 Frauen haben, die keine Männer mehr haben bzw. bekommen. Der sich hiermit ergebende Geburtenausfall wäre für unser Volk gar nicht zu ertragen: Wie viele Divisionen würden, betonte der Führer, uns in 20 bis 45 Jahren und weiter fehlen. Zukunft, Leben eines Volkes sind desto gesicherter, je zahlreicher die Geburten dieses Volkes sind.

Die Rechnung mancher Eltern, sie müßten die Kinderzahl beschränkt halten, um die Zukunft der geborenen Kinder zu sichern, ist also grundverkehrt. Das Gegenteil ist richtig. Bei genügender Einsicht müßten also alle Frauen, die ein Kind besitzen, größten Wert darauf legen, daß nicht nur sie selbst, sondern auch alle anderen Frauen so viele Kinder wie nur möglich bekommen, denn die Zukunft dieser Kinder ist desto gesicherter, je größer ihre Zahl ist. Das ist eine ganz nüchterne Rechnung.

Nun können die Frauen, die nach diesem gewaltigen Krieg nicht mit einem Mann verheiratet sind oder werden, ihre Kinder ja nicht vom heiligen Geist bekommen, sondern nur von den dann noch vorhandenen deutschen Männern. Verstärkte Fortpflanzung des einzelnen Mannes ist — selbstverständlich vom Standpunkt des Volkswohls — nur bei einem Teil dieser Männer erwünscht. Die anständigen, charaktervollen, physisch und psychisch gesunden Männer sollten sich verstärkt fortpflanzen, nicht die körperlich und geistig verbogenen . . .
Wenn wir uns überlegen, was notwendig ist, um diese für unser Volk so lebenswichtige Frage zur erfolgreichen Lösung zu bringen, dann müssen wir uns die Lage im Einzelfall klar machen. Zunächst einmal werden viele Frauen — Mangel an Logik ist nun einmal den Frauen angeboren — die Richtigkeit im allgemeinen bejahen, im Einzelfall für ihre persönlichen Verhältnisse aber fanatisch ablehnen.
Die öffentliche, d. h. allgemeine Aufklärung kann aus einleuchtenden Gründen erst nach dem Kriege einsetzen. Nur ein Grund hierfür sei angeführt: Wir können heute nicht an die Frauen, deren Männer voraussichtlich noch fallen werden, appellieren, und wir können unsere Aufklärung auch mit Rücksicht auf unsere Soldaten noch nicht beginnen, das würde voraussetzen, daß wir auch unsere Männer, die jetzt Soldaten sind, zunächst mit diesen Gedankengängen vertraut machen müssen; denn ohne weiteres wird es nicht jedem Soldaten erwünscht sein, wenn seine Frau oder Braut nach seinem Tode Kinder von einem anderen Mann bekommt . . .
Schon jetzt müssen wir alle unerwünschten Hemmnisse unserer Zielsetzung abbauen. Insbesondere gilt es, die Dichter und Schriftsteller unserer Zeit auszurichten. Neue Romane, Novellen und Bühnenstücke, die ›Ehedrama‹ gleich ›Ehebruch‹ setzen, sind nicht mehr zuzulassen. Ebensowenig irgendwelche Dichtungen, Schriftstellereien, Kinostücke, die das außereheliche Kind als minderwertiges uneheliches behandeln.
Das Wort ›unehelich‹ muß, wie ich schon vor längerer Zeit betonte, gänzlich ausgemerzt werden. Die Vorsilbe ›un‹ bezeichnet im allgemeinen etwas Abzulehnendes. Beispiele:

ehelich	unehelich
Frieden	Unfrieden
Ehre	Unehre
frei	unfrei
sympathisch	unsympathisch
appetitlich	unappetitlich
hold	Unhold
Heil	Unheil

. . .

In vielen Fällen wird der Widerstand der Ehefrauen auf materielle Erwägungen zurückzuführen sein. Die Ehefrau möchte ihrer Kinder wegen nicht Einkommen oder Erbe ihres Mannes mit einer anderen Frau und deren Kindern teilen. Das ist verständlich. Weil aber Volk und Staat ihre Zukunft sichern wollen, müssen sie mit allen Mitteln, daher auch mit den notwendigen materiellen Mitteln, möglichste Erhöhung der Geburtenzahlen sichern; daher muß der Staat entsprechende ausreichende Zuschüsse leisten. . . .
Wir müssen — um der Zukunft unseres Volkes willen — geradezu einen Mutterkult treiben, und hierin darf es keinen Unterschied zwischen Frauen, die nach der bisherigen Weise verheiratet sind, und Frauen, die von einem Mann, dem sie in Freundschaft verbunden sind, Kinder bekommen, geben: Alle diese Mütter sind in gleicher Weise zu ehren (selbstverständlich gilt das nicht für jene asozialen Elemente, die nicht einmal wissen, wer die Väter ihrer Kinder sein könnten) . . .
Ferner: Auf besonderen Antrag sollen Männer nicht nur mit einer Frau, sondern mit einer weiteren ein festes Eheverhältnis eingehen können, in dem die Frau dann ohne weiteres den Namen des Mannes erhält, die Kinder ohne weiteres den Namen des Vaters.«
Terror und Infamie scheinen angesichts dieses sozialrassistischen Wirklichkeitsentwurfs fast leere Worthülsen zu sein. Doch daß der Alltag von Frauen nach einem von den Nazis gewonnenen Krieg bis in die verborgensten Lebenszusammenhänge von dieser antifeministischen rassistischen Ideologie bestimmt gewesen wäre, darüber mag hoffentlich heute kein Zweifel mehr bestehen.

April 1981 Charles Schüddekopf

Quellenhinweise

Bajohr, Stefan, Die Hälfte der Fabrik, Geschichte der Frauenarbeit in Deutschland 1914—45, Marburg 1979
Bock, Gisela, Frauen und ihre Arbeit im Nationalsozialismus, Berlin 1979
Georg, Enno, Die wirtschaftlichen Unternehmungen der SS, Stuttgart 1963
Hoegner, Wilhelm, Die Frau im Dritten Reich, Berlin 1931
Hofer, Walter, Der Nationalsozialismus, Dokumente 1933—45, Frankfurt 1957
Jacobsen, H. A., und Jochmann, W., Ausgewählte Dokumente zur Geschichte des Nationalsozialismus, Bielefeld 1961—66
Macciocchi, Maria Antonietta, Jungfrauen, Mütter und ein Führer, Frauen im Faschismus, Berlin 1979
Milward, Alan S., Die deutsche Kriegswirtschaft 1939—45, Stuttgart 1966
Niethammer, Lutz, (Hg.), Lebenserfahrung und kollektives Gedächtnis, Die Praxis der »oral history«, Frankfurt 1980

Annie Kienast, geb. 1897. Nach dem Besuch der Volksschule Ausbildung zur Verkäuferin. 1919 Eintritt in die SPD und die Gewerkschaft und dort bis 1921 als hauptamtliche Mitarbeiterin beschäftigt. Nach 1933 arbeitslos und ab 1935 wieder als Verkäuferin tätig. Mitglied des Bundesfrauenausschusses der DAG nach 1945 und des ehrenamtlichen Hauptvorstandes der DAG. Heute ist sie immer noch ehrenamtlich als Vorsitzende des Beirates der Altenwohnanlage der Deutschen Angestellten-Wohnungsbau-Aktiengesellschaft tätig.

Annie Kienast

». . . und noch heute meine ich, daß ich bestimmt geschossen hätte«

Ein Gespräch, aufgezeichnet von Christa Randzio-Plath

Auch heute noch kann ich die schlimmen Jahre nach Hitlers Machtergreifung nicht vergessen. Der Verlust der Freiheit war für mich nicht zu ertragen. Nicht mehr frei reden, sich frei eine Meinung bilden können — es war so schrecklich, daß ich hoffe, anderen Menschen bleibt diese Erfahrung erspart. Ich war praktisch ganz auf mich gestellt, mit niemand konnte man reden. Man durfte und konnte keinem trauen. Ich habe jene schlimmen Jahre nur so gut überstehen können, weil ich meine Eltern und Geschwister hatte, einen guten Arbeitsplatz fand und politisch vorbereitet war.

Ich hatte eine wunderbare Kindheit in Rothenburgsort. Viel Geld hatten wir nicht. Mein Vater war Kesselschmied. Sein Wochenlohn von 25 Mark mußte für die Eltern und sechs Kinder reichen. So konnten wir auch alle nur die Volksschule besuchen. Wir haben aber auf Drängen unserer Eltern und mit ihrer Hilfe alle einen Beruf erlernt, die Mädchen und die Jungen. Als meine Schulzeit beendet war, half ich zunächst meiner Mutter. Sie hatte ein Grünwarengeschäft aufgemacht, als wir größer waren. Ich ging mit zum Markt um vier Uhr in der Früh, um Gemüse einzukaufen. Im Laden verkaufte ich, aber ich machte auch den Haushalt zu Hause mit meiner Mutter gemeinsam. Später bestand meine Mutter aber darauf, daß ich eine ordentliche Lehre durchlief. Ich wollte unbedingt Verkäuferin werden. So ging ich als Lehrling in ein Textilgeschäft. 1917 bekam ich als 20jährige ausgelernte Verkäuferin dann meine erste Anstellung.

In meinen Kinder- und Jugendjahren haben wir zu Hause nicht viel über Politik gesprochen. Das lag daran, daß mein Vater beim Staat beschäftigt war. Ich wußte, daß er gegen die Monarchie war. Und mir war auch als Schülerin schon klar, daß er Sozialdemokrat geworden wäre, wenn er gedurft hätte. Als 1912 Reichstagswahlen waren, hat er gewählt. Ich begleitete ihn zum Wahllokal. Obwohl er mir nicht sagte, welche Partei seine Stimme bekommen hatte, wußte ich es. Meine Eltern wurden 1919 SPD-Mitglieder. Ich trat am 19. Januar 1919, dem Tag der Nationalversammlung, ein. Dabei hatte ich vorher Versammlungen von allen Parteien besucht und mit meiner Mutter häufiger über politische Fragen diskutiert. Damals begann überhaupt eine neue Zeit für mich. Ich wurde nicht nur Mitglied in einer Partei, sondern auch in einer Gewerkschaft. Mein Eintritt in die Freien Gewerkschaften und den Zentralverband der

Handlungsgehilfen (ZdA) war für mich eine wichtige Entscheidung. Dort arbeitete ich ehrenamtlich mit. Zunächst besuchte ich alle Versammlungen und setzte mich immer in die erste Reihe. So fiel ich den Gewerkschaftsfunktionären auf — zumal ich so klein war und immer einen kleinen Hut trug. Bald kam ich dann in Schulungskurse und Seminare — und auch in die Tarifkommission. Ich kämpfte für kürzere Arbeitszeiten und für Tarifverträge, die wir damals ja nicht hatten. Nachdem unser erster Tarifvertrag abgeschlossen war, wollte ich ihn auch in dem Laden, in dem ich arbeitete, anwenden. In diesem Geschäft am Steindamm gefiel es mir gut, ich hatte auch keine Schwierigkeiten mit dem Chef. Doch mußten wir täglich von 8 bis 12 Uhr und von 14 bis 20 Uhr, sonnabends bis 21 Uhr arbeiten. Nach dem Tarifvertrag durften wir bereits um 19 Uhr nach Hause gehen. Ich forderte meine Kolleginnen auf, mit mir um 19 Uhr das Geschäft zu verlassen. Sie versprachen es. Ich ging aber allein um 19 Uhr . . . Meine fristlose Kündigung war dann die Quittung dafür.

Beim ZdA fand ich dann eine Arbeit im Büro des Vorsitzenden. Ich durfte dort unabhängig von meiner Vorbildung und meinen Kenntnissen und ohne Kompetenzen überall mit dabei sein. In der Gewerkschaftszentrale habe ich den gewerkschaftlichen Schliff bekommen. Ich lernte es, Fragen zu beantworten und Entscheidungen zu treffen. Ich habe Kurse besucht und habe an allen wichtigen Sitzungen teilgenommen. Im Dezember 1921 ging ich jedoch wieder in meinen Beruf zurück und arbeitete bis 1934 in der Wäscheabteilung der Konsumgenossenschaft.

In der Zeit vor 1933 war ich dann aber weiterhin häufig für die Gewerkschaft ehrenamtlich tätig. Ich wohnte auch im Frauenheim der Gewerkschaft in Hamburg. Dieses Frauenhaus, an dessen Planung ich mitgewirkt habe, war damals revolutionär: Frauen konnten ihre Kinder in einem Kindergarten der Arbeiterwohlfahrt lassen. Morgens vor der Arbeit wurden die Kinder in den Heimkindergarten geholt und konnten dort bleiben, bis die Mutter von der Arbeit nach Hause kam.

Frauenarbeit habe ich auch gemacht. Ich war auch stolz, daß ich an dem ersten Tarifvertrag mitgearbeitet habe, in den der gleiche Lohn für Männer und Frauen als Forderung aufgenommen worden war. In jener Zeit habe ich die gewerkschaftliche und politische Bildungsarbeit sehr genutzt, um meinen von der Volksschulbildung nicht befriedigten Wissensdurst zu stillen. Zu dieser Zeit waren wir aber alle sehr unruhig. Wir bereiteten uns darauf vor, gegen Hitler zu kämpfen. So hatten wir beispielsweise Verbindungen zur »Heimstätte« im Nagelsweg, wo wir zusammenkamen. Wir wußten, daß dort Waffen, Munition und anderes Material lagerten. Vage ahnten wir, daß unser Kampf und Widerstand lange andauern würden. Zu viele Menschen waren von Hitler und den Nazis begeistert. Wir waren dann völlig überrascht, traurig und verzweifelt, als weder das

„Der Führer spricht." Originalbildunterschrift aus: Deutschland erwacht. Werden, Kampf und Sieg der NSDAP, hrsgg. vom Zigaretten-Bilderdienst Hamburg-Barenfeld, Hamburg 1933.

Reichsbanner noch die Partei oder die Gewerkschaftsführung in Berlin uns nach Hitlers Machtergreifung zum Kampf und Widerstand aufrief. Wir waren völlig verwirrt. Das Material und die Waffen haben wir dann versteckt. Es ist auch nichts gefunden worden.
Nach der Machtergreifung Hitlers wurde mir, da ich Betriebsrätin im Genossenschaftskaufhaus war, gekündigt. Ich gehörte dem Betrieb aber schon so lange an, daß ich eine einjährige Kündigungsfrist hatte. Diese Kündigungsfrist hielten die Nazis, die das Kaufhaus übernommen hatten, damals auch ein. Ganz schlimm wurde es nach der Gleichschaltung der Gewerkschaften und der Besetzung des Gewerkschaftshauses am 2. Mai 1933. Wenn wir es konnten, so warnten wir uns jedoch gegenseitig vor drohenden Übergriffen der Nazis. So wanderten auch »verdächtige« Unterlagen und Materialien immer für bestimmte Tage zu Freunden und Bekannten, damit bei einer möglichen Durchsuchung nichts gefunden werden konnte. Ich habe damals sofort meine sozialistischen und Gewerkschaftsbücher und meine Unterlagen versteckt oder vernichtet. Ich habe aber mein Gewerkschafts- und mein Parteibuch nicht wegtun können. Sie habe ich alle Nazi-Jahre hindurch aufbewahrt. Niemand hat sie entdeckt.
Im Betrieb ergab sich für mich eine merkwürdige Situation: Als die neuen Chefs merkten, daß ich das Vertrauen der Belegschaft besaß, boten sie mir in ihrer Machtvollkommenheit an, mich zur Betriebsrätin zu ernennen. Als Gewerkschafterin lehnte ich natürlich ab. Schwierigkeiten bei meiner Arbeit habe ich dann trotzdem nicht bekommen. Aber meine Entlassung wurde nicht rückgängig gemacht. Ich wurde wie so viele andere Gewerkschafter und Genossen arbeitslos. Das war damals überhaupt die übliche »Strafe« gegen uns: Man nahm uns politisch nicht so wichtigen Gewerkschaftern und Genossen die materielle Existenz.
Ich lebte dann von der Arbeitslosenunterstützung von 9,90 Mark wöchentlich. Damit konnte ich die Miete im Frauenheim aber nicht mehr bezahlen. So zog ich mit Genossen und Gewerkschaftern zusammen. Das war damals häufig so. Wir alle hatten die gleichen finanziellen Schwierigkeiten. Darum gründeten wir in einer größeren Wohnung eine Wohngemeinschaft. So teilten wir uns die Miet- und andere Lebenshaltungskosten. Die Wohngemeinschaften waren auch Orte, an denen man sich relativ sicher fühlen konnte. Damals haben wir sogar noch manchmal politische Gespräche geführt und uns in Zirkeln getroffen.
Vergeblich suchte ich damals einen Arbeitsplatz. Ich verdiente mir mit Aushilfstätigkeiten Geld zu meiner Arbeitslosenunterstützung hinzu. Ein Genosse, der ebenfalls arbeitslos geworden war, hatte sich von einer Erbschaft ein Restaurant gekauft. Dort habe ich dann sonntags vor allem in der Küche beim Abwasch geholfen. Die eigentliche Unterstützung

erhielt ich in jenen Tagen aber von meinen Eltern und Geschwistern. Ich war die einzige in der Familie, die arbeitslos war.
Das Arbeitsamt hat mich immer korrekt behandelt. Nur mußte ich mich leider umschulen lassen auf Hauswirtschafterin. Ich sollte wie andere Frauen auch zu Bauern oder in die Bäder. Das war Frauenarbeit nach dem Nazi-Verständnis. Ich wollte aber weder aus Hamburg weg noch in einem anderen als meinem erlernten Beruf arbeiten. Mir stand der Wechsel sehr bevor. Ich bin dann immer wieder zum Arbeitsamt gegangen und bin tatsächlich 1935 — kurz bevor ich weg sollte — vom Arbeitsamt als Abteilungsleiterin im Kaufhaus Defaka vermittelt worden. Überhaupt muß ich sagen, daß mich das Personal vom Arbeitsamt immer sehr freundlich behandelt hat. Sie haben sich auch sehr um eine Vermittlung bemüht. Mich hat man nicht gefragt, warum ich nicht verheiratet sei oder keine Kinder hätte. Ich glaube, daß es damals für eine ledige Frau einfacher war als für eine verheiratete Frau oder eine Frau mit Kindern, einen Arbeitsplatz zu bekommen. Das hing mit dem Bild der Nationalsozialisten von der Bestimmung der Frau als Hausfrau und Mutter zusammen. In der Arbeitswelt spielte diese Vorstellung überhaupt keine Rolle. Weder beim Arbeitsamt noch an meinem Arbeitsplatz ist mir die Frauenideologie der Nazis begegnet. Sie spielte wohl an der Schule, in der Gesellschaft und in den Familien eine Rolle, nicht aber dort, wo Frauen beschäftigt waren. Aber wir wußten natürlich alle, daß es nach den Vorstellungen der Nazis die vornehmste Aufgabe einer Frau war, viele Kinder zu gebären. Meine Mutter sollte auch so eine Prämie für die Geburt von uns sieben Kindern bekommen. Das war gleich 1934. Zu uns kam so eine »Nazi-Rieke«, wie wir diese Nazi-Frauen immer nannten, und wollte meiner Mutter das Mutterkreuz zukommen lassen. Meine Mutter weigerte sich, ein Mutterkreuz anzunehmen. Das hat ihr aber nicht geschadet.
Meine Arbeit als Abteilungsleiterin in der Modewaren- und Handarbeitsabteilung des Warenhauses machte mir viel Spaß. Viel Geld verdiente ich aber nicht. Der von Hitler verhängte Lohn- und Preisstop führte dazu, daß man bei einem Stellenwechsel oder einer Neueinstellung nur den Lohn erhielt, der zuletzt an der alten Stelle bezahlt worden war. So verdiente ich als Abteilungsleiterin genauso viel, wie ich vorher als Verkäuferin verdient hatte: 283 Mark. Dieses Gehalt bezog ich alle Jahre bis 1945.
Mein Leben in dem Kaufhaus mit seinen 200 Beschäftigten verlief ziemlich gleichförmig. Morgens stand ich um 7 Uhr auf. Mein Weg zur Arbeit war kurz. Der Arbeitstag begann um 8.30 Uhr. Jeden Morgen drückte ich mich erfolgreich um den Gruß »Heil Hitler«. Es wurde darauf geachtet, daß jeder mit diesem »deutschen Gruß« grüßte. Ich paßte immer Augenblicke ab, um mit vielen Kolleginnen und Kollegen gemeinsam den

Betrieb zu betreten. In der Masse fiel mein fehlender Gruß dann nicht auf. Schrecklich war auch der allmorgendliche Appell. Der SA-Vertrauensmann hielt eine Rede, in der er uns ans Herz legte, den Führer zu lieben, ihn morgens und abends zu grüßen und uns über ihn zu freuen. Ich stand unter Kontrolle. Alle beobachteten, wie ich mich verhielt. Ich mußte sehr vorsichtig sein. Und so habe ich bei diesen Appellen auch keine Miene verzogen.

Die leitenden Positionen im Kaufhaus waren von SA und SS besetzt. Mein Chef trug auch die Nazibrosche. Bis heute kann ich aber nicht sagen, ob er ein überzeugter Nazi war oder nicht. Ich habe mich einfach nicht auf politische Diskussionen eingelassen. Das fiel mir schwer. Ich konnte mit den Kolleginnen und Kollegen nicht reden und diskutieren. Ich durfte überhaupt nicht ungeschützt sprechen. Ich habe nur über Probleme am Arbeitsplatz geredet oder auch mal ein privates Wort.

Mittags aß ich in der Betriebskantine, die sehr gut und billig war. Wir hatten zwei Stunden Mittagspause. Obwohl ich an politischen Diskussionen nicht teilnahm, verdächtigten mich Kollegen doch »kommunistischer Redensarten«. Ich wurde zum Chef zitiert. Nachdem ich bestritt, jemals in der Betriebskantine »kommunistische« Reden gehalten zu haben, war dann die Sache auch erledigt. Ich wußte, wie wichtig es war, vorsichtig zu sein und sich politisch zu kontrollieren. So las ich im Ruheraum während der Mittagspause auch immer nur unverfängliche Romane. Die Nazi-Schriften, die da rumlagen, mochte ich nicht lesen. Nazi-Zeitungen habe ich gelesen, ich mußte ja wissen, was politisch vorging. Öffentlich wollte ich mich damit aber nicht im Betrieb sehen lassen, weil sie mir zuwider waren. Über Politik nicht zu reden, war gar nicht so schwer. Die meisten interessierten sich nicht für die politischen Verhältnisse und Vorgänge. Vor allem die Frauen kümmerten sich nicht um Politik. Dabei waren sie alle blind begeistert für den »Führer«.

Für alle waren Arbeit und Betrieb sehr wichtig. Wir waren in dem Kaufhaus wie eine große Familie. Wir trugen auch den Namen »Familienkaufhaus«. Die Firma organisierte Freizeiten, Ausflüge und gesellige Abende. Daran habe ich immer teilgenommen. Ich hatte viel Spaß dabei. Es war seltsam, die Arbeit und die damit verbundenen Veranstaltungen bildeten für mich alle Jahre hindurch eine Zuflucht, eine Oase. Und irgendwie war der Alltag auch stärker: man mußte durchkommen. Einmal mußte doch der Nazi-Spuk ein Ende finden. Mir war allerdings klar, daß es lange dauern würde; denn dazu gab es überall viel zu viele Mitläufer. Mein Arbeitsplatz war so ideal, daß ich manchmal denke — eine absurde Vorstellung — wie dankbar ich den Nazis sein mußte, daß sie mich nach der Machtergreifung in dem anderen Kaufhaus entließen. Ich hätte vielleicht ohne jenes Ereignis eine so gute Stellung nicht bekommen.

Wir haben auch an den von den Nationalsozialisten veranstalteten Leistungswettbewerben teilgenommen. Obwohl wir uns alle sehr anstrengten, haben wir die sogenannte »Goldene Fahne« als eines der besten Kaufhäuser nicht erringen können.
Einmal kam, während im Kaufhaus Hochbetrieb herrschte, ein Kollege vorbei und fragte: »Sind Sie Frau Kienast?« Er hatte mich schon lange gesucht, weil er mir von einem Reichsbanner-Mitglied und SPD-Genossen einen Gruß bestellen sollte. Das war nun der zweite Sozialdemokrat bei Defaka. Der Kollege, der mir den Gruß bestellte, arbeitete in der Materialverwaltung. Ich freute mich sehr und versuchte so oft wie möglich, mir selbst Material in der Materialverwaltung abzuholen. Das war nicht üblich und fiel auf. Aber ich habe immer wieder Vorwände gefunden, so daß ich wenigstens mit diesem Kollegen einmal ein offenes Wort sprechen konnte.
Feierabend hatte ich um 19 Uhr. Zum Abendessen ging ich immer zu meinen Eltern. Ich war dort auch am Wochenende. Wo sollte man auch in jener Zeit hingehen! Ab und zu ging ich mit einer Arbeitskollegin in die Staatsoper. Das war aber neben den betrieblichen Veranstaltungen die Ausnahme. Mit meinen Eltern und Geschwistern habe ich mich über die politische Lage unterhalten. Wir haben sehr aufgepaßt. Selbst in der Wohnung wagten wir nicht, laut zu sprechen. Es war sehr traurig für uns, daß das freiheitliche Denken bei uns in Deutschland so schnell verloren gehen konnte und wir uns auf andere nicht mehr verlassen konnten. Ich habe damals sogar ehemalige Gewerkschaftskollegen getroffen, die plötzlich die Nazi-Brosche trugen und mich nicht mehr kannten. Wir hörten von Kindern, die ihre Eltern anzeigten. Auch ein Neffe von mir war ein begeisterter Pimpf. Sein Vater wollte ihn nicht in der Uniform und bei den Veranstaltungen sehen und drohte ihm dafür Prügel an. Da sagte der Junge: »Faß mich nicht an — Papa, Du beleidigst die Uniform!«
In den Jahren nach der Machtergreifung habe ich sehr viel Freizeit gehabt. Ich hatte ja meine Gewerkschafts- und Parteiversammlungen nicht mehr, und ich ging auch zu keinen Nazi-Veranstaltungen. Ich hätte damals so viel lesen und mich weiterbilden können. Aber meine politischen Bücher fehlten mir. So blieben mir nur Romane, die ich regelrecht verschlungen habe. Mit Ausnahme meiner Familie hatte ich praktisch kaum Freunde. In den ersten Jahren traf ich noch Genossen und Gewerkschafter. Aber viele verschwanden. Sie mußten sich alle eine Existenz aufbauen. Viele wurden Vertreter oder machten sich selbständig, um überhaupt Geld verdienen und gleichzeitig Kontakte knüpfen zu können zu Kollegen und Genossen, die oftmals verzogen waren. Viele grüßten nicht einmal mehr, weil sie Angst hatten. Dabei konnte man sich anfangs im privaten Bereich noch vieles leisten, ohne dafür büßen zu müssen. So

nahm ich 1936 an der Beerdigung eines jüdischen Bekannten teil, obwohl alle meinten, daß dies höchst gefährlich sei.
1934/35 überlegte ich, ob ich nicht in den aktiven Widerstand gehen sollte. Das war nicht meine Idee. Ich traf zufällig Gewerkschafter und Genossen auf der Straße. Sie hörten, daß ich eine eigene Wohnung besaß. Daraufhin kamen sie mit ihrer Schreibmaschine und verfaßten dort Flugblätter und Material. Wir hatten die Schreibmaschine auf Decken gestellt und alles verhängt, damit keine Geräusche aus meiner Wohnung dringen konnten. Wir haben zunächst ausprobiert, ob man nichts hören konnte, denn mein Nachbar war ein überzeugter Nazi. Mein Nachbar hat nichts gemerkt. Dabei hat das Frauenbild in jener Zeit sehr geholfen. Die Nazis hielten Frauen für dumm und nur für geeignet, eine gute Hausfrau und Mutter zu sein. So kam mein Nachbar gar nicht auf die Idee, in mir etwas anderes als die dumme kleine Nachbarin zu sehen. Mein Arbeitsplatz bot zusätzlichen Schutz. Wir waren auch sehr vorsichtig. Die Genossen überzeugten mich dann Ende 1935 davon, daß es wichtig sei, wenn ich im Ausland Kurierdienste machen würde. Alles wurde verabredet, obwohl ich mich nicht für gebildet genug hielt. Der Plan platzte dann aber, weil ein Genosse tödlich verunglückte.
Ich habe dann mein ganz normales Arbeits- und Alltagsleben weitergeführt. Weder an meinen Arbeitsbedingungen noch an meinem Lohn hat sich bis Kriegsende etwas geändert. Während dieser Zeit habe ich mich an ganz bestimmte Regeln gehalten, habe eine Rolle gespielt. Das ging, weil meine Schulung in der Gewerkschaft mir half, aufzupassen, kein unbedachtes Wort zu sagen. Außerdem war ich darum bemüht, gute und dummerhaftige Ausreden zu finden, wenn ich von den Nazis in Pflichten genommen werden sollte. Diese Rolle »Klein-Doofi mit Plüschohren« war mein Rezept zum Überleben. Das habe ich auch durchgehalten. So sollte ich immer wieder ehrenamtliche Funktionen übernehmen. Erfolgreich drückte ich mich. So weigerte ich mich, Lehrlingsprüferin in einer Nazi-Kommission zu werden. Mein Chef hatte meinen Lebenslauf gelesen und meinte, ich sei für eine derartige Aufgabe geeignet. Ich habe ihm klein und bescheiden versichert, daß meine Ausbildung für eine derartige ehrenvolle Aufgabe nicht ausreichend sei.
So versuchte ich immer wieder, meinen eigenen Weg zu gehen. Ich kriegte aber doch einen Schreck, wenn ich zum Chef befohlen wurde. Einmal schickte er auch die Sekretärin raus und hielt mir dann vor, daß mich wieder jemand kommunistischer Redensarten verdächtigt habe. Ich sagte nein und wollte wissen, wer mich verleumdet habe. Mein Chef sagte noch, wie gefährlich es sei, wenn diese Vorwürfe dem SA-Obmann des Betriebes bekannt werden würden. Als ich aus dem Zimmer des Chefs auf den Flur trat, begegnete ich diesem Obmann. Ich erzählte ihm sogleich von den

ungeheuerlichen Vorwürfen und fragte ihn, ob er sich so etwas vorstellen könne. Und er sagte, nein, er könne sich das nicht vorstellen.

Auch im privaten Bereich hatte ich mir bestimmte Regeln auferlegt. Ich wollte nicht auffallen. So habe ich in meiner Wohnung immer Hitlers Buch »Mein Kampf« auf dem Tisch liegen lassen — wie eine Bibel. Wir haben oft über dieses »Evangelium« gelacht. Aber es war wichtig für den Fall einer Hausdurchsuchung, aber auch bei möglichen Besuchen der Nachbarn. Man achtete einfach auf solche Dinge, so gräßlich sie auch waren. Es hatte keinen Zweck, ohne Grund etwas zu riskieren. Meine Wohnung ist nicht durchsucht worden wie die von Freunden und Bekannten. Nur einmal bekam ich Nazi-Besuch: Ich hatte meine Fahne nicht rausgehängt. Das ging mir gegen den Strich. Der SA sagte ich, daß mein Fahnenbehälter kaputt gewesen sei und ich ihn wegen meines langen Arbeitstages nicht hätte reparieren lassen können. Ich hätte nur daran gedacht, daß die Fahne Kindern auf den Kopf fallen und sie verletzen könnte. Dabei hatte ich gar keine Fahne!

Als 1939 der Krieg ausbrach, hatte ich zwar Angst. Ich hoffte aber zugleich, daß damit die Zeit des Hitler-Regimes zu Ende gehen könnte. Doch sehr hoffnungsvoll war ich nicht, weil ich eine lange Dauer des Krieges befürchtete. Die Propaganda hatte ihre Wirkung genauso gehabt wie der Terror: Es gab zu viele begeisterte Anhänger Hitlers und zu viele Mitläufer, als daß der Krieg durch unsere eigene Schwäche und durch unseren eigenen Widerstand ein schnelles Ende hätte finden können.

Während des Krieges haben wir noch häufiger zu Hause bei meinen Eltern ausländische Sender gehört. Damit niemand uns belauschen konnte, haben wir die Fenster und Türen verhängt. Es war gefährlich, aber wir wollten unbedingt Informationen haben. Die ausländischen Sender waren unsere einzige richtige Informationsquelle. In dieser Zeit habe ich kaum noch Genossen gesehen. Sie waren eingezogen worden, wenn sie nicht geflohen, versteckt, verhaftet oder in die KZs gekommen waren. So habe ich mich sehr gefreut, als ich 1943 eines Abends zusammen mit meiner Schwester den früheren SPD-Reichstagsabgeordneten Paul Bergmann traf. Dieses Wiedersehen haben wir in meiner Wohnung gefeiert und heimlich ein Stück Fleisch, das er hatte, auf einer Heizsonne »gegrillt«. Von da an lief ich praktisch jeden Abend bis Kriegsende von Fuhlsbüttel nach Langenhorn, zwei Stadtteile, die ungefähr sieben Kilometer auseinanderliegen. Dort wohnten er und seine Frau. Wir haben gemeinsam ausländische Sender gehört und über die politische Lage geredet. Wir hofften inbrünstig, daß Hitler bald den Krieg verlieren würde. Diese Abende waren ein Lichtblick in der düsteren Zeit. Dabei war es ein mühsames Unternehmen, jeden Abend die weite Strecke zu laufen. Außerdem mußte ich bei jedem Alarm zu Hause im Luftschutzbunker bei

meinem Nazi-Nachbarn sein. Irgendwie hatte ich Glück und schaffte es, daß meine Besuche nicht auffielen. Dennoch — es war ein großer Gegensatz: tagsüber ein ganz normaler Arbeitsalltag mit den Kolleginnen und Kollegen, der vielen Arbeit und den Kunden, abends dann die Angst, das Horchen und Reden hinter abgedichteten Fenstern und Türen.
1944 befahl mein Chef mich wieder zu sich. Ich bekam es mit der Angst. Er sah es mir wohl an. Er saß dort mit dem SA-Obmann und den höchsten Hamburger Nazi-Führern — alle in ihrem »Ornat«. Er beruhigte mich und sagte, Frau Kienast, sie brauchen keine Angst zu haben. Natürlich antwortete ich sofort, daß ich keine Angst hätte, und was sie denn von mir wollten? Sie boten mir die Stellung von Valeska an. Valeska, die Führerin der Frauenschaft war gestorben. Ich sollte ihre Nachfolgerin werden. Ich wollte das natürlich nicht. So verwies ich zwar auf die große Ehre, aber auch darauf, daß ich diese Aufgabe nicht übernehmen könne: Ich hätte alte kranke Eltern. Ich müsse abends nach Dienstschluß immer sofort nach Hause. Sie boten mir dann eine Frau an, die meine Eltern pflegen sollte — ohne Kosten für mich und meine Eltern. Das habe ich aber auch abgelehnt. Meine Eltern würden das nicht ertragen, wenn sich eine Fremde und nicht die Tochter um sie kümmerte. So kam ich wieder einmal davon. Das war nicht so einfach, zumal eine Überprüfung ergeben hätte, daß meine Eltern zwar schon sehr alt, aber nicht krank und hinfällig waren. Es wurde mir aber schwerer und schwerer, durchzuhalten. Jeden Morgen, wenn ich ins Geschäft ging, sah ich die Gefangenen in ihren KZ-Drillich-Anzügen. Selbst im Winter wurden sie in diesen dünnen blau-weiß gestreiften Anzügen zur Arbeit getrieben. Der Krieg und der Alltag gingen aber weiter. Endlich kapitulierte Deutschland. Als wir auf die Straße durften, bin ich sofort zum zerstörten Gewerkschaftshaus am Besenbinderhof gelaufen. Es waren viele Menschen dort. Alle hatten große Hoffnungen. Wir wollten neu anfangen und aufpassen, daß das freiheitliche Denken nicht wieder verlorenging.
Immer wieder denke ich darüber nach, warum niemand Hitler umgebracht hat, und noch heute denke ich an eine Begebenheit von 1934. Ich war damals arbeitslos und machte bis abends um 21 Uhr Aushilfe in einem Kaufhaus. Mit einem Kollegen ging ich nach Hause, und wir gingen über den Hauptbahnhof. Da stand eine Gruppe SS-Leute. Der Hauptbahnhof selbst war wie leergefegt. Ich fragte beim Bahnhofskiosk, was los sei. Da meinte man, Hitler käme. Wir warteten. Hitler kam tatsächlich und war ziemlich ungeschützt. Ich bin grundsätzlich gegen Gewalt, gegen Attentate, vor allem auch gegen politische Attentate. Dennoch — damals sagte ich zu meinem Kollegen, o Gott, wenn ich bloß einen Revolver hätte, den würde ich erschießen. Ich wußte, was mir geschehen würde. Ich war aber entschlossen; denn damals hätte man die

Bewegung noch aufhalten können. So dachte ich damals. Und noch heute meine ich, daß ich bestimmt geschossen hätte.

„Am Jahrestag der Machtübernahme – nach drei Jahren Dritten Reiches in einer ‚Hochburg des Kommunismus', wo einst heiß umkämpfte Rotfront-Barrikaden standen. Rot ist zwar immer noch der Fahnenschmuck – aber anstatt Hammer und Sichel tragen heute die Fahnen das Hakenkreuz – zur Feier der Machtübernahme des größten Feindes des Kommunismus." Originalbildunterschrift aus: Stanley McClatchie, Sieh: Das Herz Europas, Berlin o. J.

Gerda Zorn, geb. 1920. Mitglied der Kinderfreunde, einer sozialdemokratischen Kinder- und Jugendorganisation. Nach Abschluß der Volksschule 1934/35 arbeitete sie erst beim Film und später beim Presse- und Nachrichtenbüro in Berlin als Sekretärin. Nach 1945 Journalistikstudium und Arbeit als Publizistin. Sie ist verheiratet und lebt heute als freiberufliche Journalistin und Schriftstellerin in Hamburg.

Gerda Zorn

Mein alltäglicher Faschismus

Die Auflösung unserer Jugendgruppe

Meine erste Lektion in Sachen Machtübernahme durch die Nazis erhielt ich nach jenem 30. Januar 1933, an dem die Nazis mit einem riesigen Fackelzug durch Berlin zogen und ihren Sieg beschrien. Heil-Rufe dröhnten Unter den Linden, Stiefel knallten über das Pflaster, in den Straßen gröhlten sie »SA marschiert, mit ruhig festem Tritt«. Für uns war es gespenstisch, denn wir gehörten nicht dazu. Wir standen auf der Seite der Verlierer. Doch was bedeutete das damals schon für mich? Ich war 12 Jahre alt. Wir gingen wie jede Woche zu unserem Gruppenabend der Kinderfreunde — einer Jugendorganisation der SPD.

In der Vergangenheit hatten wir neben Sport, Spiel, Volkstanz auch »Parlament« gespielt. Das war unser »Polituntericht«. Eine spektakuläre Improvisation, bei der wir uns aufteilten in SPD-, KPD-, bürgerliche Parteien- und Nazi-Vertreter. Wir beschimpften uns lauthals, die Kommunisten verließen unter Absingen der Internationale das Parlament, die Sozialdemokraten redeten von Demokratie, Ruhe und Ordnung bewahren, die Bürgerlichen pfiffen und die Nazis gingen mit Stöcken und Stühlen auf alle los. Zuerst wollte keiner von uns den Nazi spielen — und dann machte es vor allem den Jungens einen Riesenspaß, und es wurden immer mehr, die drauflosprügeln wollten. Entscheidender Eindruck bei mir blieb: Das Parlament ist eine Quatschbude, und dafür bekommen die auch noch Geld, während mein Vater zu Hause als Arbeitsloser meiner Mutter helfen mußte.

Meine Mutter nähte Mäntel in Heimarbeit für geringen Lohn — wie meine Großmutter. Von ihr erfuhr ich, daß die Welt, so wie sie ist, nicht in Ordnung sei und daß man sie ändern müsse. Sie erzählte auch, daß Großvater schon den »Vorwärts« las, als sie noch ein Schulkind war. Er hatte oft vorgelesen, während Großmutter noch abends bei der Petroleumlampe an der Nähmaschine arbeitete. Sie erinnerte sich, von der russischen Revolution 1905 gehört zu haben und wie er ihr erklärte, warum die Menschen dort Revolution machten. In allen Geschichten, die meine Mutter mir erzählte, stand sie auf der Seite der Unterdrückten. Sie hoffte auf die Sozialdemokraten, die in Deutschland die Kapitalisten zum Teufel jagen sollten. Dann würde alles besser, und es gäbe keine Arbeitslosen mehr. Mein Vater war in die SPD eingetreten, weil sie — wie er mir erklärte — für die Arbeiter den 8-Stunden-Tag und die Krankenversicherung und Arbeitslosenunterstützung gebracht hatte. So schickten meine Eltern mich zu den Kinderfreunden, damit ich später wüßte, wo ich hingehörte.

Nach der »Machtergreifung« erklärte uns der Gruppenleiter auf dem letzten Gruppenabend, daß wir uns einige Zeit nicht mehr treffen könnten. Hitler hätte die Macht übernommen, aber die ganze Sache würde nicht länger als ein halbes Jahr dauern, dann hätten die Nazis »abgewirtschaftet«. Und dann käme unsere Zeit. Jetzt wäre es aus Sicherheitsgründen besser abzuwarten.

Alle der Gruppe gehörenden Sachen wurden unter uns aufgeteilt. Ich bekam einige Bücher und einen Medizinball. Wir sollten alles gut aufbewahren und dann wieder mitbringen. Wir würden den Nazis ein Schnippchen schlagen. Zu Hause würden wir mit einigen Freunden weiter zusammenkommen — aber niemals als Gruppe. Bei den kleinen Treffen zu Hause sollten wir aber vorsichtig sein und auf Nachbarn achten, die Nazis sind. Nicht provozieren, ruhig verhalten — spätestens in einem halben Jahr würden wir uns wiedersehen. Für uns war das wie ein großes Abenteuer, so eine Art Versteckspiel.

Meine Eltern sahen die Entwicklung weniger rosig. Vater hatte seit der Abdankung Carl Severings, des sozialdemokratischen Innenministers von Preußen, eine Stinkwut auf seine Partei. Damals ging es um den Staatsstreich Papens, über den der damalige bayrische SPD-Reichstagsabgeordnete Hoegner (nach 1945 bayrischer Ministerpräsident) später schrieb: »Der schwerste Schlag des Jahres 1932 war die Preisgabe der roten Feste Preußen gewesen. Die deutsche Sozialdemokratie hatte sie am 20. Juli 1932 kampflos geräumt. Dabei war der Versuch eines Widerstandes . . . . gar nicht aussichtslos.«

Immer wieder hörte ich Gespräche, in denen Vater erklärte: »Wir haben in den Kellern gesessen und darauf gewartet, daß Severing uns zum Kampf aufruft. Wir hatten Waffen, und die Kommunisten waren bereit mitzumachen. Gemeinsam saßen wir die ganze Nacht auf Abruf, und dann kam die Nachricht, geht nach Hause, Severing hat abgedankt. Und was war wirklich? Zwei Reichswehroffiziere sind in sein Büro gekommen, und da hat er gesagt ›Gut, ich weiche der Gewalt‹ und sich abführen lassen. Eine Schande! Damals hätten wir Hitler verhindern können. Und jetzt? Abwarten, daß er sich abwirtschaftet, ist die Parole. Unsere Führung hat uns verraten.«

Trotzdem hofften Arbeiter wie mein Vater weiter auf einen Aufruf zum Gegenschlag. Aber die Partei meinte, Hitler im März mit dem Stimmzettel schlagen zu können. Die Sozialdemokraten führten einen Wahlkampf, bei dem sie immer damit rechnen mußten, überfallen, verprügelt, erschossen zu werden. Mein Vater gehörte zum Reichsbanner, einer Formation,

Aufmarsch der SA in Berlin am Tag der „Machtergreifung", 30. Januar 1933.
Quelle: Deutschland erwacht. Werden, Kampf und Sieg der NSDAP, hrsgg. vom Zigaretten-Bilderdienst Hamburg-Barenfeld, Hamburg 1933.

die die Republik schützen sollte. Jetzt schützte sie nur noch die Wahlversammlungen der SPD gegen die Überfälle der Nazis.
Am 27. Februar 1933 brannte in Berlin der Reichstag. Göring erklärte noch in der gleichen Nacht, die Kommunisten hätten ihn angezündet. Am Morgen danach fuhren Lastwagen mit SA-Männern durch unsere Straße und holten die Kommunisten aus den Betten und transportierten sie fort. Bald danach holten sie die bekannten Sozialdemokraten ab. Mein Vater stellte ein Beil hinter unsere Wohnungstür. »Dem ersten, der kommt, schlage ich den Schädel ein, dann sollen sie machen, was sie wollen.« Ich fand das damals sehr heldenhaft, aber meine Mutter hatte große Angst. Gottseidank kamen sie nicht — wir waren nicht so bekannt.
Die nächsten Tage kam mein Vater mit immer neuen Schreckensmeldungen nach Hause. »Jetzt haben sie Willi verhaftet, gestern haben sie Otto abgeholt« usw. Von irgendwo brachte er Flugblätter mit. »Die müssen wir schnellstens verteilen. Du kannst mir dabei helfen«, sagte er. »Aber aufpassen, wir dürfen uns nicht erwischen lassen.« Ich raste die Berliner Häuser rauf und runter und warf möglichst geräuschlos die Flugzettel durch die Briefschlitze. Hinterhaus 4. Stock, 3. Stock, 2. Stock usw. Dann Vorderhaus. Mein Vater wartete unten. Er hatte mir eingeschärft, sobald irgendwo eine Tür klappt, sollte ich mich still verhalten und lauschen. Wenn er pfiffe, sollte ich schnell heruntersausen und weg. Ich war stolz auf sein Vertrauen; im übrigen war auch das für mich nichts weiter als ein Indianerspiel. Schade, daß ich es niemandem erzählen durfte.

Die Machtübernahme der Nazis in unserer Schule

Die zweite Lektion erhielt ich in der Schule. »Der Amtliche Preußische Pressedienst teilt mit, daß der Reichskommissar für Preußen den Abbau aller weltlichen Schulen ab Ostern 1933 beschlossen habe. Außerdem wurden Grundsätze festgelegt, daß in Zukunft in Berufs- und Fortbildungsschulen der Religionsunterricht als ordentliches Lehrfach eingeführt wird.« Mit diesem Beschluß endete ein Kampf, den progressive Schulreformer seit Jahrzehnten geführt hatten. Nach Beendigung des ersten Weltkrieges hatten sie mit der Einrichtung der weltlichen Schulen einen ersten Teilerfolg errungen. Von Anfang an wurden die bekenntnisfreien Volksschulen, die amtlich »Sammelschulen« genannt wurden und in denen Religion nicht unterrichtet wurde, von den Rechtskräften bekämpft.
Für eine solche Schule — 1932/33 waren im ganzen Reich nur 0,7 Prozent aller Schulen weltlich — hatte ich mich mit 10 Jahren entschieden. Nicht zuletzt deswegen, weil einige Freundinnen aus meiner Kindergruppe dort

hingingen. Meine Eltern hatten es mir freigestellt, waren aber froh darüber, da ich dort die Möglichkeit einer Weiterbildung hatte, für die ihre finanzielle Lage sonst nicht ausgereicht hätte. Viele Lehrkräfte, die sich für den Unterricht in diesen Schulen meldeten, hatten sich bereits früher mit den Problemen der Schulreform befaßt: Trennung von Staat und Kirche, Abschaffung der Prügelstrafe, Schulspeisung, Lehrbücher, Lernmittelfreiheit, Schullandheime u. a. Als Freidenker hatten sie sich in den Dienst der Schulreform gestellt. Sie standen der SPD, der KPD, dem Internationalen Sozialistischen Kampfbund (ISK) oder den Friedensverbänden nahe oder gehörten einer dieser Organisationen an.
Herr Knief, unser Klassenlehrer und Rektor der Sonnenburger Schule in Berlin-Nord, wollte uns auf die weiterführende Aufbauschule vorbereiten. Wir mochten ihn gern, den alten Knief, von dem wir wußten, daß er Sozialdemokrat war und sich besonders für die Fortbildung der Arbeiterkinder einsetzte. Damals wußten wir aber noch nicht, daß nach den Wahlen vom 5. März 1933 gegen die weltlichen Schulen und ihre Lehrer ebenso Maßnahmen ergriffen werden sollten wie gegen alle sogenannten »marxistisch verseuchten« Kulturinstitutionen. »Schluß mit der roten Pädagogik« hieß die Parole der Nazis. Jetzt erlebten wir die Machtübernahme in unserer Klasse.
Zu Beginn der ersten Schulstunde stand Knief hinter seinem Pult und druckste herum. Er sah krank aus. Wir wunderten uns, daß er sich nicht setzte und mit dem Unterricht begann. Da flog die Tür auf. Herein stolzierte ein Mann in SA-Uniform. Die Stiefel knallten auf den Boden, seine Stimme bellte »Heil Hitler«. Wir schwiegen. Höhnisch sagte er: »Nun Herr Knief, haben Sie sich von Ihrer Klasse verabschiedet? Dann darf ich Sie bitten, zu gehen — ich möchte mit dem Unterricht beginnen.« Wir saßen wie gelähmt. Gebannt starrten wir auf unseren »Alten«. Der war noch blasser geworden, nahm sein Aktentäschchen, seinen Mantel und schlich, klein und gebeugt, hinaus. Noch hofften wir, er würde protestieren oder wenigstens irgendetwas sagen. Wir waren bereit, zu ihm zu halten, uns gegen den Neuen zu wehren. Wir ballten die Fäuste. Ein Wort nur — wir wären aufgesprungen. Aber nichts — die Tür schloß sich hinter ihm. Unsere Fäuste entkrampften sich. Einige Mädchen hatten Tränen in den Augen. Ich hatte nur eine große Wut — warum hat er sich nicht gewehrt, warum schlich er so kraft- und mutlos davon?
Der Neue spürte unsere Abwehr. Er pflanzte sich breitbeinig vor uns auf, noch heute erinnere ich mich an sein Imponiergehabe. Dann legte er los. Jetzt würde uns eine bessere neue Zukunft erwarten, jetzt würde Schluß gemacht mit der Mißwirtschaft der Sozis, jetzt würde Deutschland wieder ein Vaterland werden, auf das wir stolz sein könnten. Die Novemberverbrecher hätten Deutschland verraten. Deutschlands Jugend hätte endlich

einen Führer für den zu leben und zu sterben es sich lohnte — auch wir würden das noch begreifen. »Euch kriegen wir auch noch hin — die Juden haben euch in dieser sogenannten weltlichen Schule verhetzt, aber das wird nun anders. Ihr gehört zu Deutschlands Jugend, die ein neues Deutschland aufbaut. Ihr seid Deutschlands Zukunft! Heil Hitler.« Wir waren für heute entlassen.
Ein Jahr später war für uns die Schule beendet, eine Aufbauschule gab es nicht mehr. Ich wurde in der Kirche eingesegnet — wie die meisten. Nur eine Freundin erhielt illegal die Jugendweihe. Für uns hieß es jetzt mit 14 Jahren eine Lehrstelle finden. Daß Knief Jude war, erfuhr ich erst sehr viel später. Auch daß am 7. April 1933 ein »Gesetz zur Wiederherstellung des Berufsbeamtentums« verkündet worden war, das die Grundlage lieferte, alle jüdischen, marxistischen und antifaschistischen Beamten aus dem Dienst zu vertreiben.

Alltag und Beruf

Mein Vater, der jahrelang arbeitslos war und die Familie durch Schwarzarbeit ernährte, hatte endlich eine Arbeit bei Borsig bekommen. Wie viele Berliner hatten auch meine Großeltern und meine Eltern ein paar Quadratmeter Boden am Stadtrand. Im Sommer wohnten wir wochenlang in unserer Laube. Nachdem die Nazis immer frecher wurden und jedem bekannten Gegner des Regimes in unserem Stadtviertel nachstellten, faßte mein Vater den Entschluß, ganz rauszuziehen. Seine »Schwarzarbeit« hatte vorwiegend darin bestanden, Bekannten beim Laubenbau zu helfen. Jetzt baute er die eigene Laube in ein winterfestes Haus um.
Eines Tages kam er heim und erzählte, er hätte zufällig einen Genossen getroffen. »Ganz weiß ist sein Haar geworden. Die Nazis hatten ihn eingesperrt. Ich wollte wissen, wo er war und was sie mit ihm gemacht haben. Aber der war so voller Angst. Er sah sich vorsichtig um und flüsterte mir nur zu: ›Geh weiter, ich darf Dir nichts sagen, ich habe was unterschreiben müssen — es ist besser, wenn Du allen sagst, sie sollen sich fern von mir halten.‹ « Das beschleunigte unseren Umzug. Die Angst wuchs, die Hilflosigkeit dem Regime gegenüber ebenfalls. Man wußte nicht mehr, auf wen man sich verlassen konnte. In der Laubenkolonie kannte uns kaum jemand. Nur zwei Nachbarn kamen hin und wieder. Sie waren Sozialdemokraten, und wenn sie kamen, mußte ich immer in die Küche. Ich wußte aber, jetzt hören sie wieder »Feindsender« ab. Sie krochen mit dem Ohr fast rein in das Radiogerät. Später krochen sie mit dem Gerät sogar noch unter eine Decke, damit gar nichts nach draußen drang — bis sie auch das aufgaben aus Angst, sich zu verplappern.

In der ersten Zeit kam auch öfter ein Friseur zu uns, um meinem Vater die Haare zu schneiden. Er kam nur abends, wenn es bereits dunkel war, mit dem Fahrrad. Meist sahen sich Vater und er noch vor dem Gartentor gründlich um, ob ihm niemand gefolgt sei. Mama gab ihm belegte Brote, Gemüse und Obst aus dem Garten mit. Alles wurde sehr geheimnisvoll gemacht. Schließlich erklärten sie mir doch, daß sie Vertrauen zu mir hätten und wüßten, daß ich schweigen könnte. Der Mann sei Jude aus der ferneren Nachbarschaft. Es gehe ihm und der Familie schlecht. Wir unterstützten ihn, aber es dürfe niemand wissen. Irgendwann kam der Friseur nicht mehr — ich bemerkte es kaum. Als ich viel später meine Eltern fragte, was wohl aus ihm und der Familie geworden sei, wußten sie es auch nicht . . .

Ich hatte inzwischen »Karriere« gemacht. Nach der Schule absolvierte ich einen 4-Wochen-Kurs in Stenografie und Schreibmaschine. Nochmal vier Wochen fuhr ich täglich mit dem Fahrrad zum Potsdamer Platz. Dort gab es einen kaufmännischen Unterstützungsverein. Sie ließen mich an der Schreibmaschine üben und wiesen mir Arbeitsstellen nach. Endlich klappte es. Ein Versicherungsagent, der nicht viel zahlen konnte, suchte eine Anfängerin. Das halbe Zimmer in seiner Wohnung war als Büro eingerichtet, in den anderen Zimmern wohnte die Familie mit fünf Kindern. Der Älteste war 14 Jahre alt wie ich. Ihm und seinen kleineren Geschwistern mußte ich nachmittags bei den Schularbeiten helfen, vormittags diktierte mir ihr Vater seine Auto-Schadensfälle für die Versicherung. Bei ihm lernte ich die ersten Schritte ins Berufsleben. Ein halbes Jahr später kam ich durch seine Vermittlung zur Tobis Filmproduktion. Ich war glücklich. Im Johanisthaler Atelier durfte ich bei den Dreharbeiten zusehen. Zwischen Komparsen, Arbeitern, Beleuchtern und Technikern fühlte ich mich wohl. Für sie war ich die »Kleine«, der man gern alles erklärte. Mein Alltag war bunt und abwechslungsreich.

Zu Hause wurde der Alltag immer grauer. Meine Mutter hatte oft schlechte Laune. Sie mußte nun nicht mehr Mäntel für Geld in Heimarbeit nähen, aber ins Büro konnte sie auch nicht zurück. Nach dem ersten Weltkrieg und nach ihrer Heirat mußte sie ihre Sekretärinnenstelle aufgeben, weil es sogenannte »Doppelverdiener« nicht geben durfte, das heißt, nur der Mann durfte berufstätig sein. Die Nazis machten eine Religion daraus, den Frauen die Rolle als Hausfrau und Mutter zuzuweisen. Meine Mutter haßte die »Drei-K«-Rolle (Kinder-Küche-Kirche). Als geselliger, fröhlicher, intelligenter Mensch sehnte sie sich nach Kontakten mit anderen Menschen. Da sie sich weder mit der Naziideologie noch mit der Nachbarschaft anfreunden konnte, die dieser Ideologie mehr oder weniger verfallen war, blieben ihr nur Haushalt und Garten. Die Familienbande zu Eltern, Geschwistern und Onkels gingen durch die Politik auch

mehr und mehr auseinander. Tante Jule war eine echte Nazisse, die den Führer anhimmelte. Sie hatte einen winzigen Laden und fühlte sich zum Mittelstand gehörig. Für sie war der Führer der Retter ihres Geschäftes, denn »Arbeit und Brot« bedeutete auch, daß sie wieder Kunden bekam. Und damit wurde er für sie auch zum »Retter der Nation«.
Mein Vater legte sich mit allen Verwandten an. Bei jeder Familienfeier wurde politisiert. Er sagte: »Hitler wird Krieg machen — was meint Ihr denn, was wir bei Borsig bauen?« Die Onkel sagten: »Sei froh, daß Du endlich Arbeit hast, es geht aufwärts mit unserem Volk.« Er sagte: »Mit Kanonen statt Butter.« Zum Schluß schrien alle durcheinander, das heißt, die Männer, die Frauen kümmerten sich ums Essen, deckten den Tisch, wuschen das Geschirr ab. Ich hörte dem politischen Streit gern zu und fand, daß mein Vater die beste Figur machte. Seine Argumente waren auch meine. Später drückte ich mich vor diesen Familienfesten. Es war doch immer dasselbe. Ich ging lieber tanzen oder zur Betriebssportgruppe.
1938 wurde ich in die Abteilung Wochenschau versetzt. Sie war in einem großen Gebäude am Bahnhof Friedrichstraße untergebracht. Hier gab es keine Ateliers, kein buntes Treiben. Hier ging es schon wesentlich politischer zu. Mein Chef war ein »Bonbonträger« — so nannten wir die Leute, die mit dem Hakenkreuzabzeichen am Rockaufschlag herumliefen. Ich saß in einem Schreibzimmer mit mehreren Kolleginnen. Gemeinsam schimpften wir auf den »Affen«, gemeinsam antworteten wir brav »Heil Hitler«, wenn er kontrollierte, ob wir auch arbeiteten. Und dann delegierte er mich zu einem Sekretärinnen-Kurs in die Fränkische Schweiz. Neben Steno, Schreibmaschine, Buchhaltung hatten wir vor allem politischen Unterricht. In der Nähe unseres Hauses war eine Offiziersschule. Abends kamen die jungen Offiziere zu uns — es wurde getanzt oder gesungen und getrunken. Die Leiter der Schule sahen diese Verbindung nicht ungern — ob sie hofften, das würde ihren Politunterricht stärken, weiß ich nicht. Wir jedenfalls interessierten uns mehr dafür, ob die Jungens tanzen und küssen konnten, und amüsierten uns prächtig. Den politischen Unterricht ließ ich über mich ergehen, ohne Schaden zu nehmen. Mit guten Ergebnissen kam ich zurück und wurde zu unserem Betriebsobmann zitiert, einem höheren SA-Mann, der immer die braune Uniform trug und bei uns nicht sonderlich beliebt war. Er sagte: »Sie haben gut abgeschnitten — Sie können nun als Sekretärin bei uns arbeiten. Aber ich höre, Sie sind noch nicht im BDM (Bund Deutscher Mädel). Wie kommt das — ein deutsches Mädchen wie Sie —, das muß anders werden.« Ich fühlte mich in der Falle. In den BDM wollte ich auf keinen Fall. Ich stotterte etwas von wenig Zeit, aktiv im Betriebssport, außerdem wollte ich noch die Abendschule besuchen und weiterlernen. Er bemerkte meine Ablehnung und

Quelle: Stanley McClatchie: Sieh: Das Herz Europas, Berlin o. J.

wurde eine Tonart schärfer. »Das sind doch nicht etwa Ausreden? Wenn Sie nicht in den BDM eintreten, werden Sie niemals Sekretärin — das sollten Sie bedenken. Überlegen Sie es sich noch einmal reiflich. Heil Hitler!« Ich war entlassen. Lange brauchte ich nicht zu überlegen. Ich kündigte und suchte mir eine neue Stelle — als Sekretärin. Es klappte. Bei der Presse und im Nachrichtenbüro suchte man Redaktionssekretärinnen. Vorher mußte ich allerdings einen vierseitigen Fragebogen über meine »arische« Abstammung ausfüllen: Eltern, Großeltern, Urgroßeltern, Ur-ur-großeltern — väterlicherseits, mütterlicherseits usw. usw. Ich fragte meinen Vater. Der erklärte das ganze für verrückt. »Deine Großmutter war mit drei Jahren Waise — eine jüdische Familie in Polen nahm sie auf. Dein Großvater war ebenfalls Waise, wir wissen nicht, ob wir von Juden oder Zigeunern abstammen. Für mich sind alle Menschen gleich. Mein Vater starb jung, weil wir zu arm waren, einen Arzt zu bezahlen. Meine Mutter saß da mit neun Kindern! Ich mußte als Kind schon bei den Gutsherren und Pfaffen dienen. Für die waren wir nur ›Personal‹. Im ersten Weltkrieg mußte ich Soldat werden und war für die Generale nur ›Material‹ zum ›verheizen‹. 1918 hatten die Militärs den Krieg verloren, und wir mußten unsere Heimat Westpreußen verlassen, weil das zu Polen kam. Jetzt will Hitler alles zurückhaben. Das bedeutet wieder Krieg. Und was dann noch von uns übrigbleibt, möchte ich nicht wissen.«
Ich konnte anfangen, wo ich wollte, immer kam er auf die alten Geschichten. Dabei wollte ich nur wissen, wie ich den Fragebogen ausfüllen sollte. Schließlich konnte ich nicht schreiben, vielleicht stamme ich von Juden oder Zigeunern ab. Mutter sagte, mache Striche und fertig — wenn sie dich nicht nehmen, bleibst du eben zu Hause. Sie nahmen mich. Ich hatte blondes Haar, blaue Augen und gute Noten, das genügte.

Erste Liebe

Begegnet waren wir uns beim Arzt. Es war Winter. Er saß mit einer Freundin im Warteraum und erzählte von den Bergen in Tirol, vom Skilaufen und einem kleinen Sturz. Er gab fürchterlich an, aber er gefiel mir. Schwarze Haare, dunkle Augen, braungebrannt, groß und sportlich — wenn er nur nicht so angeben würde! Wir trafen uns einige Male zufällig auf dem Bahnsteig, morgens wenn ich zur Arbeit fuhr, bis er mich im Frühling zu einer Radtour einlud. Er erzählte, daß er früher bei den »Bündischen« war. Dann zeigte er mir ein Abzeichen — eine weiße Lilie — und sagte: »Verboten«. Da gestand ich ihm, daß ich früher bei den Kinderfreunden war. Er lachte und sagte: »Ach, bei den Drei Veilchen.« Ich fand das gar nicht witzig, denn das Abzeichen mit den drei Pfeilen

hatte mein Vater mit den mir anvertrauten Büchern, in denen der Stempel der Kinderfreunde war, auf dem Dachboden eingemauert. Hitler hatte nicht abgewirtschaftet, und vergebens hatte ich auf ein Wiedersehen mit meiner Gruppe gehofft. Nur einmal, zur Olympiade 1936, traf ich »Unter den Linden« eine ehemalige Freundin. Hakenkreuzfahnen wehten aus allen Fenstern. Da sah ich sie zufällig — in BDM-Kluft. Sie freute sich über das Wiedersehen, ich aber sagte zu ihr: »Wie kannst Du diese Uniform anziehen? Wir wollten einmal Rote Falken werden.« Da schrie sie mich an, ich hätte keine Ahnung, der Führer hätte Deutschland wieder groß gemacht, endlich hätten wir wieder was zu sagen in der Welt. Jedes Kind würde das begreifen. Ich sollte mich nur umsehen, alle wären dem Führer dankbar, und wenn ich das nicht verstünde, sei ich eine Verräterin am Vaterland. Ich ließ sie stehen und hoffte nur, daß sie mich nicht anzeigen würde.
Als ich ihm alles erzählte, küßte er mich und sagte: »Kleiner roter Falke, nimm nicht alles so tragisch.« Er nannte sich Henry, um so seinen Abstand zum Naziregime deutlich zu machen. Henry hatte viele amerikanische und englische Filme gesehen, kannte ihre Filmsterne besser als unsere. Jetzt gab es keine amerikanischen Filme mehr. »Verboten — wie Deine Drei Veilchen und meine Weiße Lilie.« Dann erklärte er, daß die Bündische Jugend in die Hitlerjugend übernommen worden sei, aber er hätte sich solange vor jedem Dienst gedrückt, bis sie ihn vergaßen. Von da an gehörten wir zusammen.
Nicht vergessen wurde er leider vom Arbeitsdienst, der anfangs noch freiwillig und ab 1935 Zwang war. 1939 hatte Henry seine kaufmännische Lehre beendet, als sie ihn holten. Das erste Wiedersehen danach war unvergeßlich. Seine schönen Haare kurzgeschoren, das Gesicht schmaler geworden, die Hände voller Schwielen. Er erzählte von »Spaten-Kloppen«, von »Auf-Nieder« und »im Dreck liegen«, von den Führern und Kumpels. »Die ganze Scheiße stinkt mir. Und dann das Marschieren und Singen — zwei-drei — ein Lied.« Er sang es mir vor: »35 Pfennig ist der Reinverdienst, ein jeder muß zum Arbeitsdienst und dann zum Militär.«
Am 1. September 1939 marschierte die deutsche Wehrmacht über die polnische Grenze. Aus dem Radio tönte es: »Seit 4.45 Uhr wird zurückgeschossen.«
Mein Vater erklärte: »Das habe ich erwartet — ich habe es Euch immer gesagt, wer Hitler wählt, wählt den Krieg.« Meine Onkels antworteten: »Die Polen haben uns den Krieg aufgezwungen — warum haben sie uns nicht Danzig gegeben?« Die Meinungen waren geteilt — mir schien nur wichtig, daß Henry in Berlin blieb. Seine Arbeitsdienstpflicht bestand vorerst weiter im »Spaten-Kloppen«, bis sie ihn an den Westwall verlegten. In seinen Briefen berichtete er von Langeweile und Sehnsucht. Vom Krieg

merkte er offenbar wenig. Nach dem »Blitzkrieg und Sieg« über Polen schien die Überwindung der Maginotlinie kein Problem. Ich erinnere mich nur daran, daß es für Henry ein großes Erlebnis wurde, als sein Trupp im Sommer 1940 im Gefolge der Wehrmacht in Paris einzog. Als er zurückkam, erzählte »mein Held« von den Champs-Elysées, von den Pariser Frauen, von Sektgelagen und Sachen, die er gesehen und erlebt hätte. Er war zwar gereifter, aber der liebe alte Angeber. Er brachte mir ein Fläschchen »Soir de Paris«-Parfüm mit und schrieb auf sein Erinnerungsfoto »je t'aime«.

Urlaub

1937 fuhr ich mit den Eltern das erstemal in Urlaub. Bisher hatten wir uns bestenfalls Radtouren in die nähere Umgebung geleistet. Inzwischen gab es zwar die »Kraft durch Freude«-Reisen, ein preiswertes Angebot für Volksgenossen, die nicht zu den oberen Zehntausend gehörten, aber wir blieben lieber der Masse fern. Man wußte nie, ob nicht ein Spitzel darunter war, der jedes unbedachte Wort anzeigte. So nahmen wir gern das Angebot einer Freundin meiner Mutter an, die geheiratet hatte und nach Mannheim gezogen war. Inzwischen hatte sie drei Söhne und eine Tochter, mit der ich mich befreunden sollte. Gleich am ersten Abend wurde ich aber mit Sohn Bert bekannt. Er war 16 Jahre alt. Seine Freunde, zum Teil älter, gestatteten, daß ich mich zu ihnen setzte. Anneli, Berts Schwester, war neidisch, daß ich bei den Jungens sitzen durfte. Sie wurde in der verschworenen Gemeinschaft nicht geduldet.
Wer waren diese Jungen, die da zusammen musizierten und Landsknechtslieder sangen? Sie sprachen von Fahrten, von ihrem Lagerleben in Kohten und ihrem Balalaikaspiel an nächtlichen Lagerfeuern. Der älteste unter ihnen war Truppführer beim Arbeitsdienst und anerkannter »Herzog« der Jungengruppe. Er erklärte, daß sie von der Bündischen Jugend erzogen worden seien. Pfadfinder und Nerother aus Hessen und Baden, die auch jetzt noch im Deutschen Jungvolk ihren eigenen Lebensstil beibehielten. Rudi hatte ein kleines Balalaikaorchester aufgebaut. Texte und Kompositionen machten sie selbst oder sangen alte russische Lieder. Gemeinsam schmetterten wir das Lied vom Stenka Rasin, der seine Geliebte den Kameraden zuliebe in der Wolga ertränkte, und vom Trommelknaben, der voranzieht und nicht weiß, wie Lieben ist, nicht weiß, wie »Sterben tut«. Eine faszinierende Jungenwelt. Als sie dann ihren »Afrikaplan« besprachen, der den Aufbau einer Siedlung in »unseren« Kolonien in Deutsch-Ost- oder Südwest-Afrika beschrieb, wußte ich — da mußte

ich mit. Bilder, auf denen Palmen und Elefantenherden waren, sammelte ich schon als Kind. Das Lied von den »Träger und Askari, haia, Safari« löste Assoziationen bei mir aus, in denen ich mich im Tropenanzug über Kaffeeplantagen reiten sah. Ich beklagte nur, daß ich kein Junge war. Harry tröstete mich über diesen »Fehler«. »Wir brauchen solche Mädel wie Dich, wir wollen doch nicht aussterben.« Ich sollte unter meinen Freundinnen Umschau halten, wer außer mir in Frage käme für das große Ziel. Natürlich würden erst die Männer rüberfahren, um die Siedlung aufzubauen, Schwarze zur Arbeit anzuheuern usw. Die Jungens waren begeistert. Der Herzog war unbestrittener Führer. Rudi, sein »treuester Vasall«, wie er ihn nannte, sollte Stellvertreter sein. Die anderen gehörten zur verschworenen »Elite«. Alles würde nach dem Führerprinzip gehen. Im übrigen würde es die Aufgabe der Frauen sein, Kinder zu kriegen und zu erziehen, für Haus und Küche zu sorgen, das schwarze Personal zu beaufsichtigen, vor allem aber dem Mann ein treuer Kamerad zu sein. »Die Mädel müssen moralisch einwandfrei, sauber, nicht vergnügungssüchtig sein, nicht rauchen oder trinken und optisch dem germanischen Vorbild entsprechen.« Ich lachte sie aus. »Ich bin doch kein Landei — ich bin Berlinerin — ich rauche, trinke, gehe gern tanzen und — ich möchte als Junge dabei sein.« Harry entschied schließlich, daß ich als »Stamm-Mutter« eine Ausnahme darstellte und als erste in diesen Jungenkreis aufgenommen sei. Es machte mich ungeheuer stolz. Daß Deutschland unter Hitler die Kolonien zurückbekommen würde, daran gab es keinen Zweifel. Der Herzog hatte Kontakt zum Kolonialbund, er mußte es wissen.

Wieder in Berlin, begann ein reger Briefwechsel. Eine Freundin hatte ich schon für den Plan. Sie begann sogar, Suaheli zu lernen. Ihr Briefwechsel beschränkte sich auf einen Gedankenaustausch mit dem Herzog. Ich wurde keine »Stamm-Mutter«, aber so etwas wie die Beichtmutter für alle. Der Herzog war überzeugt, daß wir mit »Blitzsiegen« wie in Polen auch Frankreich und England fertigmachen würden. Und dann geht's an die Kolonien. Er wußte, daß ich nicht im BDM war, und sah seine Aufgabe darin, mir die »große Idee von Führer und Volk« näherzubringen. Dabei spielten eine große Rolle die Argumente von der Mißwirtschaft der Weimarer Republik, den Millionen Arbeitslosen, der Hoffnungslosigkeit der Jugend — das alles hätte der Führer mit starker Hand beseitigt. Dieser »von der Vorsehung ausersehene Führer« sei Idol der ganzen Jugend. Das ganze Volk jubele ihm zu. Warum wollte ich länger abseits stehen? Ich mußte zugeben, daß ich offenbar eine Ausnahme darstellte, obwohl ich gerade in Berlin eine Menge Leute kannte, die weder zu der üblichen Wochenschau-Begeisterung paßten noch Gegner waren. Sie nahmen die Dinge »so wie sie waren«, wie sie es in der Weimarer Republik auch schon getan hatten. Jeder versuchte sich irgendwie durchzuwursteln, auch während des Krieges. In diesen Krieg zog Rudi für Führer und Volk mit der Bemerkung: »Dieser Krieg stählt uns für die große Aufgabe in den Kolonien.« Den Feinden wollte er es schon zeigen. »Heute gehört uns Deutschland — und morgen die ganze Welt!« Er kam in russische Gefangenschaft, wo »die« es ihm zeigten. 1949 wurde er entlassen. Er hatte genug von Deutschland und wanderte aus — nach Kanada.

Bert, weniger militaristisch, schrieb mir Liebesgedichte. Franz war Romantiker. Er hatte seine erste Liebesenttäuschung hinter sich — das Mädchen wollte nicht mit nach Afrika! Er schrieb: »Wer weiß, wohin der Weg uns führt — wer weiß, was einmal aus uns wird. Wer weiß, wohin die Kugel schwirrt und wen sie dann am Herzen rührt. Des Totenkopfes Silberschein führt uns durch manche dunkle Nacht — und wenn der Herzog für uns wacht, dann können wir wohl sicher sein.« Für ihn war die Gruppe die »wahre Heimat«, bis der Herzog ihn aus persönlichen Gründen »ächtete«. Keule lehnte das Führerprinzip ab, er wollte in der Elite nur Gleiche unter Gleichen. Seine Briefe waren die längsten und unleserlichsten. Meist befaßten sie sich mit Nietzsche oder seinen Zweifeln an der politischen Entwicklung.

Im Herbst 1939 trafen wir uns fast alle in Berlin. Noch wußte keiner von uns, daß es das erste und letzte Treffen in Berlin sein würde. Der Herzog erklärte, es sei gut, daß Keule nicht dabei sei. Wir müßten eine Entscheidung treffen. Dabei spiele es keine Rolle, ob wir in allem ideologisch übereinstimmten, uns binde das Ziel und unser Blut! Er dozierte: »Unser Führer hat tausendmal recht, wenn er sagt, wir müssen der Verpestung unseres Blutes, die vom Juden planmäßig betrieben wird, entgegenwirken. Der Todfeind der arischen Rasse ist das Weltjudentum. Die Bedeutung der Zukunft der Erde aber liegt darin, daß der arische Mensch erhalten bleibt.« Jetzt erst erfuhr ich, daß Keules Mutter Jüdin war. Der Herzog bedauerte das, »weil wir alle ihn sehr schätzen. Er war uns fast wie ein Bruder. Aber dürfen wir unsere Gemeinschaft mit fremdem Blut zersetzen? Wir, die wir ein Beispiel der Überlegenheit unserer Rasse in Afrika schaffen wollen?« Er erwartete unsere Zustimmung. »Soll das heißen, daß Ihr Keule aus der Gemeinschaft stoßen wollt?« fragte ich. Rudi sah mich strafend an. »Überlege doch mal, eines Tages heiraten wir, haben Kinder, die unsere Gemeinschaft in Afrika fortpflanzen. Es darf auch nicht der geringste Makel an ihnen sein. Sie sollen die reine Verkörperung des Wertes von Rasse und Person darstellen.« Ich sagte ihnen, daß ich vielleicht auch von Juden oder Zigeunern abstammte. Sie sahen mich an, als wenn sie ein Rassepferd abzuschätzen hätten. Dann lachten sie. »So wie Du gebaut bist — niemals.« Ich verstand überhaupt nichts mehr. Da hatten sie jahrelang zusammen Fahrten und Pläne gemacht, wollten

Elite sein, die über den Massen steht, hatten sich ewige Freundschaft und Verbrüderung geschworen. Ich war so empört, daß ich ihnen eine lange Rede hielt mit dem Schluß: »Wenn Ihr das tut, könnte Ihr auch auf mich verzichten.« Sie waren so verblüfft, daß sie nur noch betreten den Herzog ansahen — wie würde der entscheiden? Er hatte sich schnell gefaßt. »Noch nie hat uns ein Mädel so die Meinung gesagt, daß es so etwas gibt!« In ihren Augen waren die meisten weiblichen Wesen offenbar dumme Kühe, die man zur Zucht brauchte, damit das Geschlecht nicht ausstirbt. Nie hätten sie das zugegeben. Mit Worten stellten sie das Weib auf den Sockel neben die Mutter Gottes, der einzige Unterschied, diese hatte nur ein Jesuskindlein. Die Mütter dieser Zeit sollten möglichst viele Kinder gebären. Sie bekamen dafür sogar ein Kreuz — ein Mutterkreuz. Alles andere war Männersache. Politische Führung in Staat und Gesellschaft, Männergemeinschaft, Kameradschaft, Heldentum, wahre Freundschaft — alles Sachen, die eine Frau nach ihrem Verständnis nie wirklich begreifen würde. Sie hatten es soweit gebracht, daß auch ich daran glaubte und auf das weibliche Geschlecht heruntersah, zumal Frauen auch in der offiziellen Politik und Sprachregelung Wesen zweiter Klasse waren. Reichspropagandaminister Goebbels hatte die Parole von der »natürlichen Rolle der Hausfrau und Mutter« ausgegeben und es als »größte Idee des Nationalsozialismus« gepriesen, daß die Frauen zurückgeführt werden sollten zu Heim und Herd, wo sie dem Mann durch ihre Liebe und Sorglichkeit die Basis zum Schaffen bereiten würden . . . »Die Frauen sollen ihrem Land und Volk Kinder schenken, Kinder, die die Geschlechterfolge fortsetzen und die Fortsetzung der Nation verbürgen.«
Durch diese Erziehung waren »meine« Jungens, von ihren Müttern bestärkt, auf das Rollenfach als »Männer« vorbereitet worden. Die Nazi-Ideologen brauchten nur darauf zurückzugreifen. Für die Mädchen wurde bereits 1934 ein »hauswirtschaftliches Pflichtjahr« eingeführt, dem Gesetze folgten, die das »Landjahr« und die »Reichsarbeitsdienstpflicht für Mädchen« regelten. BDM und NS-Frauenschaftsführerinnen erklärten: »Die deutsche Frau, wie wir sie uns denken, muß, wenn es die Lage erfordert, verzichten können auf Luxus und Genuß. Sie muß arbeiten können, geistig und körperlich gesund sein und aus dem harten Leben, das wir heute zu leben gezwungen sind, ein schönes Leben machen können . . . Sie muß so sein, daß sie alles, was von ihr gefordert wird, gern tut.« Der da fordern durfte war natürlich der Mann — zu Hause wie im Staate. War es da ein Wunder, daß ich lieber ein Mann sein wollte?
Ich bekräftigte das noch einmal. »Wenn ich ein Mann wäre, würde ich euch noch ganz was anderes erzählen, leider bin ich keiner.« Der Herzog entschied: »Das schadet nichts. Als Mädel siehst Du den Einzelfall, das fehlt uns mitunter. Eine Sache weiterzusehen und konsequent zu Ende zu

führen ist Männersache! Ich denke, wir lassen die Sache mit Keule fallen. Schließlich ist er nur Halbjude und wir dürfen sagen, daß sich in ihm bis jetzt nur die besten Elemente seines arischen Elternteiles gezeigt haben. Ich freue mich, daß es einem Mädel gelungen ist, mich zu einer Ausnahme zu bewegen. Das ist das erstemal.« Ich fand, er spielte sich zu sehr auf, der Herzog. Aber ich schwieg, meinen Afrikaträumen zuliebe. Ich hatte den Eindruck, auch die anderen Jungens waren ganz froh über diese Lösung.

Im Propagandaapparat

Seit Kriegsbeginn saß ich nun an der Quelle, im Berliner Nachrichtenbüro Transozean, wo Propaganda fabriziert wurde, die aus deutschen Menschen »Herrenmenschen« machen sollte, aus jungen Männern »Helden, bereit, für Führer und Volk zu sterben«, aus Mädchen »Frauen, die Kinder gebären und Opfer bringen«, aus Müttern Witwen, die stolz auf den Tod ihres Mannes, Sohnes, Bruders waren.

Redakteure diktierten uns in die Maschine. Wir schrieben. Eine Sondermeldung löste die andere ab. Angefangen hatte es mit der Lüge vom »Überfall der Polen auf den Sender Gleiwitz«. Schlag auf Schlag folgten die Erfolgsmeldungen: Warschau gefallen, Bomben auf Rotterdam, Paris eingenommen. Für viele war es wie ein Rausch. Der Krieg wurde dann zur Gewohnheit. Die Presse tat alles, die Überzeugung von der Unbesiegbarkeit der deutschen Armee zu festigen. Die Menschen glaubten jedesmal — nur noch ein Blitzsieg und der Krieg ist aus. Als im Juni 1941 die Hitlerwehrmacht die russische Grenze überschritt, wurden viele nachdenklicher. Zweifel wurden geäußert: »wenn das man gut geht.«

Unser »Goldfasan« — wie wir den Chefredakteur heimlich nannten wegen seines goldenen Parteiabzeichens — diktierte Kommentare, die der Demagogie Goebbels' kaum nachstanden. Ich schrieb alles, was man mir diktierte. Manchmal äußerte ich mich auch. Aus den Antworten merkte ich, daß ein Teil der Redakteure das, was sie da diktierten, selbst nicht glaubten. Sie bekamen täglich ihre Weisungen aus dem Promo (Propagandaministerium), die sie vorbildlich befolgten. Gleichzeitig erhielten sie über Hellschreiber (so nannte man damals ein Gerät zur drahtlosen Nachrichtenübermittlung) Nachrichten von ausländischen Agenturen wie Reuter in London, die über die Greueltaten der SS und der Wehrmacht genaue Angaben brachten. Sie wußten, was gespielt wurde und wie das Ausland über uns dachte, aber sie schrieben, als wenn das ganze deutsche Volk hinter Hitler stände und die von uns überfallenen Völker froh sein müßten, daß es uns gab. Wer nicht mit dieser Version einverstanden war, wurde als jüdisch-bolschewistischer Weltfeind, Marxist,

Kommunist, Volksfeind, Untermensch bezeichnet, den man vernichten müsse.
Nachdem die Legende vom »Blitzkrieg« langsam abbröckelte, »unsere tapferen Jungens« immer tiefer in das riesige russische Reich eindrangen, überschlug sich die Propaganda in Schlagworten vom Zusammenhalten, vom »Führer befiehl — wir folgen«, über »Großdeutschland, das unbesiegbar sei« bis zur »Notwendigkeit einer Neuordnung Europas«. Immer wieder wurde dem Volk eingehämmert, daß es allein berufen sei, die Weltherrschaft anzutreten und das Abendland vor dem Bolschewismus zu retten. Als die Überlegenheit der »Feinde« sichtbar wurde, versuchte man, das Volk mit dem Glauben an die kommende »Wunderwaffe« kampf- und siegesfreudig zu halten. Churchills Erklärung, »daß er jede Nacht einen Spaziergang mit tausend Flugzeugen über Deutschland machen würde«, wurde mit großsprecherischer Kraftmeierei beantwortet.
Trotzdem ging das Leben weiter, als ob es nie ein anderes gegeben hätte. In Berlin fuhren die Menschen zur Arbeit wie eh und je. Frauen standen Schlange nach ein wenig Fleisch. Sie unterhielten sich über den letzten Luftangriff wie früher über ihre wirtschaftlichen Sorgen. Sie teilten einander mit, wenn die Männer aus Paris, Norwegen oder Dänemark ein Paket geschickt hatten, und spendeten Beileid, wenn eine ihren Sohn verlor. Man ließ sich nicht aus der Ruhe bringen. Es war eben Krieg.
Die Siege bei Minsk, Wjasma, Smolensk, Orel, die großen Kesselschlachten — all das wurde bei uns kommentiert. Angst vor der Zukunft? Überlegungen, ob das, was man da tat, Recht war? Unsere Redakteure, die übrigens Schriftleiter genannt wurden, wußten nur: Rußland, das war der Bolschewismus, das waren Juden und Untermenschen — sowas mußte man bekämpfen, ausrotten. Im übrigen hatten sie zu Hause die gleichen Sorgen wie jeder — geht der nächste Bombenangriff an meinem Haus vorüber, können wir unser Eigentum durch den Krieg hinüberretten? Diesen Egoismus tarnten sie mit großen Worten von Volksgemeinschaft, von der Einheit des deutschen Volkes, von seiner Schicksalsgemeinschaft. Meine Kolleginnen interessierten sich nicht für Politik — sie interessierte die Frontlage nur dort, wo sie ihren Freund, Verlobten, Mann hatten. Mechanisch schrieben sie alles, ohne mitzudenken. Wir unterhielten uns nur über das, was unsere Männer machten, oder über Vergnügungen, die wir trotz Krieg und Bomben veranstalteten. Die meiste Zeit brachten wir ohnehin im Büro zu, einen Acht-Stunden-Tag gab es schon lange nicht mehr. Oft gingen wir anschließend zu einem Kollegen von der englischen Redaktion (dort wurden die englischsprachigen Nachrichten übersetzt), er hatte die größte Wohnung. Seine Frau war nach Bayern evakuiert. Bei ihm war immer was los. Sie schrieb, hier auf dem Lande kennt man keine Alarme, und zu essen gibt es genug — auch ohne Karten. Unsere Feiern

wurden durch ihre Lebensmittelspenden zu Festessen. Unser Slogan war: »Genieße den Krieg, der Friede wird schrecklich.« Dann wurde mein Vater eingezogen. Zu den Matrosen. Wir dachten, wir träumten. Der Mann hatte im ganzen Leben nicht schwimmen gelernt und war noch nie auf einem Kahn. Er wurde in Swinemünde auf einem großen Schiff stationiert. Meine Mutter besuchte ihn, so oft sie konnte. Sie durfte sogar seine Koje besichtigen. Er hatte einen jungen Offizier zum Vorgesetzten. Der sagte, als er ihn das erstemal sah: »Na Opa, wer hat Dich denn hierher verfrachtet?« Er gab ihm einen Druckposten, der ihm ermöglichte, mit dem Küchenpersonal gute Geschäfte zu machen, so daß meine Mutter sogar öfter etwas mitbringen konnte. Wir waren froh, daß sein Pott im Hafen blieb. Er fuhr erst aus, als alle vor den Russen flüchteten. Sie legten in Dänemark an und gingen in englische Gefangenschaft. Für sie war der Krieg zu Ende — auf Fehmarn warteten sie auf ihre Entlassung.
Seit Januar 1943 gab es eine allgemeine Kriegsdienstverpflichtung. Jetzt durften Frauen nicht nur über die »Drei-K«-Aufgabe hinaus mitarbeiten, jetzt mußten sie. Männer waren knapp. Wer sollte in den Fabriken für Kriegsnachschub sorgen? Die Frauen und — Fremdarbeiter. So nannte man die aus allen besetzten Ländern zwangsverschleppten Menschen, die, in Konzentrations- und Nebenlagern untergebracht, zur Arbeit geführt wurden. Der Krieg war ein Moloch, er fraß immer mehr Menschen und Kriegsmaterial. Henry schrieb mir aus Rußland: »Bisher habe ich wenig über die russischen Mädchen geschrieben. Ich war überrascht. Einmal über die verhältnismäßig guten Kleider, die Frisur und vielleicht auch die Figur. Die Mädels sind durchweg sowjetfreundlich. Einige gehen trotzdem mit deutschen Soldaten. Der Geschlechtsverkehr mit Russinnen ist erlaubt. Kann mich nicht reizen — ich habe ja Dich. Übrigens ein großer Teil der Mädels im Alter von 18 bis 22 Jahren wird jetzt nach Deutschland verfrachtet, um dort irgendwie für unsere Rüstung tätig zu sein. Ich finde die Welt so verrückt wie ein Irrenhaus . . .«
Als Henry endlich in Urlaub kam, verlobten wir uns. Es war wundervoll. Seine Schwester, die ein Lebensmittelgeschäft hatte, steuerte Kaffee und Torten bei, seine zweite Schwester sang fromme Lieder, sie gehörte zu den Baptisten. Seine Eltern waren einfache Menschen, für die alles Gottes Wille war. Nur sein Schwager gefiel mir nicht, er war einer von jenen »uk« (unabkömmlich) gestellten Nazis, die ich nicht riechen konnte. Als er eine Rede auf unseren tapferen Krieger halten wollte, der sich nun verlobt, winkte Henry ab: »Laß das man. Solange Du hier unabkömmlich bist, solltest Du nicht vom Heldentum anderer reden. Du weißt nicht, was das heißt, da draußen im Dreck zu liegen. Ich bin froh, wenn ich mich ganz unheldisch nach hinten absetzen kann. Aber Du bist ja schon hinten — ganz hinten in der Etappe. Ich mache jetzt erstmal einen Offizierslehrgang

in Bayern, bevor ich wieder an die Front gehe.« Fast wäre es zum Eklat gekommen, aber die Schwestern beruhigten den wütenden Schwager, der sich schließlich mit Alkohol tröstete. Ich war glücklich über die Nachricht und stolz auf meinen Henry — der hatte es dem Nazi aber gegeben. Als ich ihn später fragte, ob man nicht etwas gegen die ganze Nazibande tun könne, sagte er wie Vater, abwarten, still sein, das Fragen und Reden bringe mich nochmal ins Konzentrationslager. Dieses Wort war ein ständiges Damoklesschwert, das über allen hing, die nicht konform gingen. Aber, was es wirklich bedeutete, wie es wirklich darin aussah, in einem Konzentrationslager, das wußte keiner von uns. Man wußte nur, am besten das Wort gar nicht erst aussprechen. »Typisch Mann«, fand ich. »Dieses Anpassen und Still-Sein-Bedürfnis, für das Ihr immer einen Grund findet. Helden seid Ihr nur auf Befehl«. Er lachte nur: »Weißt Du was besseres?«

Solange er noch in Berlin bei der Flak war, lebten wir trotz Krieg wie im siebten Himmel. Er war auf dem Dach des Columbushauses am Potsdamer Platz stationiert. Wir konnten uns jeden Tag sehen. Oft war ich sogar oben in der Stellung, wenn Fliegeralarm war. Mit Spannung beobachtete ich, wie das Flakgeschütz nach seinen Angaben — er war Richtkanonier — schoß. Scheinwerfer warfen ihr Licht wie lange weiße Finger gegen den schwarzen Nachthimmel, bis sie sich kreuzten. In diesem Kreuz bewegte sich das feindliche Flugzeug, und manchmal wurde es abgeschossen. Dann brüllten sie »Hurra«, und anschließend wurde Fusel-Schnaps getrunken. Einige waren betrunken — vor ihnen ekelte ich mich. Henry war nie betrunken. Er paßte auf, weil es verboten war, Mädchen mit in die Stellung zu nehmen. Wir hatten dort oben ein Koffer-Grammophon, meist spielte die Platte, auf der Zarah Leander sang: »Ich weiß, es wird einmal ein Wunder geschehn«. Ich glaube, wir alle versuchten damals, an Wunder zu glauben. Es geschah aber keines. Im Oktober 1942 wurde Henrys Kompanie nach Rußland verfrachtet. Von nun an waren die Briefe mein eigentliches Leben — alles andere wurde nur noch äußerlich wahrgenommen. Die nächtlichen Bombenangriffe, die Tag- und Nachtarbeit, die himmelschreiend schlechte Ernährung, das Elend ringsumher. Meine Tante war bereits zum zweitenmal ausgebombt. Sogar der Selbstmord meines Onkels ließ mich ziemlich kalt.

Er war der Bruder meines Vaters, der vor 1933 eng mit uns verbunden war. Mein Cousin war einige Jahre älter als ich. Er machte seinen Weg über Gymnasium, Offiziersschule bis nach Stalingrad. Onkel Albert war Zugführer bei der Berliner S-Bahn. Er war ungeheuer stolz auf seinen Sohn, schwor auf den Führer, der diese Karriere ermöglichte. Als mein Vater ihm sagte, der Führer stürze uns alle ins Unglück, der Krieg sei verloren, entzweiten sie sich.

Anfang 1943 hatte die Offensive der Roten Armee im Raum von Stalingrad begonnen. Vergeblich rief Hitler die »Vorsehung« an. Vergeblich versuchte unser Goldfasan, den verbrecherischen Befehl Hitlers an General Paulus zu kommentieren, »Stalingrad wird bis zum letzten Mann verteidigt«. Auch die Lügen von Entsatztruppen, die den Eingeschlossenen helfen sollten, konnten die 330 000 Mann starke Truppe nicht retten. Wir glaubten schließlich die Lüge, daß alle den Heldentod der Gefangenschaft vorgezogen hätten. Und dann erhielten wir die Nachricht, Onkel Albert hat sich vor einen fahrenden S-Bahnzug geworfen. Am Grabe trafen wir Tante Marie und Trude, die Frau meines Cousins. Sie waren so apathisch, daß sie auf nichts mehr hofften, nur noch die Rache der Russen fürchteten. Im Mai 1945 glaubten sie, ihr letztes Stündchen habe geschlagen. An ihrer Gartentür klingelte stürmisch ein russischer Soldat. Als er rief: »Macht auf — kennt Ihr mich denn nicht mehr« erkannten sie meinen Cousin. Er hatte in der russischen Gefangenschaft gelernt, die Verbrechen zu begreifen, die Hitler über die Völker gebracht hatte. Er besuchte dort eine Antifa-Schule und gehörte später zum Nationalkomitee Freies Deutschland, das von ehemaligen Hitleroffizieren in Moskau gegründet wurde. An der Seite der Roten Armee kämpfte er gegen die faschistische Barbarei bis zur Einnahme Berlins.

Krieg – ‚Gelobt sei, was hart macht'

Bald waren es nur noch Feldpostbriefe, die mich mit Henry und »meinen Jungens« verbanden. Der Herzog hatte weiter Karriere beim Arbeitsdienst gemacht und kam erst ziemlich spät an die Front. Bis zuletzt war er von der Bedeutung seiner Aufgabe überzeugt. Er fiel bei den Kämpfen in Budapest. Zuvor hatte er noch stolz berichtet, daß er eine Auszeichnung im Nahkampf erhalten hätte. In der Zeitung erschien unter den vielen Rubriken »in stolzer Trauer« auch sein Name als »gefallen für Führer und Volk«. Bert wurde bei den Sturmbooten ausgebildet, kam nach Finnland, schrieb mir von dort noch einen lieben Brief. Er »beichtete«, daß er sich in eine Finnin verliebt hätte, mit der er später zusammen leben wollte. Ich würde das sicher verstehen, da ich offenbar doch nur Henry liebte und das Warten für ihn aussichtslos sei. Er schwärmte von der Mitternachtssonne und meinte, der Traum von Afrika sei ausgeträumt — dieser Krieg sei zu grausam. Für ihn gab es keine Gemeinschaft mehr mit dem Herzog. Nach dem Krieg erfuhr ich von seinen Eltern, daß er »irgendwo da oben« gefallen sei. Seine Schwester Anneli, ein fanatisches BDM-Mädchen, glaubte, ihre Brüder (auch die beiden anderen waren gefallen) rächen zu müssen, und sprengte, als die Amerikaner näherrückten, eine Brücke.

Opfer des Bombenkrieges. Quelle: Archiv der sozialen Demokratie, Bonn.

Aus einer Anzeigenseite der Zeitschrift „Die Sirene – Illustrierte Zeitschrift des Reichsluftschutzbundes", Februar 1942.

Franz marschierte mit der Hitlerwehrmacht durch Jugoslawien, durch Griechenland, nach Rußland bis ins Donezbecken. Er wurde verwundet, kam ins Lazarett und anschließend in Urlaub nach Deutschland, den er im Odenwald verbrachte. Wie viele, die »nur« eine Verwundung erhielten — d. h. einen Arm, ein Bein, ein Körperteil verloren oder ein Loch im Körper, einen Steckschuß mitbrachten — freute auch er sich über den »Heimatschuß«. Er freute sich sogar über die Verwundetennadel, die er mir bei seinem Kurzbesuch in Berlin zeigte. Das war, als er wieder zurück zur Front fuhr. Bei diesem Kurzbesuch zwischen zwei Zügen erlebte er einen Fliegeralarm mit. Gemeinsam saßen wir in dem großen Bunker am Bahnhof Gesundbrunnen. Als wir das Licht des Tages wieder erblickten, sah er die Verwüstungen ringsumher mit anderen Augen. »Das ist schlimmer als an der Front. Jetzt weiß ich erst, was Du hier täglich durchmachst. Aber glaube mir, wir setzen alles dran, um das Leben von Frauen und Kindern zu schützen.« Ich lachte ihn aus. »Danke für die Blumen. Inzwischen werden wir Frauen hier erstmal die Trümmer wegräumen, die Brände löschen, denn der nächste Angriff kommt bestimmt.« Wir hatten uns längst daran gewöhnt: »Gelobt sei, was hart macht!« Er entschuldigte sich: »Du ich habe es mir wirklich nicht so schlimm vorgestellt, was sich offenbar in den Großstädten abspielt. Ich war im Odenwald, in den bayrischen Bergen, überall ist dagegen ja der reinste Frieden. Aber glaube mir, da draußen an der Front, da ist auch kein Zuckerlecken.« Sein Zug fuhr ab. Ich wünschte »bleib heil« und ging zur Arbeit. Das erste, was mir diktiert wurde, war eine Meldung »Nur für neutrale Länder«. Das waren Berichte, die unseren deutschen Volksgenossen vorenthalten wurden, um ihren Durchhaltewillen draußen und an der Heimatfront nicht zu schwächen. Ich schrieb:
»Berlin. 41 385 (vier eins drei acht fünf) Tote verursachten die sechs Luftangriffe auf Hamburg in der Zeit vom 25. Juli bis 3. August 1943. Geborgen davon sind 39 814, während 1 561 noch unter den Ruinen begraben liegen. Diese aus militärischen Gründen bisher geheimgehaltene Ziffer gab der Stellvertreter des Pressechefs der Reichsregierung, Helmut Sündermann, den Vertretern der neutralen Presse in Berlin bekannt. Er übergab ihnen einen Bericht des Polizeipräsidenten von Hamburg, ferner Berichte von Kriegsberichtern über Terrorangriffe auf Köln, Frankfurt, Delmenhorst, Hamburg, deren Veröffentlichung bisher aus militärischen Gründen zurückgehalten wurde. Diese Dokumente und fünfzehn von der Zensur verboten gewesene Photos sollen nach den Worten Sündermanns in einem Augenblick, wo englische Zeitungen sich über die Wirkung der ›V 1‹ entrüstet zeigen, klarstellen, wer sich gegen die Gesetze der Menschlichkeit vergangen hat. Die Katastrophe von Hamburg ist nach Ansicht Sündermanns planmäßig von den Engländern

herbeigeführt worden. Wie er erklärte, hat sich eine ähnliche Katastrophe in Deutschland nicht wieder ereignet und wird sich auch nicht wiederholen wegen der ergriffenen Abwehrmaßnahmen der deutschen Behörde. Sündermann übergab den Pressevertretern fünfzehn Photos, die ein Bild des Grauens aus den zerstörten Wohngebieten deutscher Großstädte zeigen. Man sieht Menschen, die offenbar tagelang verschüttet gewesen sind, barfuß und mit irrem Gesichtsausdruck, Kindern auf dem Arm durch die Straßen wanken. Andere Photos zeigen verkohlte Kinderleichen in den Straßen Hamburgs, wo die Menschen reihenweise erstickt beim Feuersturm zusammengebrochen sind. Mütter mit toten Kindern in Köln, aus Kassel, Hallen mit Hunderten, ja Tausenden von Toten in Köln sieht man auf anderen Photos. Die Opfer eines Bochumer Waisenhauses, das Johannishospital in Leipzig sind Themen anderer Photos. ›Über diese Themen sollte Winston Churchill am Donnerstag vor dem Unterhaus sprechen. Dazu fordern wir ihn auf‹, erklärte Sündermann.«
Wir waren inzwischen schon ziemlich abgestumpft. Aber diesmal lief es uns doch eiskalt den Rücken herunter. Ich fragte den Schriftleiter, ob wir das in Berlin wohl auch noch erleben würden. »Was denken Sie? Unser Reichsluftmarschall hat doch gesagt, daß unsere aktive Abwehr nur vorübergehend im Osten eingesetzt wird, bis sie einstmals [einstmals!] wieder der Heimat gegeben wird.« Solche Fragen und Antworten waren Signale, wie weit man miteinander reden konnte oder nicht.
Ob und wann den meisten klar wurde, daß dieser Krieg verloren war, weiß ich nicht. Aus den Blitzsiegen war ein langer Völkermord geworden. Nach der Schlacht um Stalingrad marschierten die »unseren« von allen Fronten wieder zurück, diesmal in Furcht und Schrecken vor der Rache der Russen. Nicht Hitler oder Goebbels, sondern »die Russen« waren für alle die Teufel. An der Front wie in der Heimat hörten wir es täglich aus dem Volksempfänger, lasen es täglich in der Zeitung, plapperten es nach aus Angst vor Denunzianten oder aus Dummheit.
Eine der Ausnahmen, die ich kannte, war Keule. Er war zu Beginn des Krieges bei der berittenen Artillerie in Frankreich. Dann wurde er als »wehrunwürdig« entlassen, weil die Mutter Jüdin war. Er wurde dienstverpflichtet in einen Betrieb in Barth/Ostsee, der Gelbkreuz herstellte. Im vierten Kriegssommer verlebte ich meinen Urlaub bei ihm in Zingst. Es war herrlich. Sommer, Sonne, blaues Meer, weißer Strand und keine Alarme. Daß es so etwas noch gab! Keine Hektik, keine Redakteure, keine Telefone, keine Fliegerbomben. Nur das leise plätschern der Wellen. Abends gingen wir gemeinsam in den »Schmutzigen Löffel«, wie er sein Freßlokal getauft hatte. Dort gab es noch manches Gericht ohne Karten, da übersah man den schmutzigen Tisch und Löffel. In allen anderen Lokalen mußte man Lebensmittelmarken abschneiden lassen, z. B. Mar-

ken für Zucker, wenn man Pudding wollte, Marken für Fleisch, für Eier, für Margarine (gab es überhaupt noch Butter?), für Milch, für Zigaretten, für fast alles — außer Schnaps. Oder doch? Er war aus Kartoffeln gebrannt und schmeckte fürchterlich, trotzdem wurde gesoffen. Oft saßen wir im Strandkorb beim Mondschein und träumten — noch immer — von Afrika. Er spielte Gitarre, und wir sangen leise unsere Lieder. Oder wir hörten gemeinsam Feindsender ab. Einmal hörten wir eine Rede Churchills. Er sprach über die allgemeine Kriegslage, über den Sturz der faschistischen Regierung Italiens und die geplante Dreimächte-Konferenz und über eine zweite Front, eine »Masseninvasion des Kontinents vom Westen in Kombination mit einer Invasion vom Süden«. Keule sagte, schreib mal schnell mit. »Das Herz Deutschlands ist Preußen. Es ist eine immer wiederkehrende Pestquelle. Ich bin sicher, daß die Völker Großbritanniens, Amerikas und Rußlands, die die unermeßlichen Verwüstungen und Blutbäder zweimal in einem Vierteljahrhundert infolge der teutonischen Angriffslust erlitten haben, gegen die Beherrschung diesmal ihre Maßnahmen ergreifen werden, und zwar so, daß es außer der Macht Preußens oder ganz Deutschlands liegen wird, von neuem auf fortgesetzte Rachepläne zu kommen. Die Nazityrannei und der preußische Militarismus sind die beiden hauptsächlichen Lebenselemente Deutschlands, die vollkommen zerstört werden müssen. Sie müssen vollkommen ausgerottet werden, wenn man Europa und der Welt einen dritten noch schrecklicheren Konflikt ersparen will . . .«
Den Rest des Urlaubs diskutierten wir noch darüber, wie lange es noch mit Deutschland dauern würde. Immer neue Varianten erfanden wir, Hitler umzubringen. Wenn doch mal ein Attentat gelänge! Gab es denn keine Möglichkeit, das Unheil abzuwenden? Wahnsinn — Deutschland wird ein einziger Trümmerhaufen. Was half's — ich mußte zurück nach Berlin. Es war unser letzter gemeinsamer Urlaub, im Herbst 1944 wurde Keule von der Gestapo abgeholt und in ein Zwangsarbeitslager bei Wesel gebracht. Ich hatte Angst, daß man bei ihm den Zettel mit der Churchill-Rede gefunden haben könnte. Er hatte diese Rede aber nur zwei guten Freunden vorgelesen und dann vernichtet. Später erfuhr ich, daß die Nazis ihn als »Halbjuden« abholen ließen. Bevor die Amerikaner näher rückten, wurde das Lager »heim ins Reich« verlegt, dabei gelang es ihm zu fliehen. Die Amis griffen ihn halb verhungert auf und steckten ihn erst einmal in eines ihrer Kriegsgefangenenlager. Nach Kriegsende besuchte er mich in Berlin. Sein Weg führte nach Theresienstadt. »Ich will sehen, ob meine Mutter noch lebt, und sie da rausholen.« Jetzt erst erfuhr ich, daß sie auch den »arischen« Vater in ein Arbeitslager gebracht hatten, weil er der mehrfachen Aufforderung der Gestapo nicht gefolgt war, sich von »dieser Jüdin« scheiden zu lassen. Es hatte nichts genutzt, daß die Eltern aus dem

Geburtsort der Mutter fortzogen nach Thüringen, weil ihnen das Leben dort unmöglich gemacht wurde. Der Bürgermeister wollte, wie er sagte, »das letzte Judenschwein« aus dem Ort haben. Als sie umzogen, brachte man vor ihren Augen eine Tafel am Ortsausgang an: »Dieser Ort ist judenfrei!«
1946 tauchte sein Bruder auf. Er war 1936 ausgewandert. Keule wußte nicht, wohin. Briefe kamen nie an — die Nazis hatten sie wahrscheinlich beschlagnahmt. Keule hatte auch nie von ihm erzählt. Plötzlich besuchte mich in Berlin ein Soldat in amerikanischer Uniform und bestellte mir Grüße von Keule. Dann berichtete er, daß er sich damals nach USA zu einer Tante durchgeschlagen habe. Er meldete sich freiwillig zu den Soldaten, um gegen die Faschisten zu kämpfen, und wurde gegen die japanischen Faschisten eingesetzt. Er bleibe jetzt in München, um Deutschland neu aufzubauen. Nie wieder würde es Antisemitismus geben, dafür würden die Amerikaner schon sorgen. Ich erzählte von meinem Cousin, der mit der Roten Armee nach Deutschland kam, damit es bei uns nie wieder Antikommunismus und Rassenhetze gäbe. Wir waren voller Optimismus und Elan.

Die letzten Wochen

Nachdem Phosphorbomben unser Bürohaus in der Hermann-Göring-Straße getroffen hatten, wurden wir evakuiert in eine Villa nach Frohnau, einen Vorort Berlins, der später zum französischen Sektor gehörte. Unsere Arbeitszeit betrug jetzt 24 Stunden durchgehend, danach 48 Stunden frei. Oft wurden aus diesen 24 Stunden 28, weil die Ablösung nicht kam. Immer wieder waren die Schienen der S-Bahn getroffen und mußten repariert werden. Es war ein harter Streß, dennoch fanden wir es hier viel lustiger. Wir kochten uns selbst, zwischendurch spielten wir Karten und flirteten mit den Kollegen. Alles ging viel familiärer zu. Auch das Verhältnis mit den Kolleginnen war herzlich. Wir legten uns Karten, die uns die Zukunft sagen sollten. Manchmal half es mir über Depressionen hinweg, wenn lange keine Post von Henry kam. Wir erzählten aus unserem Leben.
Eine Kollegin weinte, weil sie ihr Kind nicht mehr sehen durfte. Ich wußte überhaupt nicht, daß sie ein Kind hatte. Sie war ziemlich exaltiert, immer sehr elegant angezogen, und hatte als Haustier einen Gepard! Ihre Wohnung befand sich am Kurfürstendamm. Sie hatte sich verlobt und war glücklich, daß dieser Verlobte ihr Kind anerkennen wollte. Sie wollten bald heiraten und dann das Kind zu sich nehmen. Dieses Kind wollte man ihr nun aber nicht geben. Schließlich gestand sie, daß sie das Kind mit

einem Mann gezeugt habe, den sie überhaupt nicht kenne. Sie sei dazu irgendwohin gefahren, da sei ein Schloß, und in einem Zimmer hätte sie dann mit einem großen SS-Mann das Kind gemacht. Ich dachte, sie spinnt und erzählt mir Märchen. Da sie sehr weinte, tröstete ich sie und erklärte meine Bereitschaft, mit den Leuten zu reden, damit man ihr das Kind gebe. Ich hatte keine Ahnung, um was für Leute es sich handelte, und dachte, irgendein kinderloses Ehepaar. Da sagte sie, das ginge nicht. Sie hätte damals unterschreiben müssen, daß sie das Kind dem Führer schenke. Sie hätte es besuchen dürfen, aber nun habe ihr Verlobter versucht, das Kind rauszubekommen und alles verdorben. Jetzt könnte sie es auch nicht mehr besuchen. Ich dachte, so etwas Verrücktes kann es doch gar nicht geben. Doch, sagte sie, da ist eine richtige Zuchtanstalt mit Männern, die nur für diesen Zweck abgestellt sind. Jahre nach dem Krieg las ich zum erstenmal davon, daß es eine SS-Organisation »Lebensborn« gab, in der u. a. sogenannte »nordische« Typen mit blonden blauäugigen »arischen« Mädchen zusammengesperrt wurden zwecks Fortpflanzung der germanischen Rasse. Natürlich freiwillig . . .
In der Villa hatten wir jeden Morgen eine kleine Redaktionskonferenz, bei der ein Schriftleiter auf der Landkarte Fähnchen absteckte, um den Verlauf der Frontlinie zu kennzeichnen. Jeden Tag wurde die Front hier »begradigt« — so nannten sie die Aufgabe von Gebieten, den Rückmarsch, die Niederlagen. Die letzte Kriegsweihnacht lag hinter uns — lange konnte es nicht mehr dauern. Lieber ein Ende mit Schrecken als ein Schrecken ohne Ende, dachten bereits viele. Manche sagten sogar schon: »Lieber will ich nur noch trocken Brot essen, wenn dafür keine Bomben mehr fallen und der Krieg vorbei ist.«
Nur unser Goldfasan, der wuchs förmlich über sich hinaus, wenn es galt, den Untergang zum heroischsten Kampf der Weltgeschichte hochzustilisieren. Als Budapest gefallen war, diktierte er mir:
». . . Das war Budapest Mitte Januar 1945: ein blutgetränkter zerborstener Steinhaufen, allseits von einer flammenden Rauchkapsel umgeben, zitternd, bebend, schwankend im Sturm der aufheulenden Artillerieeinschläge und niederrauschenden Bomben, ein Kessel entfesselter, rasender Gewalten, nachts hell lodernd im Schein der vielfältigen Brände, tagsüber in ein düsteres rauchfarbenes Licht gehüllt, in dem menschliche Gestalten wie Riesen aufstanden und verschwanden, um emsig ihre mörderische Arbeit zu verrichten . . . Die Stadt selbst aber stand unter dem Befehl des Kommandierenden Generals des IX.SS-Gebirgskorps, SS-Obergruppenführer und General der Waffen-SS Pfeffer-Wildenbruch . . . Am Weihnachtsabend war Budapest von allen Seiten eingeschlossen. Die wütendste Stadtschlacht der bisherigen Kriegsgeschichte hub an . . . Sieben Wochen härtesten Kampfes begannen, zwanzig bolschewistische Divisionen,

ergänzt durch landräuberische Rumänen, eine ungeheure Vielzahl schwerer und schwerster Waffen, fast tausend Flugzeuge, griffen von Stunde zu Stunde stärker in den ungleichen Kampf ein. Es wurde finster um die Deutschen. Die Männer erfüllten bis zum letzten Blutstropfen und zur letzten Patrone ihre Pflicht. Budapest hielt! Es kapitulierte nicht . . .«

Ich dachte an den Herzog, an seine Nahkampfspange, und wie ihm wohl zumute wäre, wenn er das hören könnte. ». . . Der Deutsche kämpfte, er hielt, sein Glauben lieh ihm Kraft. Er krallte sich an den blutbesprenkelten Steinen fest und kämpfte um jeden Schritt . . . Kameraden fielen oder wurden auseinandergerissen und sahen sich nie wieder . . . Und der Deutsche blickte streitend unbewegten Angesichts in die Glut der Hölle rings um ihn herum, die ihn nicht verschlingen konnte, er rächte jeden gefallenen Kameraden mit einer Vielzahl von Feindtoten . . . er kämpfte in Pest, und als dies nichts weiter mehr war als ein rauchender Trümmerhaufen und ein Sarg begrabener gegnerischer Hoffnungen . . .« Ich dachte, ich hätte mich verhört. Wieso gegnerischer? Der Gegner hoffte doch weiterzukommen — und wir mußten zurück. Aber der Goldfasan war nicht zu bremsen. ». . .und auf dem Gellert-Berg. Er stieg Stufe um Stufe auf seinem schweren Weg hinab, und jede Stufe dieser Treppe war besät mit toten Bolschewisten, und der Deutsche kämpfte weiter. Nichts hielt ihn auf in seiner Arbeit.« Wirklich, er nannte das Arbeit! Und Not, Tod, Hunger, Sterben nannte er Ordnung! Neuordnung Europas! Ich weiß nicht, wie weit meine Gedanken heute beim Lesen die Gedanken von damals waren. Aber ich meine, man muß das heute im Original nachlesen und wissen, daß die, die damals so etwas schrieben, nach dem Krieg weiter in der Pressearbeit saßen! Damals diktierte er weiter ». . . Sie verzweifelten nicht, weil sie kämpften, und sie kämpften, weil sie Deutsche waren und inmitten sterbender Völker ihren einfachen Glauben an die Ordnung der Dinge behielten . . . Aber den Hunger hast du doch nicht vergessen? Fünf Gramm Fett, ein winziges Stückchen Brot und ein wenig Pferdefleisch alle 24 Stunden einmal? . . . Das Hochwasser der Donau trieb dich aus den Kellern und Unterkünften, Seuchen gingen um in der Stadt — du kämpftest weiter, kein Feind konnte dich besiegen, niemand vermochte sich je zu dir zu erheben. Aber du schweigst . . . denn du warst mit dabei, wie es um Budapest ging.«

Am 8. März 1945 erschien der Artikel im »Schwarzen Korps«. Acht Wochen später wurde die totale Kapitulation unterschrieben — die Militärs hatten es wirklich gewagt, solange den Krieg zu führen, bis kein Stein mehr auf dem anderen war und sie aus ihrem 1.-Klasse-Bunker unter der Reichskanzlei von den Russen herausgeholt wurden, weil sie zu feige waren, den Krieg vorher zu beenden. Wochen lebten wir noch in Angst,

ohne Post von meinem Vater, ohne Post von Henry, ohne Verbindung zu den »Jungens«.
Meine Mutter hatte in diesem Krieg schon viel abgenommen, in diesen letzten Wochen war sie nur noch ein Schatten ihrer selbst. Sie mußte in der kleinen Klitsche, wie wir die »Fabrik« unseres Nachbarn nannten, unter den unwürdigsten Bedingungen arbeiten. Der Raum war eiskalt, die Stanzarbeit stupide, dabei mußte sie noch froh sein, daß sie ihre Dienstpflicht hier ableisten konnte. Bei ihm arbeiteten sonst nur ausländische Zwangsarbeiter aus Jugoslawien und Belgien. Sie waren jung, hatten ewig Hunger und lebten in einer primitiven Holzbaracke auf dem Nachbargrundstück. Dieser letzte Kriegswinter war eiskalt, Holz und Kohlen so knapp, daß manche ihre Möbel verheizten. Uns war es verboten, mit ausländischen Zwangsarbeitern überhaupt nur zu reden. Trotzdem gab meine Mutter ihnen heimlich Brot und Zigaretten von unseren Rationen und Obst aus dem Garten. Wir wußten, wenn es rauskam, würde uns die Gestapo abholen.
Bei nächtlichen Fliegeralarmen traf ich sie, wenn ich keinen Dienst hatte, am Erdbunker. Dieser »Bunker« bestand aus einem überdeckten Erdloch, das sie selbst gegraben hatten, weil sie nicht in den großen Luftschutzbunker für Deutsche durften. Ich war oft so müde, daß ich bei Alarm im Bett blieb oder zu ihnen in das Erdloch kroch, wenn alle Nachbarn weggelaufen waren zum großen Bunker. Meinc Mutter hatte es aufgegeben, mich aus dem Bett zu reißen — sie lief allein zum Bunker. Meine Parole war: »Wer weiß, wohin die Kugel schwirrt, wer weiß, wohin der Weg uns führt — wen's treffen soll, den trifft es auch im Bunker.« Sie freuten sich, wenn ich zu ihnen kam, ich sagte ihnen, wie weit die Russen vorgerückt sind, und sie sagten: »Hitler bald kaputt.« Manchmal standen wir vor dem Erdloch und beobachteten die englischen Flugzeugstaffeln, die über uns nach Berlin reinflogen, dort ihre Bomben abwarfen und zurückkamen. Wir sahen den hellen Lichtschein der Brände, die letzten Tage war der Himmel oft glutrot — es war ein gigantisches Schauspiel. Seit Monaten mußten wir manche Nacht zwei- bis dreimal raus, wenn es hieß: »Achtung, Achtung, Flugzeuge im Anflug über Hannover-Braunschweig«, wußten wir — die kommen nach Berlin.
Nachdem auch Bomben auf unsere Laubenkolonie gefallen waren, eine Nachbarin mit ihrer Tochter tot gefunden wurde, weil sie nicht in den Bunker gegangen waren, ein Nachbar, der krank im Haus blieb, begraben wurde unter den Trümmern seines Hauses und an unserem Haus vom Sog eine Wand herausgerissen wurde, ging auch ich in den großen Bunker. Unvergeßlich bleibt mir jene Nacht, als die Russen Berlin bereits umzingelt hatten. Ich stand neben einem »Bonbonträger«, der uns erklärte, daß die Russen uns aushungern wollten. »Die trauen sich nicht

nach Berlin rein, denn unser Führer hat die Wunderwaffe noch nicht eingesetzt. Der wartet, daß die reinkommen. Das wissen die.« Und damit sie uns nicht aushungern können, sollten wir es machen wie er. Von jedem Brot die Kanten aufheben. Er habe schon einen ganzen Sack voll. Wenn's nichts mehr gibt, kann man davon Brotsuppe machen. Außerdem habe er mit einer Gummischleuder, einem Katapult, wie sie Kinder machen, probiert — damit könne man Spatzen schießen. Die würden auch schmecken. Der Mann war ca. 60 Jahre alt und »uk« gestellt. Alle oberen »Goldfasane« und »Bonbonträger« waren »uk« (unabkömmlich) wie meine Propaganda-Macher. Junge Soldaten dagegen, die 5 Minuten vor 12 nicht noch ihr Leben lassen wollten und sich versteckten, wurden am nächsten Baum aufgehängt. Um den Hals bekamen sie ein Schild »Ich bin ein Deserteur«.

Ich selbst wurde zum Deserteur, als die S-Bahn nicht mehr fuhr, weil die Bombenschäden keiner mehr reparierte. Tausende liefen weiter zu Fuß zur Arbeit — manche stundenlang — aus Angst, denn es galt als Sabotage, nicht zur Arbeit zu erscheinen. Auch ich war vorher oft große Strecken gelaufen, weil die Verkehrsverbindung gestört war. Kamen Fliegeralarme, flüchteten wir in U-Bahn-Schächte oder Bunker. Kam man wieder heraus, lief man durch brennende Straßen, nasse Taschentücher vor das Gesicht gepreßt, weil das Atmen in der Luft kaum möglich war. Menschen schrien um Hilfe, warfen Betten und Möbel aus dem Fenster um etwas zu retten. Qualm, Elend, ein altes Mütterchen weinend am Straßenrand — wir rannten vorbei. Zuviel Elend stumpfte ab — mit uns rannten hunderte von Menschen. Menschen ohne Herz, Maschinen ohne Sinn — das hatte der Krieg aus allen gemacht.

Meine Befreiung vom Faschismus

Einer meiner letzten Arbeitstage war der 12. April 1945. Elschen hatte Dienst am Hellschreiber und kam mit der Nachricht »Roosevelt gestorben«. Ich werde nie vergessen, wie unser »Chef vom Dienst« rief: »Das ist die beste Nachricht seit langem.« Der Goldfasan spendierte eine Runde Schnaps. »Jetzt geht's wieder vorwärts — die Vorsehung ist mit uns!« Ich glaubte nicht an seine Vorsehung, sondern an meine, die auch eintraf. Ich ging nicht mehr zur Arbeit und erlebte die Befreiung vom nazistischen Terror-Regime, die Befreiung für unsere Zwangsarbeiter, für Keule und seine jüdische Mama, für meine Eltern und mich, meine Freundin, für Henry und meine nazistischen Jungens und für viele, die es bis heute nicht als Befreiung erkennen wollen. Zu ihnen gehörte übrigens auch Elschen, die aus Ostpreußen stammt. Obwohl sie das Schlimmste erlebte. Nach

Berlin kam sie, nachdem sie auf dem Gutshof ihrer Eltern mit einem als Knecht zwangsverpflichteten Polen ein Verhältnis hatte, dem ein Kind entstammte. Niemand durfte davon erfahren. Es war bekannt, daß Mädchen, die sich mit Zwangsarbeitern aus Frankreich, Polen oder anderen besetzten Ländern einließen, in der Öffentlichkeit die Haare geschoren wurden. Sie kamen ins Lager, die betroffenen Männer verschwanden im Konzentrationslager. Allerdings ist mir in Berlin kein solcher Fall bekannt — aber auf kleineren Orten, in denen »Ortsbauernführer« das Sagen hatten, wurde »das ehrvergessene deutsche Mädchen« angeprangert und bestraft. Elschen entging der Strafe. Sie entband in Berlin und blieb hier. Das Kind kam als Kind ihrer verheirateten Schwester zurück ins Elternhaus.

Mitte April kam Elschen zu mir nach Hause. Ich sollte sie entschuldigen, daß sie nicht mehr zur Arbeit kommen könne. »Meine Schwester ist angekommen — völliger Nervenzusammenbruch — sie wollte sich das Leben nehmen — ich kann sie nicht allein lassen — sie mußte aus Ostpreußen flüchten — eines morgens kam der Amtsleiter — das ganze Dorf muß weg, die Russen kommen, hieß es. Erst war sie noch mit den Eltern und unseren Polenmädchen zusammen — mit einem Fuhrwerk sind sie los über das Eis — sie wollten über die Kurische Nehrung, weil es über Land nicht mehr ging. Viele sind eingebrochen und ertrunken — Tina ist durchgekommen mit meinem Jungen und ihrem Baby. Die Eltern hat sie unterwegs verloren. Es ging alles drunter und drüber. Sie konnte es nicht richtig erzählen, sie bekommt dauernd Weinkrämpfe. Irgendwo wurden alle in einen Zug verladen — wochenlang waren sie unterwegs — immer wieder mußten sie aus dem Zug raus in Deckung — Tina wurde von Tieffliegern verletzt — tagelang hatte sie keine Milch für das Baby — es ist in ihren Armen verhungert — draußen war nur Eis und Schnee — sie war fast irrsinnig — sie wollte die kleine Leiche nicht aus den Armen lassen — die Leute haben sie ihr weggerissen und aus dem fahrenden Zug geworfen. Es war nicht das einzige Kind — alle Säuglinge sind umgekommen — Man konnte die Leichen nicht in den vollgestopften Zügen behalten — Mein einziger Trost, daß sie meinen Jungen mitbrachte — ihn konnte Tina retten — wo die Eltern sind, wissen wir nicht — es ist schrecklich . . .«

Ich wagte nicht zu fragen, warum sie alle vor den Russen flüchteten, jetzt standen die Russen vor Berlin. Wären sie dort geblieben, hätten sie es überlebt und längst hinter sich. Alle waren verrückt vor Angst vor den Russen — alle wußten, was wir dort angerichtet hatten — alle kannten die Schlagzeilen von der »verbrannten Erde«, die Bilder der brennenden Dörfer, die Wochenschauen von vernichteten Städten, herumirrenden Menschen, kahlgeschorenen, halb verhungerten russischen Kriegsgefan-

April 1945: Befreit. Quelle: Chronos-Film „Bilder aus einem fremden Land“.

genen, zwangsverpflichteten russischen Mädchen. Dazu kamen die schrecklichsten Greuelmeldungen, was uns erwartet, wenn wir den Krieg verlieren — wenn »der Russe« kommt. Täglich lasen wir es in der Zeitung von »diesen Bestien aus der Steppe — diese im Bolschewismus organisierten Untermenschen, die den Krieg gegen uns führen und damit gegen Europa als Kulturbegriff und gegen den europäischen Menschen als biologische Erscheinung«. Sie hielten Reden über »diesen Auswurf der Steppe, der es mit sicherem Instinkt ahnt, daß der nordische Mensch sich ihm niemals unterwerfen, ihm durch seine schöpferisch-geistige Überlegenheit immer wieder gefährlich werden würde. Deshalb will er uns ausrotten!« Er uns? Waren wir nicht bis nach Stalingrad gekommen, um ihn auszurotten? Wären die Russen je bis Berlin gekommen, wenn wir ihnen den Frieden angeboten hätten? Aber noch jetzt erklärte Hitler, »wenn schon, dann soll das ganze deutsche Volk heroisch untergehen, sich aber niemals den asiatischen Horden ergeben.« Ich war bereit, lieber mit den asiatischen Horden zu leben, als für die braunen Horden zu sterben. Schlimmer als die mit ihren Nächten der langen Messer und ihren Liedern, »wenn alles in Scherben fällt« und »wenn das Judenblut vom Messer spritzt, dann geht's nochmal so gut« und ihrem Drang nach Osten und ihrer Erziehung zum Töten konnten die auch nicht sein . . .
Und dann kamen sie — die Russen.
Seit Stunden waren wir im Alarmzustand — eine Entwarnung kam nicht mehr. Meine Mutter war zum Bunker gegangen. Ich sah die Nachbarn — die mit der kleinen Fabrik nebenan — mit Rucksäcken davonlaufen. »Wohin?« Sie riefen nur: »Nach Berlin rein — der Russe kommt — beeilen Sie sich.« Ich fand es sinnlos, denn von unserem Vorort bis Berlin rein waren es nur wenige Stunden. Die würden die Russen auch noch schaffen. Plötzlich schoß die Artillerie. Eine »Stalinorgel« erwiderte mit ohrenbetäubendem Krach. 320 Geschosse in 26 Sekunden! Man verstand kein Wort mehr aus dem noch immer mit flotter Marschmusik und Sondermeldungen laufenden Rundfunk. Ich bekam es mit der Angst und rannte zum Bunker. Aber an der Chaussee kam ich nicht mehr durch. Panzersperre. Im Splittergraben, den meine Mutter mit anderen Frauen noch wenige Tage vorher schippen mußte, saßen Volkssturm-Männer. Daneben Soldaten. Sie hielten mich für verrückt. »Mach, daß Du wegkommst, der Bunker ist schon von den Russen umzingelt.« Ich weinte — ich will zu meiner Mutter. Das ohrenbetäubende Schießen ging wieder los — ein Soldat schrie entsetzlich. Einer sagte, schafft ihn weg — Bauchschuß —Ich rannte zurück. Wohin sollte ich jetzt?
Ich holte mein Fahrrad, klemmte den kleinen Luftschutzkoffer in den Gepäckständer, nahm Henrys letzte Briefe und seine Fotos und fuhr zu Schwiegermutter, die etwas weiter in einem Mietshaus wohnte. Ich raste

vorbei an Häuserruinen, kleinen Lauben und Gärten, in denen es blühte und grünte. Dann die Chaussee entlang. Wenige Stunden vorher waren hier noch Flüchtlingstrecks entlanggezogen. Mit Handkarren und Kinderwagen versuchten sie, ihre letzte Habe ins Stadtinnere zu retten. Dabei war über der Stadt die Hölle los. Immer neue Wellen von Flugzeugen brandeten heran. Geschwader auf Geschwader warfen sie ihre tödliche Ladung ab und verschwanden wieder. Und da sollte ich mit — in dieses Massengrab? Keine Maus würde übrigbleiben, wenn das so weiterging. Und an Kapitulation war nicht zu denken. Noch immer nicht! Die ließen es wahrhaftig darauf ankommen, die totale Niederlage zu erleben. Hitler hatte sich inzwischen durch Selbstmord ins Jenseits verabschiedet. Der Rundfunk meldete, »der Führer sei in Tapferkeit vor dem Feind gefallen!«

Als ich bei Schwiegermutter ankam, fand ich alle Bewohner des Hauses im Keller. Dichtgedrängt hockten sie auf den primitiven Bänken, wie Hühner auf einer Stange. Keiner wußte, wo die Front verlief, war sie vor uns? War sie schon hinter uns? Ein Volkssturm-Mann kam zu uns runter — er wollte sich von seiner Frau verabschieden. Sie wären neu zusammengestellt, erzählte er. Jenseits der Brücke kämpften schon die Russen. Sie sollten die Unsrigen dort verstärken! Er sah alt und müde aus. Das rechte Bein war steif. Er hinkte. Ein Andenken an den ersten Weltkrieg. Damals war er jung und ein schneidiger Soldat — erzählte die Frau. Jetzt hing er in seiner »Uniform« wie ein kriegsinvalider Bettler. Zusammengewürfelt wie der ganze Volkssturm-Haufen sah die Uniform aus. Ein Provisorium — um den Arm eine Binde »Volkssturm«. Jeder wußte, es konnte nur noch Stunden dauern. Er hätte bei uns bleiben sollen. Sich verstecken. Aber die Angst vor Verrat und den Folgen war größer. In der Zeitung stand, daß die Berliner Bevölkerung in Schöneberg einen Obergefreiten mit einer Wäscheleine aufgeknüpft hätte. Den Waffenrock sollen sie ihm ausgezogen haben, und an seinen Hosenträgern war ein Pappschild »Ich, Obergefreiter Höhne aus Berlin, war zu feige, meine Frau und meine Kinder zu verteidigen.«

Der kurze Besuch des Volkssturm-Mannes war der letzte Kontakt, den wir zur Außenwelt hatten. Wir waren aus dem Keller gekrochen und winkten ihm hinterher. Seine Frau weinte. Das scharfe Kommando des wohl bis zuletzt uk-gestellten SA-Mannes, der jetzt den Truppführer spielte, zwang ihn, sich einzureihen. Singend zog der armselige Haufen vorbei. Das war kein Singen, das war nur noch ein krächzendes Sich-Selber-Mut-Machen. Großväter, vom Rheumatismus geplagt, ausgelaugt von einem arbeitsreichen Leben, mit verkrüppelten Händen und Füssen und Augen gerötet vom Staub und ungeweinten Tränen. Dazwischen ein paar schulpflichtige Jungen, in der Uniform der Hitlerjugend, das Koppel umgeschnallt, den Stahlhelm auf dem Kopf, eine Panzerfaust unter dem Arm, bereit das junge Leben für den nicht mehr vorhandenen Führer dem Moloch Krieg zu opfern. Sie hatten Glück und kamen bereits an der Brücke in russische Kriegsgefangenschaft. Der Mann kam Monate später zurück. Er ging an Krücken. Da, wo das hinkende Bein war, hatte er jetzt das Hosenbein mit einer Sicherheitsnadel hochgesteckt. Seine Frau hat es nicht mehr erlebt. Sie war inzwischen verhungert.

Noch saßen wir im Keller und warteten. Stunden vergingen. Wir hatten jedes Zeitgefühl verloren. Hinter mir saß eine Frau mit ihrer 18jährigen Tochter. Alle paar Minuten versicherten sie sich gegenseitig: »Wenn sie kommen, nehmen wir uns das Leben.« Die wenigen alten Opas, die noch bei uns saßen, blickten stumpf vor sich hin. Meine Schwägerin betete. Das Gespenst der Furcht ging um. Einige Frauen sprachen von Vergewaltigungen und Grausamkeiten, über die sie gehört hätten. »Sie schleppen uns alle nach Sibirien. Die Männer bringen sie um, damit Deutschland von der Landkarte verschwindet. Die Frauen schleppen sie in Zwangsarbeitslager.« Sie wurden immer hysterischer — ich konnte es nicht mehr hören. Schließlich wagte ich zu sagen, daß wir froh sein sollten, daß der Krieg nun bald vorbei sei, und daß es nicht schlimmer werden könnte, als es schon ist. Die sahen mich an, als wenn ich nicht normal wäre. Dann schimpften sie, als wenn ich Schuld an allem sei. Die Selbstmordkandidatin keifte mich an: »Sie können wohl gar nicht erwarten, ein russisches Liebchen zu werden, aber wir wissen, was wir zu tun haben!« Es war, als wenn ich eine Ohrfeige bekommen hätte. Ich wurde wütend: »Leute wie Sie, die soviel von Selbstmord reden, sind viel zu feige. Wenn Sie nicht mit den Russen leben wollen, dann hätten Sie es ja in ihrer Wohnung tun können — Sie machen noch alle verrückt hier.« Meine Schwägerin griff ein. »Die Angst macht uns verrückt. Laßt uns beten. Gott wird uns helfen.« Das Gemurmel »Vater uns. . .« machte mich noch wütender. Es war, als wenn sie eine eisige Mauer des Schweigens um mich zogen. Ich saß unter ihnen und war allein. Unter meinem Mantel heulte ich vor Selbstmitleid. Keiner schimpfte auf Hitler und die Nazis, die schuld an allem waren. Aber auf mich, die ich Hoffnung machen wollte auf eine Zukunft nach diesen Schrecken.

Und dann trampelte es die Kellertreppe herunter: Russen, — junge und alte, verschwitzt vom Kampf, müde, in fremden Uniformen, fremde Laute kamen aus ihrem Mund. Sie versuchten, mit uns zu sprechen, aber wir verstanden sie nicht. Eine Welle von Angst schlug ihnen entgegen. Niemand, der ihnen gerade in die Augen sehen konnte. Jetzt hatte auch ich Angst. Beten konnte ich trotzdem nicht.

Als ich unter meinem Mantel endlich hervorlugte, sah ich die Leichen der Frau und ihrer Tochter. Sie hatten das Gift genommen und lagen unter

uns auf dem schmalen Gang zwischen den Bänken. Mit vorgehaltener Pistole setzten sich die fremden Soldaten auf die Kellertreppe, ruhten einige Minuten aus und zogen weiter. In den Kampf um Berlin. Immer noch in den Kampf. Noch gab es Häuser, aus denen geschossen wurde. Meist waren es fanatische Hitlerjungen, halbe Kinder noch, die alles niederschossen, was sich ihnen entgegenstellte. Auch die eigenen Hausbewohner, wenn sie ein weißes Tuch heraushängen wollten, um wenigstens das Letzte zu retten.
Wir saßen eine ganze Nacht noch mit diesen Leichen im Keller. Als endlich der Morgen graute, war der Hauptstoß vorüber. Der Lärm entfernte sich. Auch die Stalinorgel war nicht mehr zu hören. Wir saßen noch immer wie betäubt, in stickiger, stinkender Kellergruft, während draußen der Frühling das Leben weckte, starrten wir auf die Toten. Für uns war der Krieg zu Ende. Ich fühlte mich befreit.

Renate Finckh, geb. 1926 in Ulm. 1937 Mitglied der Hitlerjugend (HJ), seit 1940 Jungmädelführerin im Bund Deutscher Mädel (BDM). Studierte Germanistik und Geschichte nach 1945. 1951 Heirat und Abbruch des Studiums. Sie lebt heute in Esslingen bei Stuttgart und hat acht Kinder.

Renate Finckh im Gespräch mit Heike Mundzeck

Renate Finckh wurde 1926 in Ulm geboren. Ihr Vater war Goldschmied, sie hatte noch zwei ältere Schwestern. 1933 kam sie in die Schule, 1937 wurde sie in die Hitlerjugend aufgenommen, drei Jahre später war sie Jungmädelführerin im Bund Deutscher Mädel (BDM). Bis zur Kapitulation und noch einige Zeit darüber hinaus blieb Renate Finckh überzeugte Nationalsozialistin. Sie konnte und wollte nicht glauben, was man ihr nach dem 8. Mai 1945 über die Verbrechen des Hitler-Staates berichtete. »Sie lügen!« sagte sie sich. »Sie lügen alles Gute und Große, das uns erfüllte, tot!« Sie wollte treu bleiben, denn Treue war für sie in den Jahren ihrer Jugend zur wichtigsten Tugend geworden. Dann aber konnte sie sich gegen das Erkennen nicht mehr wehren. Schuld und Scham verschlossen ihr lange den Mund. Als sie aber merkte, daß sie ihren heranwachsenden Kindern in Gesprächen nicht klarmachen konnte, wie diese Zeit zwischen 1933 und 1945 gewesen war und welche Rolle sie selbst darin gespielt hatte, entschloß sie sich, alles aufzuschreiben. Es wurde ein Buch daraus (Renate Finckh, »Mit uns zieht die neue Zeit«, Signal-Verlag, Baden-Baden 1979), dem die Schriftstellerin Inge Aicher-Scholl »Mut zur Wahrhaftigkeit und Genauigkeit« bescheinigt und in dem der Literatur-Professor Malte Dahrendorf eine »außerordentliche moralische Sensibilität« erkennt und »eine Offenheit, wie man sie selten hat«.
Bei vielen Lesungen und Diskussionen in Buchhandlungen und Schulen ist Renate Finckh inzwischen mit jungen und älteren Menschen, mit Nazigegnern und solchen, die »dabei gewesen« waren, konfrontiert worden. Sie scheut keine Anstrengungen, um denen, die es hören wollen, begreifbar zu machen, wo die Wurzeln des Faschismus liegen, wie vor allem Jugendliche in den Sog der Lehre vom »edlen Herrenmenschentum« geraten konnten und dabei blind und taub wurden für das Leben und die Leiden anderer. Daß sie bei dieser Schilderung ihre persönlichen Erfahrungen in den Mittelpunkt stellt, beschränkt ihre Aussagen zwar teilweise auf eine psycho-soziale Analyse menschlichen Verhaltens, macht sie aber um so verständlicher, was die — heute wieder aktuelle — Verführbarkeit junger Menschen aus seelischer Not heraus angeht.
Renate Finckh, die zusammen mit ihrem Mann acht Kinder großgezogen hat, kennt die politische Auseinandersetzung nach allen Richtungen und hat sie längst wieder als Herausforderung angenommen. Sie lebt heute in Esslingen, ist aktiv im Kirchengemeinderat tätig und hat vor einiger Zeit eine Flüchtlingsfamilie aus Eritrea (Ostafrika) bei sich aufgenommen.
Über Leben und Alltag im Faschismus berichtet sie aus ihrer Sicht:

Renate Finckh: Mein Vater war Goldschmied mit Hang und Begabung zu künstlerischem Schaffen, er besaß ein Juweliergeschäft in Ulm, meine Mutter stammte aus großbürgerlichen Kreisen. Beide hatten wohl vom Leben und auch voneinander mehr erwartet. In der schwäbischen Kleinstadt mit ihrer behäbigen, aus Kaufleuten und Offizieren bestehenden »guten Gesellschaft« fühlten sie sich nicht wohl. Sie wollten höher hinaus, »etwas Neues schaffen«.
Die Erfahrung des ersten Weltkrieges, die Auflösung alter bürgerlicher Ordnung, die wirtschaftliche Krise, von der ein Juweliergeschäft, das ja Luxusgüter führt, besonders betroffen ist, brachten persönliche Unsicherheit und finanzielle Probleme. So fiel die nationalsozialistische Propaganda bei ihnen wie bei vielen unzufriedenen Bürgern jener Zeit auf fruchtbaren Boden. Schon in meiner frühesten Kindheit hörte ich die Eltern begeistert über »die Nazis« und verächtlich über »die Sozis« reden. »Kommunisten« und bald dann auch »Juden« waren jene Menschen, die nicht zu uns gehörten, die an dem Unglück, in dem Deutschland lebte, schuld waren. Die Nazis würden das ändern, sagten meine Eltern. »Wenn die Nazis die Wahl gewinnen, dann gibt es für alle Deutschen wieder Arbeit und Brot.« Meine Eltern wollten an dieser neuen »Volksgemeinschaft« mitarbeiten. Sie waren sich einig darin. Und diese Einigkeit gab ihrer Ehe einen neuen Sinn. Vor allem mein Vater glaubte fest daran, daß jeder, der begabt ist und etwas leistet, unter den Nationalsozialisten auch zum Zuge kommen würde. Er litt darunter, sich als Künstler nicht erkannt und anerkannt zu fühlen. Das sollte anders werden.
Diese Aufbruchsstimmung, dieser gemeinsame Zukunftsglaube meiner Eltern, übertrug sich als neues Lebensgefühl auf mich. Zu Hause war die Stimmung oft gedrückt gewesen, jetzt gab es Hoffnung. Immer, wenn von der Partei, vom »Führer«, von der »Volksgemeinschaft« die Rede war, lebten die Eltern auf, lachten sie zusammen, waren froh. Und ich war mit ihnen froh. Der »Führer« mußte ein wunderbarer Mann sein, daß er meine Eltern so froh machen konnte. Nach der Machtergreifung verwandelte sich das Gefühl der Hoffnung bei meinen Eltern in Triumph: Sie hatten recht behalten, nun würde alles gut werden.
In diesem politischen und emotionalen Klima wuchs ich auf. Wäre ich damals schon älter und zu eigenem Denken fähig gewesen, hätte ich vielleicht anders reagiert, hätte mich nicht so vereinnahmen lassen. Meine beiden Schwestern, acht und zwölf Jahre älter als ich, waren mit ganz anderen Dingen beschäftigt. Sie haben sich nicht für Politik interessiert. Aber ich, ein Kind, das viele Ängste und fast kein Selbstbewußtsein hatte, das sich vom Vater nicht genügend angenommen fühlte und immer in der Furcht lebte, seinen Ansprüchen nicht zu genügen, fand dann im »Bund Deutscher Mädel«, in den ich mit zehn Jahren aufgenommen wurde,

endlich eine emotionale Heimat, einen Hort der Geborgenheit und bald auch eine Stätte der Anerkennung.
Ich war ja nicht dumm und hatte — wie sich dann herausstellte — einige kreative Begabungen. Ich spielte gern Theater, schrieb kleine Stegreifstücke, konnte gut basteln und malen — und das war gefragt. Andere Kinder meiner Herkunft und Begabungen konnten sich zu Hause oder in einem Freundeskreis selbst verwirklichen, ich brauchte dafür eine Gruppe außerhalb meines Elternhauses, denn zu Hause war niemand, der wirklich für mich Zeit hatte. Zwar fühlte ich mich auch in der Hitlerjugend in gewissem Sinn als Außenseiterin, aber Parolen wie: »Jungmädel, der Führer braucht auch dich« berührten mich tief. Für ein höheres Ziel wirklich gebraucht zu werden, erfüllte mich mit Glück und Stolz. Und so engagierte ich mich vollkommen für die Sache des »Führers«, ging schließlich ganz in ihr auf. Begriffe wie Pflichterfüllung, Gehorsam und Treue wurden mir heilig. Diese Art »Gehorsam« unterschied sich so sehr von der meinem Vater gegenüber, war unpersönlicher — edler. Und die Pflichterfüllung bei den Jungmädeln fiel mir auch leichter als jene in der Schule, wo sie mit langweiliger, anstrengender Arbeit zu tun hatte. Es ist eine große Verführung für junge Menschen, Pflichten vorgegaukelt zu bekommen, die keine Anstrengungen bedeuten, sondern vor allem Glauben, Hingabe und ritualisierte Spiele.
Dabei waren meine Gefühle der Gruppe gegenüber anfänglich durchaus gespalten. Ich war mit Kindern zusammen, die ich nicht sehr mochte — und die mich auch nicht gleich mochten. Das hat sich dann allerdings geändert. Unter anderem durch eine sehr nette, um drei Jahre ältere Führerin, die ich bald sehr liebte. Sie ersetzte mir meine Schwestern, denn die waren ja bereits erwachsen. Außerdem liebte ich die erhebenden Heimnachmittage — so mit Lied-Spruch-Lied, und alles sehr feierlich. Da ging es zum Beispiel um deutsche Frauenvorbilder wie Königin Luise, dann wurde ein Führerspruch oder ein Vierzeiler aus der Edda vorgelesen und hinterher ein Lied gesungen. Mir liefen dabei immer heilige Schauer den Rücken hinunter. Außerdem wurde unser Wettbewerbs- und Leistungsverhalten stark angespornt, um unsere Aggressivität in den richtigen Bahnen aufrecht zu erhalten. Da ging es darum: Wer singt, spielt, dichtet am besten, wer hat die besten Heilkräuter gesammelt? In allen diesen Bereichen habe ich mich immer hervorgetan. Ich war sehr ehrgeizig. Aber über allem lag bergend und heilend das wunderbare »Wir«-Bewußtsein. »Wir« Jungmädel aus der Hitlerjugend gehörten zusammen, waren eine Elite innerhalb der deutschen »Volksgemeinschaft«. So empfand ich das damals. Und deshalb machte ich auch alles mit, was mir weniger Spaß brachte. Wie etwa die anstrengenden Wanderungen mit dem Rucksack. Ich nahm mir einfach vor, alles schön zu finden

— und ich habe mich in dieses Gefühl hineingesteigert, bis ich es selbst glaubte. Das war eine gefährliche Selbstlüge, wie ich heute weiß.

Heike Mundzeck: Wann haben Sie denn den Entschluß gefaßt, BDM-Führerin zu werden?

Renate Finckh: Eigentlich schon nach ganz kurzer Zeit. Das lag wohl auch daran, daß ich bereits als ganz junges Mädchen den ausgeprägten Willen hatte, andere Menschen nach meinem Bilde zu formen. Das steigerte sich im Laufe der Jahre immer mehr. Ich wollte aus meiner Begeisterung für den Nationalsozialismus heraus auch andere junge Mädchen zu »Garanten der Zukunft« heranbilden, die jederzeit bereit waren, die eigene Person hinter die große Sache zu stellen und Vorbild zu sein. Ich schwelgte in Begriffen wie Treue, Opferbereitschaft und Gehorsam, hinter ihnen konnte ich meine persönlichen Minderwertigkeitsgefühle verstecken.

Heike Mundzeck: Nun spielte sich Ihr tägliches Leben ja nicht nur im BDM, auf Heimnachmittagen und Wanderfahrten ab. Was haben Sie im Alltag um sich herum beobachtet? Als die Reichskristallnacht den vernichtenden Haß der Nazis gegenüber den Juden endgültig deutlich machte, waren Sie zwar erst 12 Jahre alt, als der Krieg ausbrach 13. Aber Sie haben bewußt erlebt, daß jüdische Kinder aus Ihrer Klasse verschwanden, Sie haben Juden-Deportationen auf der Straße gesehen, marschierende SA und russische Kriegsgefangene. Haben Sie sich und anderen keine Fragen darüber gestellt?

Renate Finckh: Doch. Aber ich bekam entweder Antworten, die mich beruhigten, oder ich traute mich nicht, weiter zu fragen. In Gewissenskonflikte geriet ich erst Jahre später. Gewiß, auf der Straße marschierte SA, aber für mich waren diese Männer ein Teil jener besseren Welt, der ich mich verschrieben hatte. Mißhandlungen durch SA-Männer habe ich nicht gesehen — oder als solche nicht wahrgenommen. Ich erinnere mich eigentlich nur an zwei Vorfälle. Bei einer Parteikundgebung während des Krieges sprach der Kreisleiter zu den HJ-Führern und -Führerinnen. Da trat eine junge Frau auf ihn zu, so etwa 25 Jahre alt, ich kannte sie, sie war Gemeindehelferin und etwas verwachsen. Sie hob ihren Arm zum Hitlergruß und rief: »Hören Sie auf mit Ihrem Gerede, das deutsche Volk will keinen Krieg, das deutsche Volk will Frieden!« Da waren sofort zwei SA-Männer bei ihr, packten sie brutal rechts und links an den Armen und führten sie ab. Ich weiß nicht, was aus der Frau geworden ist, aber ich weiß noch, daß ich empört war. Nicht etwa über die SA-Leute, sondern darüber, daß diese Frau es wagte, öffentlich solche diffamierenden und

Quelle: Stanley McClatchie, Sieh: Das Herz Europas. Berlin o. J.

defätistischen Dinge zu sagen. Mein moralisches Gewissen war damals — mit etwa 16 Jahren — bereits vollkommen umgepolt.
Ein anderes Mal wurde ein schreiender, etwa 12jähriger Junge, der geistig behindert war, von SA-Männern in ein Auto gezerrt und offensichtlich gegen den Willen seiner Eltern in eine Anstalt gebracht. Dort sollte er zwangsweise operiert werden, wie ich von herumstehenden Leuten hörte. Mir war die Szene unangenehm, mehr nicht. Ich fragte mich, warum die Eltern ihn denn nicht freiwillig mitgegeben hatten. Und auch die Reichskristallnacht einige Jahre zuvor hatte bei mir nur Unbehagen und dumpfe Abwehr erzeugt. Ich war ja von dem Antisemitismus meiner Eltern beeinflußt — und Juden bedeuteten für mich die Verkörperung alles »Schlechten«. Schlechte Gedanken, entartete Kunst, Intellektualisierung. Ich hörte von den Geschehnissen der Reichskristallnacht erst am nächsten Tag in der Schule. Ich habe mich dann sehr bemüht, mehr darüber zu erfahren, aber bei allen, die ich fragte, stieß ich entweder auf entsetzte Abwehr oder höhnischen, mich auch verwirrenden Triumph. Nicht einmal mit meinem Vater konnte ich darüber reden. Ich fühlte, daß etwas Ungeheuerliches geschehen war, aber ich begriff nicht wirklich, was. Ich fürchte, das Feindbild war schon so stark, daß ich die Opfer gar nicht mehr wirklich als Menschen, als leidende Menschen, erkennen konnte.
Ähnlich erging es mir mit den russischen Kriegsgefangenen. Als ich von unserem Dienstmädchen hörte: »Im Russenlager fressen sie sich gegenseitig auf«, da habe ich nur gedacht: »Wie gut, daß wir diese Untermenschen jetzt besiegen.« Ich bin überhaupt nicht auf die Idee gekommen, die Information könnte falsch sein oder diese armen Menschen könnten so etwas aus Hunger tun. Ich habe dann einmal Russen im Lager gesehen, obwohl es verboten war, dort hineinzusehen. Diese grauen, abgemagerten Gestalten stimmten genau mit dem Bild überein, das man uns von ihnen vermittelt hatte: eben »minderwertige Kreaturen«. Daß sie erst von den Deutschen dazu gemacht worden waren, kam mir nicht in den Sinn, genausowenig wie bei den ausgemergelten und zerlumpten Juden in den Deportationszügen. Wirklich angerührt hat mich nur einmal die Begegnung mit einem jüdischen Mädchen, das mit mir zusammen die Schule besucht hatte. Sie war eines Tages aus unserer Klasse verschwunden, und ich traf sie Jahre später auf der Straße wieder. Da trug sie den gelben Judenstern. Sie grüßte mich, und ich grüßte zurück, war dann aber sofort erschrocken, denn ich durfte Juden doch gar nicht grüßen. Da hat mich dieses Mädchen angesehen mit einem Blick, den ich niemals vergessen werde. Nie wieder habe ich jemanden so traurig blicken sehen. Dann war sie weg. Diese Erinnerungen lasten noch heute schwer auf mir.
Ich wußte, die Juden kommen nach Polen, dort »lernen sie arbeiten«. So hieß das ja offiziell. Aber eines Tages, als wir wieder einmal eine Deporta-

tion sahen, flüsterte mir eine Kameradin — so nannten wir uns damals — zu: »Die werden in Polen alle umgebracht.« Ich war entsetzt, aber ich hätte wahrscheinlich sogar diese Erklärung verdrängt, wenn nicht der Blick des jüdischen Mädchens gewesen wäre, das ich kurz zuvor getroffen hatte. Ich war damals 16 Jahre alt, also eigentlich schon ein junger Mensch, von dem man eigenes Nachdenken erwarten kann. Aber ich hatte bereits ein »Ersatzgewissen« und ausreichende Ersatzargumente. Ich wollte und konnte nicht nachdenken. Ich sagte mir: Jetzt mögen viele schlimme Dinge passieren, aber das muß wohl so sein, wir haben Krieg und kämpfen für eine bessere Zukunft. Unsere Kinder werden einmal in einer wunderbaren Zeit ohne alle diese Mißstände leben.

Heike Mundzeck: Haben Sie denn nie Menschen getroffen, die Sie mal zum Nachdenken über Ihre Erlebnisse gebracht und in Ihnen Zweifel an der Richtigkeit Ihrer Einstellung ausgelöst haben?

Renate Finckh: Zu denken gegeben haben mir Menschen, mit denen ich emotional verbunden war. Sie stürzten mich aber auch in schwere Konflikte. Da mochte ich jemanden sehr gern und mußte plötzlich feststellen: der ist ja dagegen! Ich erinnere mich an eine alte Tante, die sehr fromm und gegen die Nazis war. Sie machte auch kein Hehl daraus. Und weil ich sie so liebte, wollte ich sie unbedingt vom Nationalsozialismus überzeugen. Und so ging es mir auch mit einer meiner Lehrerinnen. In jedem Aufsatz kam von mir der nationalsozialistisch-aufklärerische Schwanz in der Hoffnung, jetzt müsse sie doch endlich begreifen, was das für eine tolle Sache ist. Diese Lehrerin ist aber nie näher darauf eingegangen, hat allenfalls versucht, die von mir angesprochenen Tugenden positiv herauszustellen. Natürlich müsse man gut und edel und tapfer und treu sein, sagte sie dann. Sie hatte noch ihre deutsch-nationalen Werte, da ließen sich einige Gemeinsamkeiten aufbauen. Aber kritisch auseinandergesetzt habe ich mich weder mit der Lehrerin noch mit der alten Tante.
Wirklich angestoßen hat mich erst ein Tanzstundenverehrer, der sich für mich interessierte, obwohl ich sehr ungelenk war und meine ganze Liebe doch dem Nationalsozialismus galt. Als er mich eines Abends nach Hause brachte, versuchte er, mir auf dem langen Heimweg durch die verdunkelten Straßen die Augen zu öffnen. Er sagte mir, daß es junge Menschen gäbe, die genauso idealistisch gesonnen seien wie ich, aber ihren ganzen Idealismus dafür einsetzten, um *gegen* Hitler und den Nationalsozialismus zu arbeiten. Ich war vollkommen schockiert. Ich wollte das weder glauben noch konnte ich es verstehen. Er merkte an meiner Reaktion, daß er mit dieser Aufklärung keine Chancen bei mir hatte. Dennoch versuchte er es weiter, sagte mir, daß der »Führer« etwas Falsches wolle, das deutsche Volk mißbrauche. Irgendetwas in mir geriet in Bewegung. Wenn

das wahr wäre! dachte ich. Aber dann wehrte ich mich heftig gegen jeden aufkommenden Zweifel. Das Wichtigste, was ich hatte, war doch mein unverbrüchlicher Glaube an den »Führer«, meine unbedingte Treue, die ich niemals aufgeben würde. Ich bekam Angst um diese Treue und lief dem Jungen einfach weg. Doch ich konnte seine Worte nicht vergessen. Sie beunruhigten mich. Ich hätte gern mit jemandem darüber gesprochen. Auch das war nicht möglich. Eine tiefe Verunsicherung hielt mich davor zurück. Mit wem hätte ich denn auch reden sollen? Bekannt als 150prozentige Hitleranhängerin, hätte niemand mir meine aufkeimenden Zweifel geglaubt. Auch erfuhr ich nichts von irgendeiner Seite, was die Anschuldigungen meines Tanzstundenverehrers bestätigt hätte. Die anderen Mädchen aus der Gruppe hatten sicher auch mal Zweifel, aber ihre Fragen stellten sie dann nicht gerade mir, der »Überzeugten«. Mir gingen sie eher aus dem Wege.
Mit Zweifeln kam niemand zu mir. Mit internen Problemen vielleicht — etwa, wie man die ganze Arbeit im BDM noch besser gestalten könne — aber nie mit grundsätzlichen Zweifeln. Über die konnte ich jedoch auch nicht mit den älteren Führerinnen sprechen. Nicht etwa aus Angst, ich hatte ein gutes Vertrauensverhältnis zu ihnen, eher aus mangelndem Selbstwertgefühl. Ich schämte mich einfach, so unvollkommen zu sein, daß ich am »Führer« und seinem wunderbaren Werk zweifeln konnte. Da gab es außerdem noch genügend andere Mechanismen, um unangenehme Gedanken abzuwehren. Wir hatten ja Krieg und waren pausenlos damit beschäftigt, Heilkräuter zu suchen, Gedichte zu schreiben, Socken zu stricken und Päckchen zu packen. Wir waren meistens übermüdet und mußten ja manchmal auch an die Schule denken, uns auf Klassenarbeiten vorbereiten. So ließen sich Zweifel auf die lange Bank schieben mit dem Argument: Wir haben Krieg, klar, daß da nicht alles so läuft, wie es sollte. Wenn wir gewonnen haben und all die edlen Männer von der Front zurückkehren, werden sie erstmal für Recht und Ordnung sorgen.
Auseinandergesetzt habe ich mich dann aber doch hin und wieder mit einer Lehrerin, die eine entschiedene Gegnerin des Nationalsozialismus war. Ich wollte ihr klarmachen, wie verblendet sie sei, aber in allen Gesprächen mit ihr zog ich immer den Kürzeren. Das ärgerte mich zwar, aber sie imponierte mir so sehr, daß ich es immer wieder versuchte. Ich bin nie auf die Idee gekommen, sie oder den Jungen aus der Tanzstunde oder andere Nazigegner, die ich kannte, wegen ihrer »verräterischen« Äußerungen anzuzeigen. Da hat mein moralisches Gewissen noch funktioniert. Es waren meist nur Einzelne, geborene Denunzianten, die aus niedrigen Beweggründen — Rache, Neid, Haß — andere Leute anzeigten. Aber niemand kann heute sagen, daß er nicht mit Andersdenkenden in Berührung gekommen ist. Es war möglich, bis zum Schluß, aber man mußte

auch bereit sein, die Denkanstöße aufzunehmen. Ich war es damals nicht. Die Saat hat erst später gekeimt, viel später . . .

Heike Mundzeck: Haben Sie diese volkommene Hingabe an den Nationalsozialismus nicht auch mal als Opfer empfunden? Schließlich waren Sie ein junges Mädchen, das doch normalerweise auch noch ein paar andere Interessen hat . . .

Renate Finckh: Ja, ich hatte immer wieder das starke Bedürfnis, mir eine Privatsphäre zu erhalten, trotz des schlechten Gewissens, das mich bei dem Gedanken überkam. So wollte ich nach dem Abitur unabhängig vom Staat studieren. Das Angebot, mein Studium von BDM finanzieren zu lassen, war mir unangenehm. Mit jungen Männern hatte ich dagegen nichts im Sinn. Ich war ja immer ein »Mauerblümchen« gewesen und konnte mir gar nicht vorstellen, daß ein Mann sich überhaupt für mich interessierte. Stattdessen propagierte ich »Volksgemeinschaftsgefühle« in meiner Gruppe. Da war ich sehr rigoros im Erzwingen von Idealvorstellungen. Meiner Gruppe gehörten viele arme Kinder, einige Kinder aus Kleinbürgerfamilien und wenige Kinder wohlhabender Eltern an. Für eine Wanderung sollte nun jeder gestrichene Brote mitbringen. Die ließ ich einsammeln und verteilte sie neu. Einige der Bürger-Töchter ekelten sich vor den Broten der ärmeren Kameradinnen. Aber wer sich weigerte, ein solches Brot zu essen, wurde unter Druck gesetzt. Das war von mir verordnete »Volksgemeinschaft«. Alle sollten miteinander teilen, keinem sollte es besser gehen als dem anderen.

Mit 17 Jahren verließen die meisten Mädchen den BDM. Oft begründeten sie das mit dem bevorstehenden Abitur. Nur die ganz Verrückten, so wie ich, machten weiter unter dem Motto: Wir müssen unser ganzes persönliches Leben für die gute und wichtige Sache opfern. Mit diesem Idealismus habe ich dann auch noch unwillige Eltern anderer Mädchen überzeugt.

In der Schule lasen wir, ein Jahr vor dem Abitur, Goethes »Iphigenie« und Schillers »Worte des Glaubens«. Besonders beeindruckt aber war ich von Gedichten wie »Prometheus« vom »Lied der Parzen«, vom »Lied des Harfners«. Der Ideenbrei, aus dem meine Weltanschauung bestand, war so konfus, daß ich die Aussagen dieser Literatur darin verwirklicht glaubte. Der Mensch — das war der deutsche, der großgermanische Mensch, der Herrenmensch. Dieser Mensch war aufgebrochen in den Kampf um die Freiheit. Nie wäre ich auf die Idee gekommen, daß in unserem »herrlichen großdeutschen Reich« jemand sich nicht frei fühlen könnte. Einmal hörte ich, »Wilhelm Tell« dürfe nicht mehr aufgeführt werden. Das glaubte ich nicht, weil ich keinen Grund dazu erkennen konnte. Der Grund war, daß das Publikum während einer Aufführung plötzlich im ansteckenden Mut der Anonymität den Rütli-Schwur mitgesprochen hatte:

»Frei woll'n wir sein, wie es die Väter waren!
Lieber den Tod als in der Knechtschaft leben!«

Von Beethovens »Fidelio« hörte man ähnliches. Aber ich fand, es gab soviel böses Geschwätz . . .
Tief beeindruckt hat mich dann jedoch die Lektüre des Kleist-Fragments »Robert Guiscard«. In diesem unvollendeten Werk wird die Frage aufgeworfen, ob in einem sinnlos gewordenen Krieg weitere Menschen geopfert werden dürfen. Kann Untergang überhaupt »siegreich« sein? Ich mußte an Stalingrad denken. Noch heute vermag ich den eisigen Schrecken zu spüren, der mich durchfuhr, als ich zum ersten Mal *wirklich* zweifelte an »meinem Führer«, an der Richtigkeit all dessen, an das ich glaubte. Aber da »rettete« mich eine andere Figur der großen Literatur: der Nibelungen-Held Hagen von Tronje. Er war *treu* geblieben bis zum Schluß, auch ich mußte *treu* bleiben — selbst um den Preis des eigenen Denkens.
Im letzten Schuljahr hatte ich dann noch eine für meine Entwicklung wichtige Begegnung. Eine neue Mitschülerin kam in unsere Klasse. Ich war zu dieser Zeit politisch ziemlich isoliert. Meine Klassenkameradinnen hielten im Frühjahr 1944 nicht mehr hinter dem Berg mit ihrer Meinung über die wahre Kriegslage. Aber bei mir stießen sie auf taube Ohren. Ich hatte mich ja entschlossen, weiter zu glauben, treu zu sein. Die »Neue« kam aus Norddeutschland. Ihre Eltern gehörten offenbar der »Partei-Elite« an. Sie war sprachlich sehr gewandt und strahlte große Sicherheit aus, was mich faszinierte. Ihre Ansichten aber waren auch für mich befremdlich. Denn sie betrachtete unsere »große Sache« nicht mit dem Idealismus, den ich von Anfang an gehabt hatte, sondern ging kühl und distanziert an alles heran. Über die schwärmerische Romantik, mit der ich meine Gruppe führte, über meine Vorstellung, man könne ein ganzes Volk zu »höherer Kultur« erziehen, lachte sie nur. Von ihr erfuhr ich zum erstenmal, daß es auch in unserem künftigen Reich immer eine Elite geben müsse und daß diese Elite die auf den Ordensburgen herangezogene SS sei. Für mich war die SS damals etwas Ungreifbares, irgendwie Erhabenes. Nun erfuhr ich von der »Neuen«, daß die SS das hart durchgreifende Schwert unseres Staates sei, notwendig, um die »Inneren Feinde« auszurotten. Ihre Worte imponierten mir. Wir freundeten uns schnell an. Ich fand, sie hatte, was mir fehlte: Nüchternheit und eine klare Linie. Nur störte es mich, daß ihre »klare Linie« sich oft in unmenschlichen, tödlichen Worten ausdrückte. Es ging bei ihr nicht zuerst um Gerechtigkeit und eine höhere Kultur, sondern darum, die Macht zu festigen und »Volksschädlinge« zu vernichten. Es ging nicht um Edelmut,

sondern um Härte. Sie war auch dagegen, daß man seine Jungmädel mit Herz und Liebe zu führen versuchte, sie war für Kühle und Distanz, für Schonung der eigenen Kräfte. Hierin widersprach ich ihr heftig. Wir diskutierten viel darüber, kamen uns aber nicht näher.

Noch im Sommer 1944 wurde ich zur Reichsführerschule berufen. Dort sollten nach einem Schulungslehrgang die künftigen höhren Führerinnen ausgewählt und anschließend ausgebildet und politisch ausgerichtet werden. Ich glaubte nicht, daß man mich nehmen würde. Doch dann erfuhr ich: Man hatte mich dazu bestimmt, die Führerakademie zu besuchen. Ich wußte nicht, ob ich mich freuen sollte, denn ich begriff, was das hieß: ein Leben lang Dienst an der Partei, am Staat. Ich aber hatte Germanistik studieren wollen ... Doch dann überschwemmten mich Gefühle von Stolz und Befriedigung. Sie wollten mich, gerade mich. Ich wurde wieder einmal gebraucht. Viel später habe ich begriffen, daß sie die Willigsten, Hingabefähigsten, Unkritischsten am liebsten nahmen.

Im Herbst 1944 kam ich an den Westwall. Wir Mädchen sollten die Massen fünfzehnjähriger Jungen versorgen, die dorthin geschickt worden waren, um neue Gräben für die näherkommende Front auszuheben. Ich blieb nicht lange dort. Die »defätistische« Stimmung unter den Jungen deprimierte mich. Doch zu Hause angekommen, erwartete mich bereits die Einberufung zum Arbeitsdienst in ein bayerisches Dorf. Zum erstenmal hatte ich keine Verantwortung für andere Menschen, damit war mir eine große Last genommen, wie ich erstaunt und erleichtert feststellte. Mit den gleichaltrigen Mädchen verstand ich mich gut. Nach einiger Zeit kam ich in den Außendienst, das heißt, ich wurde einer Arztfamilie als Haushilfe zugeteilt. Im Haus dieses Arztes lebte auch eine junge Polin — und die durfte zu meinem Befremden mit uns am Mittagstisch sitzen. Das war eigentlich verboten, aber die Doktorsleute scherten sich nicht darum. Sie waren ohnhin keine Hitler-Anhänger. Obwohl ich die Polin eigentlich ganz nett fand, strapazierte die gesamte Situation mein »politisches Gewissen« doch so sehr, daß ich meine Lagerleitung um eine Versetzung bat. Es war eine meiner letzten »politischen« Heldentaten. Der Krieg ging seinem Ende entgegen.

Als ich die Nachricht von der Zerstörung meiner Heimatstadt erhielt, fuhr ich nach Hause. Ich wollte zu meiner Gruppe. Es hatte Tote unter den Mädchen gegeben. Fast wäre ich im »Endkampf« noch zu den »Werwölfen« gegangen. Eine ältere Führerin — und mein Vater hielten mich davon ab.

Als der 8. Mai 1945 kam, war ich tief betroffen, aber ich fühlte mich nicht besiegt. Denn noch immer hielt ich an meiner Treue fest.

Bis dann das fürchterliche Erkennen begann ...

Elisabeth Ostermeier, geb. 1915. Mußte aus finanziellen Gründen von der Realschule abgehen und kam auf eine Freie Weltliche Schule. 1927 nach Beendigung der Schule Ausbildung zur Verkäuferin. 1933, nach fast einem Jahr Arbeitslosigkeit, Arbeit als Brotfahrerin. 1936 Heirat. Geburt der beiden Kinder 1938 und 1940. Nach 1945 Bürgerschaftsabgeordnete in Hamburg (1946—1978), 1951 Rückkehr in den Beruf, zuerst als Sachbearbeiterin und später als Geschäftsführerin der NGG (Gewerkschaft Nahrung, Genuß, Gaststätten).

Gespräch mit Elisabeth Ostermeier

Aufgezeichnet von Sonja Pape

».. . die erste »politische Aktivität«, an die ich mich erinnern kann, ging von meiner Mutter aus«

Ich bin 1913 in Kanzlershof bei Harburg (heute ein Vorort von Hamburg) als jüngstes von drei Kindern geboren. Ich hatte eine ältere Schwester und einen älteren Bruder. Mein Vater war Zimmermann, meine Mutter Hausfrau. Als ich ein Jahr alt war, wurde mein Vater im ersten Weltkrieg eingezogen. Meine Mutter mußte damals als Gleisarbeiterin bei der Eisenbahn arbeiten. Trotzdem habe ich nur gute Erinnerungen an meine Kindheit. Wir haben wohl nie das Gefühl haben müssen, allein und auf uns selbst angewiesen zu sein. So weit ich mich zurückerinnern kann, war unsere Mutter immer für uns da, immer zugänglich und ausgeglichen. Ja, ich kann wohl sagen, daß ich als Kind umsorgt wurde. Das sind jedenfalls meine Empfindungen, wenn ich zurückdenke, so weit ich kann.
Die Moorwiesen am Deich des Sevekanals, wo wir spielten, waren ein Kinderparadies. In dem Gebiet waren auch die Gleisarbeiterinnen eingesetzt. Meine Mutter hat uns später oft erzählt, wie sie und die anderen Frauen nach Möglichkeit immer die Kinder im Auge behielten, die dort umhertollten und am Deich keineswegs ungefährliche Abenteuer bestanden. Sie muß sich mehr Sorgen um uns gemacht haben, als wir mitbekamen.
Die erste »politische Aktivität«, an die ich mich erinnern kann, ging von meiner Mutter aus. Es hat sich um einen Protestgang der Gleisarbeiterinnen gehandelt. Sie wollten mehr Lohn, um ihre Kinder besser durchzubringen.
1917 hat meine Mutter als »Aufrührerin« vor Gericht gestanden: Sie hatte unter den Arbeiterinnen der Schuhabteilung der Harburger Firma Phönix, die — wie Frauen heute auch — für Verschleißarbeit zu wenig verdienten, »Unruhe« ausgelöst. Zu einer Bestrafung kam es dann aber Gott sei Dank nicht.
Daß mein Vater aktiver Sozialdemokrat war — wie eigentlich alle Väter aus unserem Freundeskreis —, war für uns Kinder so selbstverständlich, daß wir nie darüber miteinander gesprochen haben. Offenbar hatte das ja auch seine Ordnung; Lebenshaltung und Vorbild unserer Eltern ließen keinen Zweifel daran aufkommen. Wir wurden zu dem Bewußtsein erzogen, daß Wissen und Argumente im Leben ausschlaggebend sind und daß Gewalt keine geistige Auseinandersetzung ersetzen kann, also unange-

bracht und dumm ist. Ein schlichtes Konzept — aber ungeheuer eindringlich. Ein roter Faden für das ganze Leben.
Meine Eltern haben auch versucht, uns allen dreien so viel Wissen mitzugeben, wie sie nur irgendwie selbst vermitteln oder bezahlen konnten. Der Besuch einer höheren Schule kostete damals ja noch Geld. Wir Mädchen kamen zunächst genau so wie der Sohn auf die Mittelschule. Uns mußten die Eltern aber bald schweren Herzens wieder runternehmen. Daß wenigstens der Sohn auf der Schule blieb, entsprach damaliger Auffassung von der unterschiedlichen Bedeutung von Schul- und Ausbildung für Jungen und Mädchen. Nur für den Sohn war es nach aller Voraussicht unbedingt nötig, daß er einen guten Beruf ergreifen und eine Familie ernähren konnte. — Ich darf heute noch nicht daran denken, wie diese Fürsorge ins Leere mündete: Als mein Bruder im zweiten Weltkrieg fiel, von dessen Sinnlosigkeit die ganze Familie so sehr überzeugt war, daß sie nicht mal wünschen konnte, er würde von Deutschen gewonnen. —
Ich hatte dann das Glück, auf die Freie Weltliche Schule in Harburg zu kommen. Sie entstand durch Zusammenarbeit von Lehrern und Eltern mit dem Ziel, Arbeiterkindern bessere Bildung zu vermitteln. Die Gründer waren Sozialdemokraten. Mein Vater war im Vorstand dieser Schule, in der das Wissen nicht autoritär eingepaukt wurde. Wenn ich heute beurteilen soll, was das Wichtigste war, das uns diese Schule mitgab, kann ich das knapp zusammenfassen: Wir haben gelernt, bei jeder Aufgaben-Lösung mitzudenken. Wir haben immer wieder Anregungen bekommen, selbst zu denken, zu unterscheiden, zu handeln.
Später, als junges Mädchen, war ich immer stolz darauf, diese Schule besucht zu haben — wenn ich mich zum Beispiel auf der Gewerbeschule melden konnte, weil ich etwas wußte, was Schülerinnen anderer Schulen nicht herausbekommen hatten.
Die Schule hatte sogar ein Schullandheim, wo die Eltern mitarbeiteten. Hier haben wir Kinder gelernt, in einer Gemeinschaft eigene Wünsche auch mal zurückzustellen, mehr in größerer Verantwortlichkeit, für andere mitzudenken. Ähnlich waren die Ziele der Kinderfreunde, denen ich seit meinem zwölften Lebensjahr angehörte, und später der Arbeiterjugend, in die ich selbstverständlich wie andere Jugenliche, mit denen ich vertraut war, hineinkam.
Meine Familie hatte inzwischen in Harburg ein eigenes Haus bezogen. Das war 1921/22. Mein Vater war Mitbegründer einer Baugenossenschaft, in der Sozialdemokraten und Gewerkschafter zu einem großen Teil durch Selbsthilfe Siedlungshäuser errichteten. Natürlich waren meine Eltern auch gewerkschaftlich organisiert.
In unserer Familie waren politische Gespräche so selbstverständlich, daß wir als Kinder nicht auf die Idee gekommen sind, das könnte woanders

nicht so sein. Mir ist auch sehr früh — ich denke so mit zwölf Jahren — bewußt geworden, um was es meinen Eltern und den anderen Erwachsenen, die wir kannten, ging: Sie wollten die Lebensbedingungen der arbeitenden Bevölkerung verbessern.
In den 20ger Jahren, der Zeit der Massenarbeitslosigkeit, haben meine Eltern mich schon mit zu politischen Kundgebungen genommen. Sie nutzten jede Gelegenheit, uns Kindern Politik anschaulich zu machen. Politisch aktiv zu sein, war für uns nach so viel Informationen und Anschauungsunterricht die natürlichste Sache von der Welt.
Ich hole so weit aus, um klarzumachen, was für mich meine Familie bedeutete — und der gleichgesinnte Kreis, der sie umschloß: Eine Insel von Redlichkeit und Anständigkeit, wenn ich auf das, was alles mit dem Dritten Reich über uns und alle organisierten Arbeitnehmer hereinbrach, zurückschaue.

»... als ich 1927 aus der Schule kam, gab es keine weiterführenden Chancen für mich – nicht mal eine Lehrstelle«

Ich habe schon erzählt, daß ich gern zur Schule gegangen bin. Das Lernen hat mir Spaß gemacht. Ich wäre am liebsten Lehrerin geworden. Auch Architektur hat mich sehr interessiert. Aber als ich 1927 aus der Schule kam, gab es keine weiterführenden Chancen für mich — nicht mal eine Lehrstelle. Ich hab dann erst in einem Haushalt Kinder betreut. Schließlich bekam ich doch noch eine Lehrstelle als Verkäuferin in der Schlachterei der Pro (der Konsum- und Baugenossenschaft »Produktion«). Ich hab meine Arbeit so gut gemacht, wie ich konnte. Aber ich konnte mich nicht damit abfinden. Wir hatten in Harburg viel Kontakt mit Adele Schreiber, einer jüdischen Reichstagsabgeordneten — mein Vater saß inzwischen in der Stadtverordnetenversammlung. Sie hat sich für mich interessiert, und durch ihre Vermittlung sollte ich auf die Parteischule Tinz kommen. Dann hätte ich mir doch noch neue berufliche Ziele stecken können. Die Schule war für Ende 1932 vorgesehen. Sie bedeutete für mich eine große Hoffnung. Aber Ende 1932 war es dann schon zu spät ...
Wir hatten in der Familie schon lange über die Entwicklung der NSDAP gesprochen. Ich hör noch heute, wie mein Vater sagte: »Wenn Adolf Hitler an die Macht kommt, gibt es Krieg.«
Er arbeitete inzwischen bei der Harburger Städtischen Bauunterhaltung, die für Reparaturen und Instandhaltung öffentlicher Bauten zuständig war. Dort war er erst Zimmermann, dann Zimmerpolier und zuletzt Leiter der Dienststelle. Gleich 1933 verlor er seine Arbeit. Er bekam keine Pension und auch sonst keine Unterstützung. Auch ich verlor 1933 meine Arbeit. Ebenso mein Bruder, der Ingenieur für Hoch- und Tiefbau

geworden war. Nur meine Schwester arbeitete noch als Verkäuferin und bekam ungefähr hundert Mark im Monat — für die ganze Familie.
Aber mein Vater war ja erst 47 Jahre alt. Er versuchte noch im gleichen Jahr, sich als Zimmerer selbständig zu machen. Durch einen Unfall, einen Sturz vom Bau, mußte er sein Vorhaben schon Ende 1933 wieder aufgeben. 1934 mußten wir aus unserem Haus ausziehen und es vermieten, um leben zu können.
Meine Eltern versuchten einen neuen Start: Sie eröffneten ein seit Jahren leerstehendes verrottetes Lokal neu: Zumindest um Gäste mußten sie sich keine Sorge machen . . . Aber davon später.
Wir haben gewußt, daß es nach der Machtübernahme für uns nicht mehr besser werden konnte. Aber wir hatten, bis es zu spät war, gehofft, daß das Reichsbanner noch losschlagen würde . . . Gehofft, gewartet . . . fassungslos und hilflos zugesehen, wie SA-Krawalle abliefen, überhaupt nicht darauf vorbereitet, solchen Methoden zu begegnen.
Heute wird man oft gefragt, wie es denn überhaupt zur Machtübernahme kommen konnte. Wie man hätte zusehen können. Ganz einfach: Wir hatten damals keine Mehrheit. Wir waren auch nicht auf Gewalt und Blutvergießen programmiert. Wie die Nazis die Mehrheit kriegen konnten? Auch einfach: Wer sich das heute nicht vorstellen kann, sollte sich mal sechs Millionen Arbeitslose vergegenwärtigen, die hungerten — und mit ihnen ihre Frauen und Kinder. Und denen wurde dann Arbeit und Brot versprochen . . .
Heute wird auch oft behauptet, es hätten vor allem die Frauen Hitler zugejubelt. Das ist nicht wahr. Sicher, viele waren nur zu froh, daß die Not zu Ende gehen sollte. Sie klammerten sich an jedes Zipfelchen Hoffnung. Als ihnen dann das Recht auf Arbeit abgesprochen wurde — Lehrstellen bekamen nur Jungen, in der Familie hatte nur der Mann Recht auf Arbeit —, als ihnen das passive Wahlrecht versagt wurde — also das Recht, politisch aktiv zu sein und sich wählen zu lassen —, da war es doch längst zu spät. Wer da noch seine Meinung sagte, aufmuckte, der wurde doch eingelocht. — Über Frauen, die letztlich doch Hitler zujubelten, über die aktiven Nazi-Frauen, kann ich übrigens gar nichts sagen. Ich hab sie nicht gekannt. Wir konnten doch gar keine Kontakte zueinander oder Verständnis füreinander haben. Die müßte man schon selber fragen, warum sie so begeistert waren. Wir waren es ja kein bißchen. Mein Vater hat mit uns von Anfang an offen darüber gesprochen, wie sich die Machtübernahme auswirken und daß sie unsere persönlichen und allgemeinen Hoffnungen zunichte machen würde.
Zuerst haben wir uns ja noch nach Kräften bemüht, den Zusammenhalt aufrecht zu erhalten, Mut durchzuhalten aus der Tatsache zu schöpfen, daß wir nicht allein waren.

»... die Zeit der offenen Gespräche war vorbei, ehe mir der Wandel richtig bewußt wurde«

Ich habe dann im Dezember 1933 doch wieder Arbeit bekommen: Durch Ernst Teßloff, den Redakteur des Hamburger Volksblattes, einer sozialdemokratischen Zeitung. Seine Eltern besaßen noch eine alte Bäckerei. Als alle sozialdemokratischen Zeitungen verboten waren, machte er die mit seinem Bruder wieder auf. Ich machte dann einen Führerschein — mein Vater gab mir das Geld dazu von seinen letzten Ersparnissen — und begann, die sozialdemokratische Kundschaft aufzusuchen, die Brot von Teßloff kaufte. Zwei Tage in der Woche lieferte ich in Veddel aus, zwei Tage in Wilhelmsburg und zwei Tage in Harburg. So hielten wir untereinander Kontakt. Der Kundenkreis erweiterte sich. Einer sagte immer: »Geh doch auch mal zu dem und dem.« Manchmal hatte ich dann ein Paket mit Parteimaterial dabei, das wie Brot eingepackt war. Ich wußte sehr wohl, daß ich da Flugblätter, Informationen weitergab. Gesagt hat es mir niemand. Die Zeit der offenen Gespräche war vorbei, ehe mir der Wandel richtig bewußt wurde. Ich sollte nicht wissen, wer alles mitarbeitete, Informationen weitergab, Kontakt zu — wievielen? — anderen hielt. Die jungen Helfer, besonders die Mädchen, sollten sich, wenn sie einmal denunziert werden sollten, nicht selbst belasten — und auch anderen nicht schaden können. Eltern begannen damit, ihre politischen Aktivitäten vor ihren Kindern zu verheimlichen, um ihnen die Möglichkeit zu geben, im Ernstfall zu sagen: »Ich weiß von nichts«. Auch unsere Eltern müssen damals die größten Ängste unseretwegen ausgestanden haben. Mein Vater hat uns gewarnt, offen unsere Überzeugung zu äußern und zu zeigen. Es muß ihm sehr schwer gefallen sein. 1934, Pfingsten, sind wir noch einmal mit einer Arbeiterjugend-Gruppe von 30 Leuten in blauer Manchesterkluft in die Heide, nach Maschen, geradelt. Daß wir uns dadurch möglicherweise in Gefahr brachten, von den Nazis angegriffen zu werden, konnten wir uns noch gar nicht vorstellen. Meine Eltern waren außer sich. Aber natürlich haben sie unsere Protesthaltung gegen aufgezwungene Verstellung und gegen das stumme Untertauchen verstanden. Während wir ihre Ängste um ihre Kinder einfach nicht wahrhaben wollten.

In der Zeit wurde ich schon hin und wieder gewarnt: »Paß auf, der und der ist verhaftet. Tauch da nicht noch mal auf.« Die massive Verfolgung unserer Freunde hatte begonnen.

Aber noch hatten wir Kontakte zueinander ... über Vereine zum Beispiel: Der Harburger Arbeiter-Segler-Club konnte natürlich nicht weiter existieren. Die Mitglieder waren fast alle Sozialdemokraten. Ihr Club wurde mit einem Wilhelmsburger Verband, also einem benachbarten Verein, zusammengeschaltet. Sie bekamen einen Nazi-Vorsitzenden. Aber sie konnten immerhin noch zusammenkommen.

Und dann gab es ja noch das Lokal meiner Eltern, eine Gaststätte mit sonnabends und sonntags Tanzmusik. Wir hatten — das war der Clou — dann 300 bis 400 Leute da, und das waren alles Gewerkschaftler, Reichsbanner, Sozialdemokraten. Schon nachmittags ging das los: Dann trafen sich die älteren Genossen zum Kaffee. Meine Mutter und wir Schwestern hatten Kuchen gebacken. Zu der Zeit kriegten wir noch Tips von Leuten, die Mitläufer der Nazis waren und gegen uns gar nichts hatten. »Paßt auf, morgen kommt die Gestapo zu Euch«, wurden meine Eltern gewarnt. Dann war bei uns nur Tanzbetrieb — vor offenen Gesprächen hatte mein Vater rechtzeitig gewarnt. Sie wurden überhaupt immer rarer. Eigentlich redete man nur noch mit engsten Vertrauten, Leuten, die man schon ewig kannte. Und auch die begannen ganz allmählich, sich zu meiden, wenn die Verhaftungen zunahmen.

Die Konzession für den Gaststätten-Betrieb wurde meinem Vater auch bald wieder wegen politischer Unzuverlässigkeit entzogen. Gerade als sich die Sache finanziell zu rentieren begann. Meine Eltern waren auf Unterstützung angewiesen, bis mein Vater als Arbeiter unterkam. — Die Lokalkonzession übernahm übrigens ein Kellner, der in der SA war. Er sollte keine Freude daran haben. Als meine Eltern gingen, blieben natürlich auch die Gäste aus.

Die Möglichkeiten, sich ohne Folgen zu treffen, nahmen für unseren Kreis ab. Die Hoffnungslosigkeit legte sich auch wie Erstarrung über die Menschen. Es war, als duckten sie sich alle, als zögen sie die Köpfe ein — und warteten ab. Es war auch schon alles gesagt. Man wußte voneinander, was man dachte und fürchtete. Das galt auch für meine Familie. Unsere intensiven Gespräche ließen nach; sie schienen sinnlos. Das Beisammensein wurde bedrückend. Mein Bruder mußte schon 1938 Soldat werden. Ihre Unfähigkeit, den Sohn davor zu bewahren, hilflos dazustehen, nicht eingreifen, nicht mal protestieren zu können, veränderte meine immer aktiven Eltern — machte sie bitter und stumm. Für uns Schwestern war es schwer, diese Veränderung mitzuerleben. Meine Schwester verlobte sich und ging von zu Hause fort. Ich muß zugeben, ich hielt es da auch nicht mehr aus. Ich strebte aus der Familie und überhaupt aus Harburg heraus. Das Leben dort war zu einer einzigen Beklemmung geworden — und wir hatten doch noch »die Zukunft« vor uns ... Meine Eltern waren übrigens froh, daß wir uns lösten. Sie sahen die Verfolgung auf sich zukommen und hätten gern ihre Töchter, möglichst weit weg, in Sicherheit gewußt.

Hier will ich einmal Zwischenbilanz ziehen: Der Nationalsozialismus hatte gleich in seinen Anfängen unsere Familie kaputtgemacht. Er hatte ihr einmal die finanzielle Existenzgrundlage entzogen, die meine Eltern über Jahrzehnte erarbeitet hatten. Aber das hat uns eigentlich kaum noch berührt. Viel schlimmer war es, daß wir unsere Überzeugung verbergen, uns ducken und verstellen mußten. Darunter haben besonders meine Eltern gelitten: Jetzt, wo wir Kinder groß waren, konnten wir das Leben, für das sie uns erzogen hatten, auf keinen Fall führen — und sie mußten uns auch noch zureden, ja nicht durch eine nicht mehr ins System passende Überzeugung aufzufallen . . .

Von 1936 bis 1938 war ich nicht in der Familie. Ich heiratete meinen Mann, den ich 1931 in einem Falkenheim in Bückeburg kennengelernt hatte. Wir zogen nach Minden. Er ist Tischler und fand dort in einer Möbelfabrik Arbeit. Wir versuchten, ein ganz unauffälliges Leben zu führen. Zu den Harburger Sozialdemokraten hatte ich keine Kontakte mehr. Aber auch in Minden holte uns bald die Vergangenheit ein: Menschen, die wir kennenlernten, gehörten zum gleichen politischen Hintergrund. Der Mann einer Freundin von mir kam gerade aus dem KZ Esterwegen — und wir mieden uns nicht. Wir brauchten das Zusammensein und unsere Gespräche.

Ich fand eine Aushilfstätigkeit in einem jüdischen Kaufhaus. Die Mädchen, die dort arbeiteten, dachten wie ich. Am 18. Dezember 1936 kam die Gestapo zu uns nach Hause. Unsere Vermieter erzählten uns, es seien drei Männer dagewesen, wahrscheinlich Verwandte. Sie würden abends wiederkommen. Wir haben uns gefreut und was zu essen vorbereitet. Sie kamen, um mich abzuholen. Die Sache mit den »Brot-Informationen« war herausgekommen. Irgend jemand mußte geredet haben. Sie haben mir auch vorgeworfen, daß ich bei einem Juden arbeitete. In unserer Wohnung haben sie alles von unten nach oben gekehrt. Und ich habe nur immer dran gedacht, daß in einigen der Bücher, die wir lasen, der Name des Mannes meiner Freundin, der aus dem KZ gekommen war, stand. Ich dachte, das zieht den wieder mit rein. Aber in die Bücher haben sie offenbar nicht gekuckt. Stattdessen fanden sie in den Taschen meines Mannes ein Flugblatt, an das wir gar nicht gedacht hatten. Sie nahmen meinen Mann auch gleich mit.

Ich habe mit 22 Jahren in Hildesheim monatelang alleine in einer Zelle gesessen. Das Alleinsein, nicht wissen, was draußen vorgeht, wie es den anderen geht — das war hart. Aber andere hat es ja so viel härter getroffen. So viele haben nicht überlebt. Da von einem Schicksal groß zu reden . . . Das hat wohl nur Sinn, weil es um die Frage geht, wie der ganz alltägliche Faschismus aussah. Das, was wir durchmachten, war ganz alltäglich.

In Hildesheim habe ich zufällig meine Mutter gesehen. Sie hatten mich aus der Zelle geholt und kurz auf dem Flur allein gelassen. Ich fühlte mich von den Zellenfenstern magisch angezogen, sah durch eins — und blickte meiner Mutter in die Augen. Sie war geholt worden, um mit mir konfrontiert zu werden — auch wegen der Brotsache. Darauf war ich jetzt gefaßt. Aber auch sie war vorbereitet. Es gab immer noch Menschen, Mitläufer, die uns zumindest nicht für ihre Feinde hielten und manchmal den bösesten Folgen der Nazi-Verfolgung vorbeugten. Jedenfalls hatte der Kriminalbeamte von der Harburger Polizei, der meine Mutter abholen und nach Hildesheim bringen mußte, ihr einen Tip gegeben. Er kam am Abend vorher und sagte ihr, daß er sie holen müsse. Er hat auch das erste Verhör geführt und sie praktisch vorbereitet. Er sagte nämlich: »Machen sie nicht den gleichen Fehler wie ihre Tochter — alles abzustreiten.« Da wußte sie, daß ich dichtgehalten hatte, mehr mußte sie gar nicht wissen. Das war eine brauchbare Anweisung. Sie sagte auch nichts, stritt alle Unterstellungen ab. — Alle an der Harburger Sache Beteiligten haben sich übrigens so verhalten. Die meisten sind vor Kriegsbeginn freigekommen. Danach wurde ja keiner mehr entlassen . . . — Mein Vater dagegen wurde erst in einer weit gefährlicheren Phase kassiert: 1944, als sie sich noch mal alle sozialdemokratischen Mandatsträger gegriffen haben — wegen des versuchten Attentats auf Hitler. Aber es war ihm auch nichts nachzuweisen. —

Aus Minden ist mir noch ein Fall von nicht erwarteter Hilfe in Erinnerung. Unser Hauswirts-Ehepaar, das uns bestimmt nicht irgendwie nahestand, bezahlte immer stillschweigend den Winterhilfs-Groschen für uns mit. Sicher dachten sie, das mache uns unverdächtiger. Es waren solche kleinen Zeichen, die uns damals Hoffnung machten.

». . . wir konnten den eigenen Kindern gegenüber nicht aufrichtig sein«

Ende 1938 gingen wir zurück nach Harburg. In dem Jahr wurde unsere Tochter geboren. 1940 unser Sohn. Wir haben uns um so unauffälliger verhalten: den Buckel rund gemacht und die Zeit vergehen lassen. Konsequent durchhalten ließ sich das freilich nicht. Wir hatten zum Beispiel einen nichtarischen Freund, der seine Freundin bei uns traf. Manchmal kam er als Frau verkleidet mit einem Kopftuch. Wir ließen die zwei allein, und die Kinder wunderten sich: »Warum gehen wir, wenn Tante Anneliese und Onkel Werner kommen?« Das war schlimm: Wir konnten den eigenen Kindern gegenüber nicht aufrichtig sein, ihnen nicht vermitteln, was uns bewegte, was unsere Überzeugung war — wie es unsere Eltern

immer getan hatten. Bitter für das Familienleben, wenn man sich vor den eigenen Kindern hüten muß. Sie hätten ja in der Nachbarschaft eine unbedachte, spontane Äußerung machen können. Auch so schöpften Nachbarn Verdacht. Aber wir hatten Glück. Sie waren nicht bösartig und warnten uns nur. Wir richteten uns nach ihrer Warnung, mußten uns vorsehen: Bei unserer Haftentlassung hatten wir schließlich unterschrieben, daß wir uns nie wieder »politische Aktivitäten zuschulden kommen« lassen würden. Doch auch »geringere« Verstöße hätten unser Leben gefährden können. Und was wäre dann aus unseren Kindern geworden?
1943 fiel mein Bruder. Meine Mutter brach völlig zusammen. Mein Vater war wie versteinert.
Paradoxerweise lebten wir gewissermaßen auf, als allmählich niemand mehr an deutsche Kriegserfolge — über die wir nie froh sein konnten — glaubte. Wir begannen, über »die Zeit danach« zu reden. Wir haben den englischen Sender abgehört, uns informiert, neuen Stoff für intensive Gespräche gehabt. Wir wurden auch nicht mehr von Mitläufern, kleinen Nazis, geschnitten. Die bekamen jetzt selber Angst und hätten gern mit uns geredet. Mein Vater sah aber auch eine Gefahr darin, daß wir letztlich als »Belastungszeugen« übrigbleiben würden. Er warnte: »Wenn es zu Ende ist, lauft nicht sofort raus unter die Leute. Bleibt ein paar Tage ganz ruhig im Haus. Es könnte ja noch passieren, daß die Leute wie uns ausschalten, weil sie inzwischen ein schlechtes Gewissen haben.«
Danach hatten sie tatsächlich ein schlechtes Gewissen und Angst vor Strafe. Sie kamen, um sich von uns entlasten zu lassen. Ich kann mich an einen Mann erinnern, der stundenlang in der Waschküche, wo ich die große Wäsche machte, auf mich einredete. Er wollte von mir einen »Persilschein«. Ich wußte selbst, daß er »nur mitgelaufen« war. Aber sind es nicht immer die Lauen, die ein faschistisches Regime erst ermöglichen? Ich habe mit mir gekämpft und konnte ihm den Schein nicht geben.

Quelle: Dokumentarfilm „Eichmann und das Dritte Reich“ von Erwin Leiser.

Inge Stolten, geb. 1921. 1939 Abitur. Zum Studium wegen »politischer Unzuverlässigkeit« nicht zugelassen. 1940—1942 Schauspielausbildung und danach Engagement am Hamburger Schauspielhaus und anderen Theatern. Im Dezember 1944 wird sie als Wehrmachts-Waffenhelferin nach Rendsburg eingezogen. Nach 1945 Arbeit für Hörfunk, Fernsehen und Film. Sie lebt heute in Hamburg und hat keine Kinder.

Inge Stolten

Ich kann mich an den Tag von Hitlers »Machtergreifung« nicht erinnern . . .

Der 30. Januar 1933 ist ein weißer Fleck in meinem Gedächtnis. Kein Fackelzug, keine braunen Uniformen, nicht das Horst Wessel-Lied und wehende Hakenkreuzfahnen verbinden sich mit diesem Datum. Es scheint so, als hätte ich diesen Tag gar nicht erlebt. Aber ich war fast zwölf Jahre alt und wußte, wer diese Nazis waren, der Vater hatte mich frühzeitig vor ihnen gewarnt. Wie frühzeitig ist genau zu datieren, meine Phantasie spielt mir da keinen Streich, denn der gelähmte, an multipler Sklerose erkrankte Vater schied 1931 freiwillig aus dem Leben. Und niemand anders sprach mit mir über Politik, über den heraufziehenden Faschismus, den er kommen sah. Ich erinnere mich auch an Ereignisse vor diesem 30. Januar, an Schießereien zwischen Kommunisten und Nazis bei uns im Hinterhof, an die Versuche meines Vaters, Sozialdemokraten und Kommunisten zum gemeinsamen Kampf gegen die Braunen zu bewegen, an seine Verzweiflung, daß gerade die führenden Männer der beiden Parteien die Notwendigkeit nicht erkannten.

Als Hitler am 30. Januar zum Reichskanzler ernannt wurde, der Generalfeldmarschall und Reichspräsident Paul von Hindenburg dem österreichischen Gefreiten zur Macht verhalf, wußte ich also schon Bescheid, soweit ein Kind Bescheid wissen konnte. Ich war zu der Zeit auch nicht krank oder im Kindererholungsheim, wie aus meinem noch vorhandenen Schulzeugnis der Volksschule in Hamburg-St. Georg hervorgeht, nichts Außergewöhnliches hat offensichtlich das politische Ereignis überdeckt. Und doch — es fiel in eine Zeit, in der sich mein persönliches Schicksal entscheiden sollte, denn ob ich den Übergang in die höhere Schule schaffen würde, muß damals die alles beherrschende Frage gewesen sein.

Ab Ostern 1934 besuchte ich dann die Staatliche Aufbauschule in Hamburg, eine Oberschule für Jungen und Mädchen. Es war für mich die Chance, aus dem Hinterhof herauszukommen. Aber diese moderne sozialistische Schule paßte den neuen Herren nicht, und so spürten wir Kinder schon etwas von der Diktatur, eh wir sie begreifen konnten. Wir erlebten den alltäglichen Faschismus.

Ich will hier nicht über die »großen Ereignisse« berichten, nicht über die Ausschaltung der demokratischen Parteien und Gewerkschaften, nicht über die bombastische Selbstdarstellung der Nazis, über militärische Siege und vernichtende Niederlagen und auch nicht über die Ermordung

von Millionen von Menschen. Ich begebe mich auf die Suche nach dem alltäglichen privaten Leben, wohl wissend, daß es im Lauf der Jahre von Krieg und Verbrechen kaum noch zu trennen war. Aber es gab bis zuletzt, bis zum Zusammenbruch des Dritten Reiches, so etwas wie ein Privatleben, für den überzeugten Nazi wie für den Mitläufer, und auch wer Widerstand leistete, befand sich nicht ständig im Kampf gegen das Regime. Auf alle traf der banale Spruch zu: »Das Leben ging weiter.«
Ich möchte versuchen, dieses Wechselbad zwischen Privatleben und offizieller Ideologie zu schildern, wie ich es erlebte. Tagebuch habe ich nie geführt, aber es gibt Fotos aus dieser Zeit, Schulaufsätze, und es gibt Kontakte zu Menschen, die ich schon damals kannte. Längst Vergangenes scheint plötzlich wieder gegenwärtig. Merkwürdigerweise fällt mir zuerst Erfreuliches ein: Unbeschwerte Schuljahre mit Sportfesten, Theateraufführungen, Ausflügen, ein Aufenthalt im Schullandheim auf der Insel Sylt, eine Reise ins Allgäu. So erstaunlich sind diese angenehmen Erinnerungen nicht, wenn ich bedenke, daß wir in der Diktatur aufwuchsen, nichts anderes kannten, nie an einem demokratischen Leben teilgenommen hatten.
In der Aufbauschule war uns noch eine Galgenfrist gegeben, sie hatte wenig mit dem zu tun, was sich um uns herum abspielte. Lese ich heute in Dokumentationen über den Kurswechsel an den Schulen zu Beginn der Nazizeit, die Angriffe gegen die »marxistisch-liberalistische« Tradition besonders der Hamburger Schulen, so waren wir eine Insel inmitten der braunen Flut.
Nicht der Abstand läßt meine Schulzeit in milderem Licht erscheinen, sondern die Freiheit, die wir trotz alledem noch hatten. Natürlich waren nicht alle Lehrer Gegner des Regimes, aber nazistische Parolen habe ich von keinem gehört, sie paßten wohl einfach nicht zur Situation unserer Schule.

Eine Aufbauschule im Abbau

Wir bewegten uns auf sehr dünnem Eis, aber die langsame Auflösung der Schule war ein Glück für diejenigen, die sie noch besuchen durften. Es lohnte sich wohl nicht mehr, uns zu überwachen. Und was von oben angeordnet wurde, führte die Schulleitung nur zögernd oder gar nicht aus. Meine langjährige Klassenlehrerin machte aus ihrer Gegnerschaft zum Dritten Reich kein Hehl. Der Geschichtslehrer beendete das Unterrichtspensum vor Hitlers Machtergreifung. Und unser Zeichenlehrer führte uns in die Ausstellung »Entartete Kunst«, um uns die Werke bedeutender Maler und Bildhauer im Original zu zeigen. Nie mußten wir einen Aufsatz

über das nationalsozialistische »Gedankengut« schreiben, wie es damals sonst üblich war. Wurde einmal so ein Thema aufgegriffen, gab es ein anderes, unverfängliches zur Auswahl.
Ich ging leidenschaftlich gern zur Schule, das Lernen machte mir Spaß. Nachmittags fanden wir uns zu Arbeitsgemeinschaften zusammen, trainierten auf dem Sportplatz, bereiteten Aufführungen oder das jährliche Schulfest vor. Am Leben draußen nahm ich kaum teil. Nie fühlte ich mich als Volksgenossin, fremd blieb mir die Marschiererei, die Begeisterung der Massen, das große Tamtam. Lehrer waren meine Vorbilder, ihre Weltoffenheit bewahrte mich davor, verführt zu werden. Sie sprachen kaum über aktuelle Politik, aber sie schirmten uns ab gegenüber der Diktatur.
Natürlich gab es auch an unserer Schule Fahnenappelle auf dem Hof, mit dem Absingen des Deutschland- und Horst-Wessel-Liedes, gab es eine Feier zum Geburtstag des Führers, und wir mußten uns zum Gemeinschaftsempfang in der Aula versammeln, um seine endlosen Reden zu hören.
Ein einziges Mal sah ich Hitler aus der Nähe. Es war wohl im August 1934, als er Hamburg besuchte, ein seltenes Ereignis, denn er mied die ehemals rote Hochburg. Alle Schüler der Stadt hatten Spalier zu stehen, vor dem Hotel Atlantik wurden wir in Reih und Glied aufgestellt, bildeten eine Front, die Hitler dann abschritt. Zwei, drei Meter neben mir schüttelte er einem Mädchen die Hand, tätschelte es, riß dann wieder eckig den rechten Arm zum deutschen Gruß hoch und starrte uns mit seinen blauen Augen an, als wollte er uns hypnotisieren. Nach einem Moment Stille brach hysterischer Jubel los.
Die Großkundgebung mit Führerrede fand in der Hanseatenhalle statt. In der gesamten Umgebung waren auf den Dächern der Mietskasernen bewaffnete Posten aufgezogen, denn Hitler wagte sich in die Höhle des Löwen, wie ein aufmüpfiger Arbeiter das nannte. Im offenen Wagen fuhr er durch einen Stadtteil, in dem früher kommunistisch gewählt wurde.
In der überfüllten Halle, der größten der Stadt, saßen wir eingepfercht auf schmalen Holzbänken, vor uns auf einem Podest ein sich überschreiender, gestikulierender, unverständliche Sätze hervorstoßender Mann. Mit seiner Haartolle und dem schwarzen Oberlippenbart, der wie angeklebt aussah, wirkte er auf mich wie ein Schmierenkomödiant. Ich fand Hitler irrsinnig komisch, sah die Freundinnen neben mir an, die grinsten, wir prusteten los, Zischen hinter uns, jemand rief Ruhe! — Ordner näherten sich, wir verdrückten uns, so schnell es ging, zum nächsten Ausgang. Nichts weiter passierte, es blieb bei einer Ermahnung der Lehrerin, uns weniger auffällig zu benehmen.
Ich mokierte mich über den Führer, der sich heiser brüllte, nicht einmal

seine Stimme zu stützen verstand, wie es jeder Schauspieler lernt, aber ich spürte auch die Faszination, die er offensichtlich auf so viele andere ausübte, die die Halle füllten. Ich sehe noch heute die ihm zugewandten entrückten Gesichter vor mir, die emporgeworfenen Arme, höre die röhrende Zustimmung und die spitzen Schreie der Frauen.

Und doch war dieses Erlebnis nur eine Episode, wurde schnell wieder vergessen, wir hatten anderes im Kopf. Bei diesem Wir stocke ich, es waren sicherlich nur wenige, die sich Gedanken über die Nazis machten. Aber es waren gewiß mehr als in den meisten anderen Schulen, da täuscht mich die Erinnerung nicht. Schüler trugen häufig Uniform und nicht nur bei besonderen Gelegenheiten, aber auf keinem der zahlreichen Fotos, die ich noch besitze, ist jemand von uns uniformiert, auch nicht die Mitschülerin Louise, die Führerin im Bund Deutscher Mädel war. Sie wurde zur Außenseiterin. Ihre Begeisterung für die Nazis, die niemand so recht mit ihr teilen mochte, betrachteten wir als Irrweg einer Zukurzgekommenen, ihren Aufstieg zur Führerin als Ersatzbefriedigung. Schon längst war sie für uns eine komische Figur, wie Berichte zeigen, die über eine Klassenreise nach der Insel Sylt im September 1935 geschrieben wurden. Ungefähr 15 Jahre waren wir damals alt und wollten uns am letzten Abend verkleiden, um die Jungens aus den beiden Parallelklassen und die Lehrer zu überraschen. Ilse beschrieb unseren Aufzug:

»Unter geschickten Händen war aus Ruth eine edle Germanenfrau geworden, aus Käthe eine stolze Frau aus der Antike, aus Gerda ein schmucker Ehemann. Unser Dickerchen Louise verkörperte ein entzückendes Baby. Sie war in ein kleines enges Nachthemd hineingezwängt und sah mit einem verlockend großen Schnuller um den Hals direkt süß aus.«

Louise gehörte an unserer Schule zur Minderheit der begeisterten Nazis, trotzdem habe ich sie nie als Gegnerin empfunden, sie tat mir eher leid. Noch etwas fiel mir beim Lesen der Berichte über diese Klassenreise auf: Nur ein einziger Name läßt auf die Zeit schließen, in der sie verfaßt wurden, vom Hermann Göring-Schullandheim ist die Rede. Detailliert schrieben wir über die Entstehung der Insel, über den Ort Keitum und eine Sturmflut, über die Freizeit und das Baden, aber nichts weist hin auf die Welt, in der wir lebten. Trotzdem waren wir nicht unpolitisch, sondern es zeigte sich nur die Zweigleisigkeit unserer Existenz.

Wir protestierten, als jüdische Mitschüler aufgrund einer Anordnung der Behörde zum ersten Mal von einer offiziellen Feier ausgeschlossen wurden, an der wir selbst nur ungern teilnahmen. Wir blieben bei den Diffamierten in den Klassenräumen.

Wir trieben begeistert Sport, waren in vielen Wettkämpfen erfolgreich und kletterten unter wehenden Hakenkreuzfahnen aufs Siegerpodest.

Wir trafen uns an Wochenenden in einem alten Bauernhaus in Vierhöfen, diskutierten über ein mögliches Ende der Diktatur, sangen verbotene Lieder und wurden von Bauern aus dem Dorf angezeigt. Die Lehrer konnten das Schlimmste verhüten, einem Verhör bei der Gestapo wären wir kaum gewachsen gewesen.
Wir fuhren in den Sommerferien mir dem Fahrrad durch Mecklenburg. Zwei Mädchen und drei Jungen genossen unbeschwerte Wochen, besichtigten Klöster, Schlösser und Kirchen, sonnten sich, schwammen und übernachteten in Jugendherbergen oder Scheunen.
Wir besuchten eine halbjüdische Klassenkameradin und wunderten uns nicht, als sie uns bat, ihrem gerade von der Reise zurückgekehrten Vater keine Fragen zu stellen. Wir wußten, daß er aus dem Konzentrationslager kam.
Wir zogen mit klappernden Sammelbüchsen durch die Straßen, baten um eine Spende fürs Winterhilfswerk und die NS-Volkswohlfahrt, wir sammelten Spinnstoffe und Bucheckern, wenn es nicht zu vermeiden war.
Das Interesse der Schulbehörde an uns nahm weiter ab, der Exitus der Schule war abzusehen. Die Aufbauschule in der Anna Wohlwill-Straße hieß nun Richard Wagner-Schule in der Felix Dahn-Straße. Anna Wohlwill war Jüdin gewesen. Freikarten für die Oper brachte uns die Namensänderung ein, wenn Wagneropern auf dem Spielplan standen, die Hitler so liebte. Ich erinnere mich an qualvoll lange Abende bei mir viel zu lauter Musik.
Unsere Schule hatte sich inzwischen weitgehend geleert, es gab nur noch wenige, zum Teil sehr kleine Klassen. Auf einem Foto aus dem März des Jahres 1939 sitzen zehn Mädchen mit ihrem Lehrer, der auch ihr Schulleiter war, auf den Stufen vor der Turnhalle. Mit zwei von ihnen war ich befreundet und blieb es auch, es sind dieselben, mit denen ich durch Mecklenburg radelte. Sie und ihre Familien gehörten zu den entschiedenen Nazigegnern. Man lebte in kleinen Gruppen, verkehrte nur mit Leuten, auf die man sich verlassen konnte, mied sonst private Kontakte. Aber nicht so bewußt, wie das von heute aus gesehen den Eindruck erwecken könnte. Ich glaube nicht, daß wir damals darüber nachgedacht haben, es ergab sich notgedrungen, war das Normale, nur mit Gleichgesinnten tat man sich zusammen. Über die anderen Mädchen in der Klasse weiß ich kaum etwas, obwohl wir sehr gut miteinander auskamen, denn die Liebe zu unserer Schule verband uns, und dann auch die Erleichterung, daß wir sie nicht mehr wechseln mußten. Ostern 1939 machte der letzte, unser Jahrgang Abitur.

Der alltägliche Faschismus
oder das Leben außerhalb der Schule

Das Geräusch eisenbeschlagener Stiefel auf dem Pflaster, der Gleichschritt der Marschkolonnen, SA-Männer, die Kampflieder grölten und auf wehrlose Passanten einschlugen, die nicht am Straßenrand stehengeblieben waren, um ihre Hakenkreuzfahnen mit erhobenem Arm zu grüßen. Ins nächste Treppenhaus flüchtete ich mich, wenn ich sie von weitem kommen hörte.

Ein Mann in der schwarzen Uniform des SS lief elastischen Schrittes an mir vorbei die Treppe hinauf, um seine Verlobte, die über uns wohnte, zu besuchen. Auch der Freund der Wirtstochter, die ein paar Häuser von uns entfernt mit ihrer Mutter eine Kneipe betrieb, steckte plötzlich in Uniform. Er saß wie üblich in seiner Ecke vor einem Bier, das ihm von Zeit zu Zeit gnädig spendiert wurde, am Tresen durfte er sich nicht aufhalten. Viel zu melden hatte der seit langem Arbeitslose bei den energischen Frauen nicht. Ich kam in die Kneipe, um etwas von meiner Mutter zu bestellen, die mit ihnen gut bekannt war. An dem Mann fiel mir sofort eine Veränderung auf, er trug die scheußlich gelbbraune, am Oberschenkel weit ausgestellte Hose der SA zum Unterhemd, die Uniformjacke lag neben ihm auf der Bank, an den Füßen hatte er Pantoffeln. Das weiß ich genau, weil ich dadurch sah, daß die Hose unten geschnürt wurde. Als ich meiner Mutter von dem neuen SA-Mann erzählte, meinte sie, der sei sicher nur wegen der Uniform eingetreten, die gäbe es umsonst, und er habe ja nur noch Fetzen am Leibe gehabt.

Ich bekam eines Tages einen Schreibtisch geschenkt, aus massivem Holz mit einer braunen Wachstuchauflage, den ich mir im Büro der Rechtsanwälte Samson und Sohn im Kaufmannshaus aussuchen durfte. Meine Mutter arbeitete dort schon jahrelang als Putzfrau. Eine Vase und einen Aschenbecher gaben sie uns noch als Andenken mit. Der Schreibtisch begleitete mich viele Jahre von einer Wohnung in die andere, die blaue Vase mit einem Jugendstilmuster steht noch heute bei mir. Die jüdischen Anwälte emigrierten. Einer kehrte später wieder nach Deutschland zurück. Fand er sich im Ausland nicht zurecht, hatte er Heimweh, oder glaubte er, daß das Schlimmste schon vorüber sei? Er wurde ein Opfer der Nazis. Nach dem Krieg erfuhren wir es.

Nicht mehr genau zu datieren sind zwei Begebenheiten, die mich selbst betreffen, aber mit Sicherheit in die letzten Jahre der Schulzeit gehören: mein Ausschluß aus der Hitlerjugend und der Eintritt in die evangelische Kirche.

Nachdem ich bei den »Heimabenden« immer wieder gefehlt hatte, wurde ich aufgefordert, Schlips und Knoten, die zur Uniform gehörten, bei der

Untergauführerin abzugeben. Ich mußte mir beides erst im Sporthaus Ortlepp kaufen, aber mit dieser ärgerlichen Geldausgabe endete mein kurzes Gastspiel im Bund Deutscher Mädel. Sehr viel wichtiger und auch komplizierter war der Kircheneintritt. Eine Riesenhürde hatte ich zu nehmen, um ihn zu vollziehen, ich mußte mich erst taufen lassen, um konfirmiert zu werden, und fand das alles sehr peinlich. Überdies war mir Religion völlig fremd, hatte mein Kircheneintritt mit Gläubigkeit nicht das Geringste zu tun. Er war ein Protest gegen die Nazis, die Frauen und Männer der Kirche verfolgten, mit denen ich mich solidarisieren wollte. Schnell kamen mir Zweifel, aber ich meinte, die Sache durchstehen zu müssen, verdrängte meine Bedenken wohl auch längere Zeit, denn vom Konfirmandenunterricht war ich wegen der Vorbereitungen auf das Abitur weitgehend befreit. Ich ließ mich konfirmieren, doch am Abendmahl mochte ich nicht mehr teilnehmen, ich wußte, daß ich nicht einhalten konnte, was ich da zu versprechen hatte. Der Pastor zeigte Verständnis und entließ mich aus dem Schoß der Kirche, in dem ich es mir noch nicht bequem gemacht hatte.

Viel Hoffnung, daß es mit Hitlers tausendjährigem Reich bald zu Ende gehen würde, gab es nicht. Ich war sicher, daß sich das deutsche Volk nicht selbst befreien konnte, dazu war es längst zu spät. Und die meisten waren auch vollauf damit beschäftigt, ihr Leben unter dem Hakenkreuz zu organisieren, die positiven Seiten zu nutzen, die sie mehr und mehr zu entdecken glaubten. Angeblich herrschten nun Ruhe und Ordnung im Land, und es gab weniger Gewaltverbrechen; aber es durfte nur nicht darüber berichtet werden. Die Arbeitslosen verdienten wieder ihr Brot — beim Autobahnbau und nicht in den erlernten Berufen. Fast alle konnten sich einen »Volksempfänger«, das Einheitsradio, leisten, aber die wenigsten merkten, daß ihnen damit nur die Gehirne vernebelt wurden. Von Jahr zu Jahr reisten mehr Menschen mit »Kraft durch Freude« und viele bezahlten schon die Raten für das eigene Auto, das sie nie bekommen sollten. Grau-grün gespritzt wurde der Volkswagen dann für die Wehrmacht requiriert. Was Hitler vorhatte — bis hin zur »Endlösung der Judenfrage« —, konnte jeder in seinem Buch »Mein Kampf« nachlesen. Es wurde zwar in Massen gekauft, aber nur in den Bücherschrank gestellt. Als ich am 21. Februar 1939 das Abitur bestanden hatte, waren die Kriegsvorbereitungen schon in vollem Gange. Männer, die nicht gedient hatten, und Reservisten wurden zu Übungen eingezogen; weibliche Betriebsangehörige für spätere Einsätze in Listen erfaßt. Die Propaganda des Regimes pries die Güte der deutschen Waffen und hetzte gegen die USA. Man konnte sich kaum noch vorstellen, daß der Krieg zu vermeiden war.

Er begann mit einem halben Jahr beim Reichsarbeitsdienst, zu dem sich jedes Mädchen »freiwillig« melden mußte, das studieren wollte. Fotos aus dieser Zeit vermitteln Ferienstimmung im ehemaligen Herrenhaus am See. Arbeitsmaiden beim Schwimmen und Volkstanz, beim gemeinsamen Kaffeetrinken mit den Führerinnen auf der sonnigen Terrasse. Maiden auf dem Heuwagen und beim Hühnerfüttern, eine ländliche Idylle. Die Fotos täuschen, ein Brief, den ich jetzt vor einiger Zeit erhielt, kommt der Wahrheit schon ein wenig näher:

»Vielleicht erinnerst Du Dich an einen Sommer in Mecklenburg auf dem ehemaligen Gut Trams, Bahnstation Ventschow. Es ist allerdings nicht weniger als vierzig Jahre her, seit wir dort sechs Monate gemeinsam unter einem Dach verbrachten, zusammen mit circa 78 ›teens‹ — damals Maiden — aus Hamburg, Schleswig-Holstein, Köln, Schlesien und dem Sudetenland. Du wurdest seinerzeit von einer Kommission für › würdig ‹ — sportlich gesehen — befunden, an der Lingiade 1939 in Stockholm teilzunehmen, zusammen mit etwa 3-4 anderen Maiden. Ich wurde aus sportlicher Sicht auch für geeignet befunden, aber . . . ›Diese kurzen Haare!‹ Ganz normaler Bubikopf übrigens, kein Herrenschnitt, aber wie wenig passend, absolut nicht treu-deutsch . . . So etwa das Urteil besagter Kommission.

Bei Kriegsausbruch ereilte uns alle die Hiobsbotschaft, vorläufig weiterhin verpflichtet zu werden. Nur einige wenige, nach meiner Erinnerung Abiturientinnen mit der Absicht, Medizin zu studieren, ob auch Du zu den Glücklichen gehörtest, weiß ich nicht mehr, wurden dann doch um den 1. Oktober herum entlassen.«

Ich blieb Arbeitsmaid, nun Kämpferin an der Heimatfront, Ersatz für eingezogene Landarbeiter und Bauern. Zur Lingiade nach Stockholm fuhr ich nicht, die Lagerführerin verhinderte es, denn ihr war klargeworden, daß es mir an der rechten politischen Gesinnung fehlte und ich nur wegen des beabsichtigten Studiums den »freiwilligen« Dienst leistete. Überlegungen, in Schweden um Asyl zu bitten, wurden hinfällig. Meine Situation im Lager verschlechterte sich, Schikanen sollten mich gefügig machen. Ich wurde nicht mehr zum Bauern geschickt, wo es unterschiedliche und mal mehr mal weniger Arbeit gab, sondern einer Kolonne zugeteilt. Das hieß, wochenlang Rüben hacken, Heu aufladen, in Ackerfurchen hinter der Erntemaschine herstapfen und Kartoffeln sammeln. Dann stand ich Tag um Tag auf der Dreschmaschine, gesundheitlich ein Wrack. Nach einem Zusammenbruch wurde ich zur Untersuchung nach Schwerin geschickt, der Arzt ordnete die sofortige Entlassung an, gab mir das Attest gleich mit. Die Arbeitsdienstzeit war für mich fast einen Monat früher als erwartet zu Ende, dachte ich. Als ich am 1. September abends ins Lager zurückkehrte, stand das Abendbrot für die Nachzüglerin im Speisesaal auf dem Tisch, die anderen waren schon zur politischen Schulung abgerückt. Unter dem Teller fand ich einen Zettel, »es ist Krieg!« stand darauf.

Ich wurde nicht entlassen, das Attest verschwand, die Lagerführerin sprach von einer neuen Situation und den Männern an der Front, die ganz andere Strapazen zu ertragen hätten. Uns alle traf die Verlängerung der offiziellen Dienstzeit. Strafversetzt in die Festung Dömitz an der Elbe erntete ich dann noch vereiste Rüben, mistete Ställe aus und wartete weiter auf meine Entlassung. Soldaten bewachten die Elbbrücke, über die wir täglich marschierten. Ende Dezember war ich plötzlich frei mit einem Arbeitsdienstpaß in der Hand, der mir nichts nützte. »Politisch unzuverlässig« stand auf diesem Papier, das mir das Studium ermöglichen sollte. Neun Monate waren sinnlos vertan, ich mußte mir etwas anderes einfallen lassen. Der Zug brachte mich zurück nach Hamburg in eine verdunkelte Stadt. Schwarze Rollos ließen keinen Lichtschein aus den Häusern nach draußen, empfindliche Strafen gab es für Nichtbefolgung der Bestimmungen. Die Straßenbeleuchtung und die Lichtreklame waren abgeschaltet, die Scheinwerfer der Autos hatten bis auf einen schmalen Spalt verdeckt zu sein. Aber immer noch überspannten die vertrauten Propagandatransparente die Straßen. »Ein Reich, ein Volk, ein Führer!« verkündeten sie.

Nachbarn bespitzelten einander, Kinder zeigten ihre Eltern an, Blockwarte drangen in Wohnungen ein, um Bürger beim Abhören feindlicher Sender zu erwischen. Mit Gefängnis oder Zuchthaus wurde es bestraft, und das Weiterverbreiten solcher Nachrichten konnte den Tod bedeuten. Lebensmittelkarten mußte ich mir besorgen, und nur auf Antrag gab es Bezugsscheine für Spinnstoffwaren und Schuhe. Es traf mich nicht besonders hart, denn es fehlte mir an Geld, um mehr als das Nötigste zu kaufen. Nur Seife und Waschmittel vermißte ich, die auch rationiert waren.

»Führer wir folgen Dir!« skandierten Menschen in Massenveranstaltungen, sie überlegten wohl nicht, wohin — schließlich hatten wir Polen im Handstreich genommen.

Durch die Kriegserklärung Hitlers an die Westmächte schien das Ende der Diktatur wieder etwas näher zu rücken, das kann nicht gutgehen, dachte ich. Aber dann folgte ein Sieg dem anderen, das Wort Blitzkrieg machte die Runde, und die Hoffnung schwand. Ich mußte irgendeinen Beruf ergreifen, um zu überleben. Ein Backfischtraum fiel mir ein, der Traum von einer Karriere als Schauspielerin.

Ich meldete mich zur Eignungsprüfung vor der Reichstheaterkammer an.

Auf dem Weg zum Arbeitsdienst. Elbbrücke bei der Festung Dömitz. Quelle: Eigentum der Verfasserin.

Professor Legband, der Intendant des Altonaer Volkstheaters, nahm sie ab. Das Vorsprechen schien ihm Eindruck gemacht zu haben, nur wunderte er sich, daß ich Abitur gemacht hatte, um zum Theater zu gehen. Ich wand mich, konnte ihm den Grund ja nicht sagen. Er nahm mich beiseite, fragte nach, und ich spürte, daß er mir helfen wollte. Eine äußerst vage Andeutung verstand er sofort und riet mir, die Aufnahmeprüfung für die Schauspielschule des Staatlichen Schauspielhauses in Hamburg zu machen. Der Intendant des Theaters, Staatsrat Karl Wüstenhagen, sei ein verständiger Mann, sagte er noch. Ich lernte ihn erst viel später näher kennen, aber ich bestand die Prüfung.

Alltag im Scheinwerferlicht

Die Ausbildung begann im Mai 1940 an einem noch sehr liberalen Theater. Der Intendant war nicht in der Partei, er konnte es als Freimaurer gar nicht sein. Stellvertretend für ihn trug sein Chefdramaturg das Hakenkreuz am Revers, zumindest bei offiziellen Anlässen, ein Nazi war er nicht. Am Staatlichen Schauspielhaus in Hamburg hatte Jürgen Fehling noch inszenieren dürfen, als er in Berlin schon in Ungnade gefallen war. Zur Premiere von Schillers »Don Carlos« erschien Propagandaminister Joseph Goebbels mit Gefolge. Der Satz des Marquis Posa »Sire, geben Sie Gedankenfreiheit!« wurde mit brausendem Beifall vom Publikum aufgenommen. Eisig ließ Goebbels die Premiere bis zum Ende über sich ergehen. Doch auch später geschah nichts, denn Fehlings berühmte Inszenierungen wurden auch im Ausland beachtet. Ein wenig von dieser Narrenfreiheit erhielt sich bis zum bitteren Ende, denn das Theater hatte seine Funktion. Erst diente es der Repräsentation, sonnten sich die hohen Herren in seinem Glanz, später nutzte man seinen Unterhaltungswert, um die Bevölkerung wenigstens für kurze Zeit das Elend vergessen zu lassen. Je weniger Brot es gab, um so wichtiger wurden die Spiele. Überraschend schnell hatte sich mein Berufsproblem gelöst. Und auch meine Sorge, daß mein politisches Führungszeugnis bekannt werden könnte, erwies sich als unbegründet. Das Schulgeld wurde mir erlassen, und sogar ein Stipendium genehmigte mir der Staat, dessen Universitäten mir verschlossen blieben. Noch gab es keine Computer, die alle Erkenntnisse speicherten, sie auf Knopfdruck ausspuckten und nichts vergaßen. Ich war ihnen durch die Maschen geschlüpft. Im Scheinwerferlicht konnte man untertauchen.
Von Kollegen drohte kaum Gefahr. Es gab wohl nur einen fanatischen Nazi, vor dem mich der Intendant warnte, als ich während einer Probe eine abfällige Bemerkung über den Führer machte. Mir fiel dann auf, daß die Kollegen politische Gespräche sofort unterbrachen, wenn dieser

Schauspieler auftauchte. Vorsicht war auch im Theaterrestaurant geboten, besonders nach Premieren, wenn der Gauleiter und Landesherr Karl Kaufmann dort mit seinem Anhang saß. In unübersichtlichen Situationen den Mund zu halten, hatte ich inzwischen gelernt, denn jederzeit konnte man bespitzelt oder überprüft werden und erfuhr nicht einmal, wer der Kontrolleur war. So bekamen sie eines Tages heraus, daß keine der jüngeren Schauspielerinnen in der Hitlerjugend organisiert war, obwohl es ja bereits seit dem 1. Dezember 1936 das »Gesetz über die Hitlerjugend« gab, in dem es hieß:

»Die gesamte deutsche Jugend ist außer in Elternhaus und Schule in der Hitlerjugend körperlich, geistig und sittlich im Geiste des Nationalsozialismus zum Dienst am Volk und zur Volksgemeinschaft zu erziehen.«

Dem Bund Deutscher Mädel waren wir entwachsen, aber es bestand noch eine Nachfolgeorganisation, die sich »Glaube und Schönheit« nannte. Die Reichsreferentin des BDM umriß ihre Aufgaben. Nichts Neues, sagte sie, sei das BDM-Werk »Glaube und Schönheit«, sondern die Fortentwicklung der Mädelorganisation. Mit der gewohnten Tracht, aber einem besonderen Abzeichen. Es gab Arbeitsgemeinschaften für Gymnastik, Werkarbeit, Brauchtum, Auslandskunde und Gesundheitsdienst.

Neben dem wöchentlich abgehaltenen Dienst fand außerdem jeden Monat eine besondere Zusammenkunft statt, die der »persönlichen Lebensgestaltung und der Kultur« gewidmet war.

Daran hatten wir nun teilzunehmen, vom wöchentlichen Dienst wurden wir befreit. Wir waren entschlossen, das einmal und nie wieder mitzumachen, und bereiteten uns entsprechend darauf vor. Im Theaterfundus versorgten wir uns mit Hütchen und Schleiern, schminkten uns dann mit allen Schikanen, obwohl eine deutsche Frau das überhaupt nicht tat. Zu dem Thema der Veranstaltung, die der bildenden Kunst gewidmet war, gedachten wir auch etwas beizusteuern. Dem Direktor der Kunsthalle, der zu einem Referat geladen war, übergaben wir einige Kopien von Bildern verbotener Maler, die Ahnungslosen spielend. Dann nahmen wir Platz, holten lässig Zigaretten heraus, boten sie den uniformierten Frauen an, die sie empört ablehnten, denn eine deutsche Frau rauchte auch nicht, und steckten sie uns selbst in lange Spitzen. Ohne Zigaretten, erklärten wir, könnten wir uns leider nicht konzentrieren. Der Direktor der Kunsthalle schien etwas süffisant zu lächeln, gequält schleppte sich die Veranstaltung dahin. Wir hörten nie wieder etwas von »Glaube und Schönheit«.

Von heute aus gesehen scheint es mir, als hätten wir uns im Theater immer stärker eingeigelt, je länger der Krieg dauerte. Mitten im Bombenkrieg lebten wir in einer höchst unwirklichen Welt, weit weg von der Naziideologie.

Das von den Nazis propagierte völkische Theater blieb eine Randerschei-

nung, setzte sich nicht durch. Die Stücke jüdischer und politisch unliebsamer Schriftsteller waren verboten worden, die gesellschaftskritischen Stücke der Weimarer Zeit verschwanden aus den Spielplänen. Besonders die großen Theater griffen auf bewährte Klassiker zurück, spielten bürgerliches Bildungstheater. Das gab Stoff für weitschweifige Kunstbetrachtung, Kritik galt als zersetzend und hatte zu unterbleiben. Sie war von Goebbels offiziell verboten worden. Der Wortlaut der Verfügung, die schon 1936 in der Zeitschrift »Der deutsche Schriftsteller« abgedruckt wurde, klingt heute wie eine Satire:
»Da auch das Jahr 1936 keine befriedigende Besserung der Kunstkritik gebracht hat, untersage ich mit dem heutigen Tage (27. November 1936) endgültig die Weiterführung der Kunstkritik in der bisherigen Form. An die Stelle der bisherigen Kunstkritik, die in völliger Verdrehung des Begriffs ›Kritik‹ in der Zeit jüdischer Kunstüberfremdung zum Kunstrichtertum gemacht worden war, wird ab heute der Kunstbericht gestellt; an die Stelle des Kritikers tritt der Kunstschriftleiter. Der Kunstbericht soll weniger Wertung, als vielmehr Darstellung und damit Würdigung sein. Er soll dem Publikum die Möglichkeit geben, sich selbst ein Urteil zu bilden, ihm Ansporn sein, aus seiner eigenen Einstellung und Empfindung sich über künstlerische Leistungen eine Meinung zu bilden.«
Mit der Verschärfung des Krieges änderten sich die Spielpläne, immer mehr leichte Unterhaltungsstücke standen auf dem Programm. Bahrs »Konzert« und Björnsons »Wenn der junge Wein blüht« erreichten hohe Aufführungsziffern. Wir spielten auch in Celle und in Rendsburg, in Lazaretten und für bombengeschädigte evakuierte Hamburger. Und wir spielten rechte Schmarren, wie das eher für ein Bauerntheater geeignete Stück »Spätlese«. Aber das norddeutsche Publikum schunkelte und sang begeistert mit: »In der Pfalz blühen unsere Reben, in der Pfalz wohnt die Liebste mein . . .« Für uns Mitwirkende hatte diese Aufführung einen erfreulichen Nebeneffekt, denn der Besitzer der »Pfälzer Weinstuben« lud uns zu markenfreiem Essen und Wein ein.
Die Lebensmittelrationen wurden knapper, und was es auf Marken gab, war schlecht und oft nicht zu bekommen. Endlose Schlangen bildeten sich vor Geschäften, wo etwas »ohne« angeboten wurde. Man fragte nicht einmal, was es war, stellte sich an und hoffte, daß man an die Reihe kam, eh der nächste Alarm alle in die Keller jagte. Unsere Kostümbildnerin hatte mich davon überzeugt, daß Pferdefleisch, von dem die doppelte Menge auf Fleischmarken abgegeben wurde, eine Delikatesse sein kann, besonders als Sauerbraten oder Goulasch zubereitet. Viele Kollegen ekelten sich davor, wir waren Stammkunden beim Pferdeschlachter.
Wir hungerten erbärmlich, aber der Hunger hat mir in all den Jahren weniger zugesetzt als die Kälte, verbunden mit dem Kampf um ein wenig

Heizmaterial. Es zu stehlen war keine Frage der Moral, sondern nur eine Frage der Gelegenheit — fast jeder griff zu, wenn sie sich bot. Nicht neben jeden Baum konnten sie einen Polizisten stellen, und auch die Großstädte lagen jetzt nachts in tiefer Dunkelheit. Der Mangel nahm groteske Formen an, zum Friseur trug man ein Brikett in Papier eingewickelt, damit das Wasser zum Haarwaschen erhitzt werden konnte. Zu Hause gab es Streit wegen der Vergeudung wertvollen Heizmaterials zu Verschönerungszwecken. Wichtiger als Geld waren Dinge, gegen die man etwas tauschen konnte, zum Beispiel die beiden Premierenkarten, die jedem Mitwirkenden zustanden. Und man mußte sich zu helfen wissen.

Wir stopften, nähten, strickten, trennten die Pullover wieder auf, glätteten die Wolle und fertigten ein neues Stück daraus, um etwas anderes zu tragen. Aus zwei mach eins! hieß die Parole, um Abgetragenes noch zu nutzen, wenn Tricks nicht mehr weiterhalfen. Mit einem geliehenen schwarzen Unterkleid rettete ich das fast durchgescheuerte schwarze Wollkleid, bis die spinnwebdünnen Stellen zu Löchern wurden. Noch der kleinste Stoffrest ergab einen Slip, jeden Fetzen hoben wir auf, gestopft wurde, solange noch Garn vorhanden war. Aus Hanftauen flochten wir Sohlen, mit bunten Schnüren versehen, entstanden daraus Sommersandalen à la Griechenland. Braungebrannt vom Ostseeurlaub zurück, erregten wir damit Aufsehen.

Unser Leben war gespalten. Wir machten Ferien mitten im Krieg, spielten Komödien, die von Fliegeralarm unterbrochen wurden, tanzten nach verbotenen Platten Swing in einer Bar. Wir waren jung und verliebt. Wir trafen uns mit Gegnern des Regimes in einer Apotheke und bei einem Buchhändler. Wir gründeten das »Musenkabinett« für kulturelle Veranstaltungen, diskutierten über verfemte Kunst, verbrannte Bücher und über Politik. Ich lernte anglophile Ärzte kennen, unter denen militante Gegner Hitlers waren. Ich traf einen Schulkameraden in Offiziersuniform mit dem Ritterkreuz am Hals und ließ ihn stehen, ich wollte es gar nicht wissen, ob er stolz auf seine hohe Auszeichnung war oder nur die Umstände ihn zum Helden gemacht hatten. Schockiert war ich, ein Ritterkreuzträger war mir noch nicht begegnet. Das änderte sich bald.

Fronttheater

Im Sommer 1942 verließ ich von einem Tag zum anderen die Welt des Staatstheaters aus Stuck und Gold und rotem Plüsch und fuhr mit einem Militärtransport Richtung Ostfront. Für zwei Monate beurlaubt, sollte ich für eine erkrankte Kollegin die Luise in Schillers »Kabale und Liebe« übernehmen. Ein zur Marine eingezogener Kollege hatte unseren Intendanten um Hilfe gebeten, auf mich, die Anfängerin, fiel die Wahl. Ich wurde vorübergehend Mitglied des Kriegsmarine-Fronttheaters Kiel. Künstleralltag im Faschismus. Freiwillig oder gezwungen gingen Unzählige auf Tournee. Sie hatten kein besseres Engagement gefunden oder waren Prominente, die in den besetzten Gebieten Wehrbetreuung machten. Politisch und rassisch Verfolgte tingelten, um zu überleben. Bei ständig wechselnden Spielorten, bei Reiserouten, die von der Lage an der Front bestimmt wurden, entkamen sie ihren Verfolgern. Viele Schauspieler waren uniformiert, hatten ihre Gasmasken, Stahlhelme und Gewehre dabei und neben der Ausgehuniform auch das Drillichzeug. Frauen wurden jeweils dazu engagiert. Das erzählte mir der Kollege, der in »Kabale und Liebe« den Hofmarschall von Kalb spielte, auf der Fahrt nach Königsberg. Beim Schein einer Taschenlampe lernte ich im verdunkelten Zug meine Rolle. Die Tournee sollte durch Litauen, Lettland und Estland und dann weiter nach Nord-Rußland gehen. Nach ein paar Probentagen in Königsberg reisten wir per Bahn von einer Küstenbatterie zur nächsten, traten auch in Riga und Reval auf und machten dort Sendungen im Rundfunk. In Reval bestieg dann das gesamte Ensemble einen Lastwagen, im Anhänger wurden die Kulissen transportiert, eine abenteuerliche Fahrt begann. Auch wir Frauen waren nun mit Stahlhelmen, Gasmasken, Drillichanzügen und Mückenschleiern ausgerüstet. Ein heißer russischer Sommer auf staubigen Rollbahnen, über die Panzer rollten und Truppen marschierten, stand uns bevor. Die Marschroute hieß ganz allgemein: immer an der Küste entlang Richtung Leningrad. Wir wurden dann von Spielort zu Spielort telefonisch weitergereicht, Fähren brachten uns auf die vorgelagerten Inseln. Durch unberührte Gegenden fuhren wir, lagen an weißen Stränden, um uns herum das zarte Grün der Birkenwälder, der Krieg schien weit weg zu sein. An einem strahlenden Sommertag tauchten an der Straße große Schilder auf: »Achtung, Feindeinsicht!« Wir wußten nicht genau, wo wir uns befanden. Granaten heulten plötzlich über uns hinweg, schlugen nicht weit entfernt neben einem Gefechtsstand ein, wie wir später erfuhren. Wir sprangen vom Lastwagen herunter, suchten Deckung. Hinlegen!, schrie jemand, der geduckt auf uns zukam. Einzeln, immer einige Meter Abstand haltend, folgten wir ihm dann — im Gänsemarsch in die letzte Funkstelle vor Leningrad. Wir waren am Ziel. Mir schlotterten die Knie, das Wort Fronttournee hatte ich nicht so wörtlich genommen.

Die Scheiben in den Fenstern des Holzhauses klirrten, als wir uns für die Vorstellung schminkten, Bomben wurden von russischen Tieffliegern abgeworfen. Ein Soldat begleitete uns zum provisorisch hergerichteten Theatersaal. Unterhalb des Hügels, auf dem wir uns befanden, lag Leningrad im Sonnenglast, die Luft flimmerte.

Den Stahlhelm noch auf dem Kopf drängten die Soldaten durch den Eingang, saßen, die Maschinenpistole zwischen den Beinen, auf den rohgezimmerten Bänken. Es roch nach nie abgelegter Kleidung. In der Ferne hörte man wieder Schüsse und einzelne Einschläge, die näher kamen. Unsere Worte gingen im knatternden Geräusch eines Flugzeuges unter. Die Soldaten rührten sich nicht, wir machten weiter.
Nachts trauten wir uns nicht ins Bett, sahen die Garben der Leuchtspurmunition, Panzer rollten aufeinander zu. Am Morgen griffen die Russen eine Küstenbatterie an, dort sollte noch eine Vorstellung, die letzte Vorstellung sein. Wir waren schon abfahrbereit, als mehrere hundert Tote gemeldet wurden. Der Wehrbetreuungsoffizier meinte, wir sollten trotzdem spielen, gerade jetzt könnten die Männer da unten eine Ablenkung brauchen. Unsere Kollegen schwiegen, für sie als Soldaten war das ein Befehl. Wir Frauen protestierten mit Erfolg, das Ensemble durfte den Rückweg antreten.
Leningrad wurde von den deutschen Truppen nicht erobert, aber unzählige Menschen starben in der eingeschlossenen Stadt an Hunger, Kälte und Seuchen. Durchs Scherenfernrohr sahen wir einzelne Gestalten, die sich für einen Moment aus dem Schatten der Häuser lösten, sonst lagen die breiten Boulevards des ehemaligen St. Petersburg völlig leer da.
Vom »eisernen Ring« um Leningrad war in den Nachrichten immer wieder die Rede gewesen, aber als wir uns auf holperigen, mit Trichtern übersäten Straßen von der vordersten Front entfernten, begegneten wir nicht einem einzigen deutschen Soldaten. Eine Staubwolke hüllte den offenen Lastwagen ein, unsere Gesichter waren wie mit einer Mehlschicht bedeckt, aber unter der Plane ließ sich die Hitze nicht ertragen. Mittags konnten wir auf der Motorhaube Spiegeleier braten. Wir sammelten Walderdbeeren und entdeckten einen kleinen See, klar bis auf den Grund, ideal zum Baden. Mückenschwärme vertrieben uns schnell aus dem Wasser, wir kehrten zum Rastplatz zurück. Plötzlich sahen wir einige Soldaten mitten auf der Straße, die irgendwelche Zeichen gaben. Unser Fahrer griff zum Fernglas, ließ es sofort wieder sinken und sagte nur: Russen. Sie näherten sich langsam, die Gewehre im Anschlag, der Fahrer rief ihnen etwas zu, er konnte einige Brocken Russisch, sie nickten und winkten ihn heran. Wir rührten uns nicht vom Fleck. Ich dachte nur, hoffentlich entdecken sie die Gewehre nicht auf dem Lastwagen. Sie wiesen immer wieder in die Richtung, aus der wir gekommen waren, malten etwas in den Sand. Die deutsche Front lag offensichtlich schon hinter uns, wir mußten uns verfahren haben, oder die Russen waren schon wieder weiter vorgerückt. Anscheinend wollten die Soldaten uns helfen. Sie kamen nun zu uns heran, einer zeigte auf die Seitenwand des Wagens, und alle lachten. Der Tourneeleiter hatte vor einigen Tagen, nachdem uns das erste Schild

mit der Aufschrift »Achtung, Feindeinsicht!« erschreckt hatte, das Wort »Artisti« in großen kyrillischen Buchstaben auf den Anhänger gemalt — es war mehr ein Scherz.
Zu Beginn der Spielzeit 1942/43 stand ich wieder in Hamburg auf der Bühne und besaß mein erstes Bankkonto mit weit über tausend Mark. Es war die Gage von der Fronttournee, ein Notgroschen, den ich später brauchen konnte, und viel Geld für die damalige Zeit, als Anfängerin bekam ich am Schauspielhaus 150 Mark im Monat.

Die dritte Kriegs-Spielzeit

Heiter begann sie für mich mit dem Lustspiel »Donna Diana« von Moreto, es folgte die Komödie »Idothea« von Hans Leip und »Umzug ins Altersheim«, ein Lustspiel von Erna Weißenborn. Wir brachten Leute zum Lachen, die sonst kaum noch einen Grund dazu hatten. Es wurde weitergespielt, trotz des Krieges, der keine Siege mehr brachte, trotz der vielen Bombenangriffe und der Hungerrationen, eingedenk der Worte des Führers:
»Mögen sich die deutschen Künstler ihrerseits der Aufgabe bewußt sein, die ihnen die Nation überträgt. Da Torheit und Ungerechtigkeit die Welt zu beherrschen scheinen, rufen wir sie auf, die stolzeste Verteidigung des deutschen Volkes mit zu übernehmen durch die deutsche Kunst.«
Aber was dachte, was hoffte ich in diesem Kriegswinter? Worüber sprach ich mit Gleichgesinnten? Sie waren Soldaten, kehrten verwundet aus dem Krieg zurück, Freundinnen studierten in anderen Städten, doch der Kontakt riß nicht ab, wir trafen uns immer wieder. Eine kleine Gruppe aus Studenten, Ärzten und anderen Intellektuellen, die durch unseren gemeinsamen Freund Hans Leipelt auch eine Verbindung zu der Gruppe »Weiße Rose« in München hatte. Es gab weitere lose Querverbindungen, aber keinen organisierten Widerstand. Nie glaubte ich etwas bewirken zu können, denn wir blieben eine winzige Minderheit, obwohl viele den Wahnsinn erkannt hatten. Sie schwiegen, zogen den Kopf ein, wandten sich angeekelt von dem selbsternannten Führer ab, um dann doch seinen Befehlen zu gehorchen und sich benutzen zu lassen. Das wenigstens wollte ich nach Möglichkeit nicht tun. Bei den Freunden fand ich Ermutigung. Es bedeutete ja schon viel, offen reden zu können. Durchhalten wollten wir, uns vorbereiten auf ein anderes, besseres Leben und andere darin bestärken. Texte wurden verfaßt, Flugblätter entworfen.
1942 schrieb Karl-Ludwig Schneider, ein mir befreundeter Student, für die Silvesterfeier eine Satire mit dem Titel »Ausblick auf das Jahr 1962«. Ein paar junge Leute trafen sich im Haus der Eltern von Hans Leipelt, im

Haus einer gemischtrassigen Familie, wie das damals hieß, die Mutter war Jüdin. Hans hatte seiner Arbeitsdienstpflicht genügt, kämpfte als Soldat an der Front, wurde mit dem Eisernen Kreuz und noch einem anderen Orden ausgezeichnet, aber dann 1940, es muß im August oder September gewesen sein, aus der Wehrmacht entlassen — aus rassischen Gründen. Der Vater, ein angesehener Mann, konnte ihm an der Hamburger Universität einen Studienplatz für Chemie beschaffen. Als die Schwierigkeiten sich dann häuften, wechselte Hans Leipelt an die Münchner Universität. Von dort kam er auch zu den Feiertagen im Dezember 1942. Er war der Aktivste von denen, die ich aus der Gruppe kannte, und stand mir eine Weile sehr nahe. Ich habe ihn nicht mehr gesehen, als er viel später wieder nach Hamburg kam und das letzte Flugblatt der »Weißen Rose« mitbrachte. Am 18. Februar 1943 hatten die Geschwister Hans und Sophie Scholl es in der Münchner Universität verteilt. Sie wurden beobachtet, als sie ein ganzes Bündel von oben in den Lichthof warfen. Schon vier Tage später, am 22. Februar, verurteilte der Präsident des Volksgerichtshofes, der eigens nach München gereist war, sie zum Tode. Noch am selben Tag wurde das Urteil vollstreckt.

Bedroht war nun jeder, der in irgendeiner Verbindung zu ihnen gestanden hatte. Aber gegenwärtiger als eine sicherlich begründete Sorge ist mir ein äußerst makabres Zusammentreffen. Am 24. Februar mußte ich eine Hauptrolle in dem Stück »Das Dorf bei Odessa« übernehmen, ein übles, kitschiges Machwerk, von dem ich zuvor weder eine Probe noch eine Aufführung gesehen hatte. Es war das einzige Stück dieser Art, das bei uns gespielt wurde, es stammte aus dem Zentralverlag der NSDAP. Der Autor Herbert Reinecker, später berühmt geworden durch die Kommissar-Serie im Fernsehen, schrieb für den Programmzettel selbst über sein »Dorf bei Odessa«:

». . . gewollt habe ich das Gegenwartsstück. Indem ich wollte, was ich mußte, denn welcher junge Dramatiker, der als Soldat notwendig leidenschaftlich an den Geschehnissen unserer Tage beteiligt ist, möchte in den Akten vergangener Epochen wühlen, daraus ein bloßes Kunstvolles aufzubauen? Welches Wort, welcher Satz, welches Stück, das heute geschrieben wird, hat Wert, wenn es nicht wie eine Granate ist, die man gegen die feindliche Umwelt abfeuert! —«

Herbert Reinecker schilderte auch, wie er zu seinem Stoff kam:

»Bei meiner Division erschien eines Tages ein Überläufer, ein Deutscher aus einem der verlorenen Dörfer, er meldete sich, um in unseren Reihen mitzukämpfen. Er fiel an der Seite seiner deutschen Kameraden. Sein Soldatengrab liegt an der Straße, die nach Staraja-Russa führt. Dies könnte der Martin meines Stückes gewesen sein. Im September 1940 habe ich an der Umsiedlung der Bessarabiendeutschen teilgenommen. Ich habe

Weibliche KZ-Häftlinge im Lager Auschwitz 1944. Quelle: Ullstein-Bilderdienst/ Wiener Library.

die Menschen erlebt, die aus der großen Einsamkeit kamen, den Hauch ihrer hundertjährigen Verlassenheit in Demut tragend. Es waren einfache Menschen. Ihre Sprache ohne Buntheit, ohne Glanz. Sie brillierten nicht mit Worten, als hätte sich in diesen hundert Jahren ihre Sprache abgeschliffen, daß sie karg wurde, großbrockig, unelegant, aber dabei herzlich und gut blieb. Eingekreist von fremden Völkern, fremden Rassen, bewahrten sie in ihrer Mitte ihren deutschen Kern . . .«

Und sie warteten sehnsüchtig auf die näherrückenden deutschen Truppen und hatten natürlich Angst vor dem bösen russischen Kommissar Jljitsch. Martin, im Stück mein Verlobter, will zu den Deutschen überlaufen, wird gefaßt und erschossen — aber das Dorf wird gerettet. Michel Ströhlein, der Kolchosbauer, bringt die Botschaft: »Die Deutschen sind da«, schreit er, »sie wollen Wasser haben oder Milch!« Paul Schafgans, der frühere Dorflehrer, mischt sich ein und spricht den letzten, entscheidenden Satz des Schauspiels: »Wasser wollen sie? Oder Milch? Mehr nicht? Alles können sie haben! Alles!«

Niemand lachte, während wir selbst kaum ernst bleiben konnten. In jeder Vorstellung hörten wir die Schluchzer aus dem Zuschauerraum, nur in einer blieb es totenstill. Als der Vorhang sich zu Beginn öffnete, blickte ich in ein schwarzes Loch. Einen Moment glaubte ich, wir spielten vor fast leerem Haus, dann schälten sich helle Köpfe aus dem Dunkel — es war eine geschlossene Vorstellung für die SS. Zum Beifall erhoben sich 1600 Schwarzuniformierte wie ein Mann. Stalingrad war längst verloren, die deutschen Truppen befanden sich überall auf dem Rückzug, nur bei uns auf der Bühne siegten sie noch. Auch mit meiner Hilfe.

Ich sprang für die erkrankte Edda Seippel ein, mußte ich das? Niemand war gezwungen, ein Theaterstück zu schreiben, Schauspieler befanden sich in einer ganz anderen Situation, arbeiteten in einem kriegswichtigen Betrieb und waren vertraglich verpflichtet, die Rollen ihres Faches zu spielen. Und wir alle wußten, daß »Das Dorf bei Odessa« nur unter massivem Druck zur Aufführung kam. Nun mußte man in dieser Zeit allerdings nicht unbedingt Theater spielen, aber was war die Alternative? Die Männer wären zur Wehrmacht einberufen worden, soweit sie sich im wehrfähigen Alter befanden, die Frauen hätte man für die Arbeit in der Rüstungsindustrie verpflichtet. Als Schauspieler richteten wir zweifellos weniger Unheil an, wenn wir überhaupt noch spielten.

Vorstellungen fielen häufig wegen Fliegeralarm aus oder mußten abgebrochen werden. Sie begannen immer früher, damit sie vor Anbruch der Dunkelheit beendet waren. Und noch ehe das Licht im Zuschauerraum anging, stürmten die Besucher zu den Garderoben, um noch den häuslichen Luftschutzkeller zu erreichen. Wir fragten uns oft, wieso die Leute überhaupt noch ins Theater kamen, direkt vom Arbeitsplatz, beladen mit Taschen, in denen sie ihre Wertgegenstände mit sich herumschleppten.

Von einem Alarm zum nächsten lebten wir, versuchten zwischen Proben und Vorstellungen, das Nötigste zum Essen zu beschaffen und flüchteten uns gelegentlich in den Tiefbunker unter dem Hauptbahnhof, um in Ruhe Text zu lernen — die Angst immer im Nacken. Unerfüllbar war der Wunsch, einmal abends ins Bett gehen zu können, ohne mit Fliegeralarm rechnen zu müsen.

Je hoffnungsloser die Lage wurde, um so mehr wurde vom Endsieg geredet, von der »Wunderwaffe«, die der Führer versprochen hatte, die das Kriegsglück wenden sollte. Ich war sicher, daß nur die völlige Niederlage das Morden beenden konnte. Auf einer Landkarte markierte ich jede Stadt, jeden Ort, den die Alliierten eroberten; jede Frontbegradigung — ein Begriff, mit dem der Rückzug der deutschen Truppen vertuscht werden sollte — verstärkte meine Hoffnung, den Krieg doch noch zu überleben. Kein schlechtes Gewissen plagte mich bei diesen Gedanken, ein Sieg Hitlers, daran zweifelte ich nicht, würde mehr Opfer kosten.

Karl-Ludwig Schneider las mir eines Tages ein Flugblatt vor, einen »Fragebogen für das IV. Reich«, eine der Fragen lautete: »Waren Sie im Dritten Reich verhaftet? Wenn nein, warum nicht?« Ein halbes Jahr später wurden auch er, Hans Leipelt und meine Freundin Dorothea Zill verhaftet, gehörte er zu denen, die diese Frage einmal mit ja beantworten konnten, wenn sie mit dem Leben davonkamen.

Ich hatte im Sommer 1943 das Schauspielhaus und Hamburg verlassen, spielte in anderen Städten und war zwischendurch häufig bei einer Freundin in Berlin. Nach den schweren Luftangriffen auf Hamburg im Juli hatte ich nicht einmal Kontakt zu meiner Mutter, wußte niemand, wo ich mich befand. Als Schauspielerin besaß ich Reisemarken und konnte darauf überall Lebensmittel kaufen, ich befand mich in einer vergleichsweise günstigen Situation. Aber ich wußte nicht, ob mein Name der Gestapo schon bekannt war, ob sie Briefe von mir an die Freunde gefunden hatten.

Erst nach dem Krieg erfuhr ich, daß die Silvesterfeier im Hause Leipelt im Prozeß vor dem Volksgerichtshof als staatsfeindlich eingestuft worden war. Laut Anklage hatten wir unter anderem den »deutschen Gruß und den Führer verhöhnt«. Und es hieß: »Die Anklage lautet auf Vorbereitung zum Hochverrat, Wehrkraftzersetzung, Feindbegünstigung, Abhören und Verbreiten von Nachrichten ausländischer Sender . . . Hervorzuheben ist, daß es sich bei den Beschuldigten um Angehörige gebildeter Kreise (Studenten, Ärzte, Kaufleute) handelt. Ihr zersetzender Einfluß geht über den Kreis der in diesem Verfahren erfaßten Beschuldigten infolgedessen weit hinaus. Daraus ergibt sich die große Gefahr, die sie bis zu ihrer Festnahme gebildet haben.«

Warten auf das Ende

Im Oktober 1943 unterschrieb ich in Berlin einen Vertrag für die Truppenbetreuung. Mein Theateragent hatte mich mit Adolph Rampelmann bekannt gemacht, weil der, wie er sagte, eine seriöse Schauspielerin suche, eine Lena für Georg Büchners Lustspiel »Leonce und Lena«. Es war auch die Rolle, die mich zustimmen ließ, denn trotz der widrigen Umstände spielte ich gern Theater, aber es war vor allem der Mann, der Regie führen würde, und die Chance, wieder so gut wie unauffindbar zu sein. Dafür schien mir Adolph Rampelmann eine Garantie. Sein Name war mir bekannt, er leitete längere Zeit sehr erfolgreich das Theater in Bremen. Es mußte einen Grund geben, daß ein so erfahrener Mann jetzt Truppenbetreuung machte. Als er mich im Büro des Agenten begrüßte, bemerkte ich seine Beinprothese, nur mühsam erhob er sich aus dem Sessel. Ganz nebenbei erwähnte er Bremen, das er hätte verlassen müssen. Die Kollegin, bei der ich wohnte, hatte gehört, daß er im ersten Weltkrieg verwundet worden sei. Wahrscheinlich war er Jude oder Halbjude. Das konnte eine Kombination oder ein Faktum sein, aber so entstand wohl aus Andeutungen und Beobachtungen ein Bild, das der Wahrheit entsprach und seine Situation erklärte. Irgendjemand wird ihm die Möglichkeit zum Arbeiten verschafft haben, weil er im ersten Weltkrieg »für das Vaterland gekämpft hatte«.

Als am 1. November die Proben beginnen sollten, lag ich mit einer infektiösen Gelbsucht zu Hause im Bett, zu schwach um den Luftschutzkeller aufzusuchen. Vierzehn Tage konnte Rampelmann die Proben hinauszögern, aber es war bald klar, daß ich so schnell nicht wieder auf die Beine kommen würde. Zumindest behielt ich keinen Leberschaden nach, denn die erforderliche strenge Diät bestand aus den Nahrungsmitteln, die es ohnehin nur noch gab. Nach sechs Wochen konnte ich das Haus wieder verlassen, sah zum ersten Mal die völlig zertrümmerte Stadt. Während der heftigsten Fliegerangriffe 1943 war ich in Berlin gewesen und kehrte schon krank erst im Oktober nach Hamburg zurück. Meine vorsichtigen Versuche, näheres über die verhafteten Freunde zu erfahren, scheiterten. Ich saß wieder mit den anderen im Luftschutzkeller, raste zum nächsten Bunker, wenn größere »feindliche Verbände« gemeldet wurden. Oft fielen die ersten Bomben, während wir uns noch vor dem Eingang drängten. Ich erinnere mich an kaum etwas anderes als diesen Kampf ums Überleben. Wir schleppten das Wasser für den täglichen Gebrauch vom nächsten

Hydranten heran,waren froh, wenn das Gas mal brannte und es elektrischen Strom gab. Irgendwann Anfang 1944 begann ich wieder zu arbeiten, zog mit einer Musikerin, bei der ich in Bremen wohnen konnte, von Fliegerhorst zu Fliegerhorst. Sie spielte Schifferklavier und sang Shanties, ich rezitierte Ringelnatz und Hans Leip und ließ verbotene Verse von Kästner und Tucholsky einfließen, die auf die Konten der anderen gingen. Auch das war bereits Wehrkraftzersetzung. Warum ich das Risiko einging, ist heute schwer zu erklären, vielleicht nur, um mein Gewissen zu beruhigen.

Monate vergingen mit dieser Gelegenheitsarbeit, für den Herbst hatte ich ein Angebot vom Staatstheater Potsdam, das Hermine Körner leitete, aber der Herbst war noch weit weg.

Die Briten und Amerikaner landeten an der Kanalküste, und Hitler warf sie nicht ins Meer zurück, wie er es angekündigt hatte, auch der Atlantikwall, der angeblich unüberwindliche, hielt sie nicht auf. Die Zange schloß sich um uns, das Ende rückte näher. Daran würde auch die Wunderwaffe V 1 nichts ändern, die um diese Zeit das erste Mal gegen London flog.

Ich erinnere mich an einige sonnige Tage bei einem Obstbauern im Alten Land, einem entfernten Verwandten meines Stiefvaters. Gegen Kost und Logis arbeitete ich dort und genoß die Nächte ohne Fliegeralarm. Ich erinnere mich an die Meldung der BBC vom Tod Hitlers, die sich dann als falsch erwies. Die näheren Umstände des mißglückten Attentats vom 20. Juli blieben uns unbekannt.

Die Sippenhaftung wurde nun offiziell eingeführt, jeder »Drückeberger« mit der Todesstrafe bedroht. Goebbels' Propagandamaschine lief auf Hochtouren. Alle mußten nun für den Endsieg kämpfen, auch die »Kulturschaffenden« hatten sich am totalen Krieg zu beteiligen, und so wurden am 1. September 1944 sämtliche Theater geschlossen. Die Männer im wehrpflichtigen Alter bekamen ihre Einberufung, die anderen und die Frauen hatten für kriegswichtige Arbeiten zur Verfügung zu stehen. Die Sängerin an der Stanzmaschine, der Schauspieler am Preßlufthammer, so stellten sich die Verantwortlichen reichlich dramatisch den Einsatz der Künstler vor. An den Theatern wurden sogenannte kriegswichtige Eigenbetriebe eingerichtet. Auf der Probebühne des Schauspielhauses setzten die Kollegen Metallteile zusammen, wahrscheinlich Zeitzünder für Raketen und ähnliches. Der Mann, der die Aufsicht führte, soll Aufseher im Konzentrationslager Neuengamme gewesen sein.

Zufällig kam mir mein früherer Intendant auf der Straße entgegen, ich wollte ihm ausweichen, aber er hielt mich auf. Er bot mir einen Arbeitsplatz im Schauspielhaus an, das sei doch angenehmer, meinte er, als in eine Rüstungsfabrik geschickt zu werden. Außerdem sollten an Wochenenden wieder Vorstellungen stattfinden, geschlossene Aufführungen für

Betriebe waren geplant, und es wurde weiter in Kasernen und Lazaretten gespielt. Ich hätte im kriegswichtigen Eigenbetrieb unterkriechen können, aber ich brachte es einfach nicht fertig, ich wollte den Krieg nicht verlängern helfen. Das Risiko, das ich einging, war mir klar. An den Litfaßsäulen hingen die Plakate, auf denen Todesurteile gegen Volksverräter und »Drückeberger« bekanntgegeben wurden. Aber ich hoffte, die Behörden würden mich auf einer Wehrmachtstournee vermuten. Im Dezember 1944 erhielt ich eine polizeiliche Vorladung, der ich zu folgen hatte, denn meiner Mutter drohte sonst Sippenhaft. Es war ein kurzes Verhör, unklar blieb, was sie über mich wußten. Mit einem Transport wurde ich nach Rendsburg geschickt, in eine Kaserne.

Männer registrierten uns in der Wachstube, teilten uns einer Einheit zu. Wir wurden in einen Raum mit mehr als dreißig Betten gebracht, immer zwei übereinander. Es gab nur Strohsäcke, mit Seegras gefüllte Kopfkissen und für jeden zwei Wolldecken ohne Bezug. Trotz eisiger Kälte war nicht geheizt, es fehlte an Kohlen. Kurz nach unserer Ankunft riß eine weibliche Vorgesetzte die Tür auf, brüllte: »Die Schauspielerin soll sich melden!« Zehn Minuten ließ sie mir Zeit, meinen Spind einzuräumen, dann hatte ich zum Latrinendienst anzutreten.

Neben sogenannten Arbeitsscheuen, Kriminellen und Dirnen waren auch Freiwillige unter uns und dienstverpflichtete Frauen. Am zweiten Tag wurde uns ein Formular vorgelegt, das alle ohne zu zögern unterschrieben. Ich wollte es vorher durchlesen, aber eine Uniformierte sagte nur barsch: unterschreib! und riß es mir weg. Das Wort Wehrmachts*waffen*helferin war mir aufgefallen. Wehrmachtshelferinnen kannte ich, Flak- und Nachrichtenhelferinnen, aber den Waffendienst von Frauen hatte Hitler bisher strikt abgelehnt. Und ein Satz prägte sich mir noch ein — der Satz, mit dem ich mich freiwillig bereit erklärte, »eine treue Waffengefährtin des Mannes zu sein«. Hinter mir verkündete jemand stolz: »In spätestens acht Wochen kommen wir zum Fronteinsatz!«

Wir empfingen Uniformen und Ausrüstungsgegenstände, aber vor der militärischen Ausbildung stand noch die Tauglichkeitsuntersuchung. Ich sah keine Chance für mich, ausgemustert zu werden, ich war gesund.

»Sie wollen hier doch wieder raus«, fragte der Sanitätsoffizier, als er einen Moment mit mir allein war. Ich schwieg, hielt das für eine Fangfrage. Natürlich wollte ich wieder heraus aus der Kaserne, ich hatte genug gesehen. Frauen, die in dünnen Drillichanzügen über den verschneiten Kasernenhof robbten; Frauen am Flakgeschütz und mit Maschinengewehren. Eine Frau an Krücken begegnete mir, offensichtlich beinamputiert. Sie trug das Verwundetenabzeichen. — Der Arzt reagierte nicht auf mein Schweigen und begann mit einer gründlichen Untersuchung, machte ein bedenkliches Gesicht. Zu meiner Überraschung stellte er einen schweren Herzfehler fest und erklärte, ich sei leider weder kv (kriegsverwendungsfähig) noch gv (garnisonsverwendungsfähig), also nicht einmal für den Schreibstubendienst zu gebrauchen. Das konnte eigentlich nur meine Entlassung bedeuten, aber das schien mir völlig unrealistisch. Trotzdem überlegte ich, was noch zu tun sei.

Eines Morgens beim Fahnenappell sackte ich zusammen, niemand merkte, daß die Ohnmacht nur gespielt war. Ich hatte abgenommen und sah elend aus, die blauschwarzen Ränder unter den Augen waren allerdings geschminkt. Nach einigen weiteren Ohnmachtsanfällen wurde ich vom Dienst suspendiert. Zu den Mahlzeiten schleppte ich mich in die Kantine, würgte das Essen hinterher wieder heraus und konnte bald wirklich kaum noch auf den Beinen stehen. Plötzlich hieß es, ich sei doch garnisonsverwendungsfähig. Ich meldete mich beim Arzt, der sprach von einem nicht zu verantwortenden Risiko, da ich dringend einer Behandlung bedürfe.

Es dauerte dann noch einige Tage, bis alle Formalitäten erledigt waren. Sie hatten es nicht eilig, mich loszuwerden, und gaben unverhohlen zu erkennen, daß sie meine Entlassung bedauerten. Aber schließlich ging ich mit dem Koffer in der Hand an den Wachen vorbei und rannte draußen so schnell ich konnte, bis die Kaserne weit hinter mir lag.

In Hamburg suchte ich etwas besorgt den Arzt auf, aber mir fehlte nichts. Ich traf dann eine ziemlich kaltblütige Entscheidung, ich meldete mich polizeilich nicht wieder an. Mir selbst kommt das heute etwas unwahrscheinlich vor, aber die Einwohnermeldekartei bestätigt es:

»Abgemeldet am 8. Dezember 1944 zur Wehrmacht (Flak); zurückgemeldet am 12. Oktober 1945, zugezogen aus Rendsburg.«

Warum das erst im Oktober geschah, weiß ich nicht mehr. Ich holte mir meine Lebensmittel wohl auch nach dem Krieg noch auf Reisemarken.

Das Kriegsende erlebte ich untergetaucht in einer Jagdhütte außerhalb Hamburgs. Am Tag der Kapitulation kehrte ich mit dem Fahrrad in die Stadt zurück und dolmetschte noch am selben Nachmittag für eine britische Einheit. Ein neues Leben begann.

Freunde kehrten aus Gefängnissen und Konzentrationslagern zurück. Hans Leipelt war am 29. Januar 1945 im Gefängnis München-Stadelheim hingerichtet worden.

Irma Keilhack, geb. 1908. Nach Besuch einer Hamburger Volksschule erhält sie 1922 eine Lehrstelle im Büro. Mitglied der SPD seit 1926. Hauptamtliche Mitarbeiterin der Zentrale der Hamburger SPD von 1929—1933. Heirat 1935 und Geburt eines Sohnes 1943. Nach 1945 Bürgerschaftsabgeordnete und später Bundestagsabgeordnete (1949—1961) und Hamburger Senatorin (1962—1970).

Gespräch mit Irma Keilhack

Aufgezeichnet von Ingrid Fischer

». . . die Partei war für mich Heimat«

Ich bin in einer Arbeiterfamilie aufgewachsen.
Mein Vater kam kurz vor der Jahrhundertwende aus einem mecklenburgischen Dorf nach Hamburg und wurde zunächst Hafenarbeiter. Er war auch am großen Hafenarbeiterstreik 1896/97 beteiligt. Als ich noch ein Kind war, erzählte er mir schon mit Begeisterung und Stolz von der Solidarität und Kampfbereitschaft der Arbeiter. Selbstverständlich hat er sich sofort in der Gewerkschaft organisiert und wurde Mitglied in der Sozialdemokratischen Partei. Als sogenannter kleiner Funktionär stand er sein Leben lang für die SPD bereit.
So um die Jahrhundertwende ist meine Mutter ebenfalls aus Mecklenburg nach Hamburg gekommen und hat, wie es damals üblich war für ein Mädchen vom Lande, in einem Haushalt als sogenanntes Kleinmädchen angefangen. Mit besonderem Stolz erzählte sie später, daß sie dann zur Köchin aufgestiegen sei. Das war damals überhaupt nicht selbstverständlich. Meine Mutter wurde dann auch Mitglied der SPD, gehörte aber nie zu den Aktiven. Sie hat sich aber passiv beteiligt an Versammlungen und Frauenveranstaltungen.
Meine Eltern hatten sicher keine Vorstellungen, was ich werden sollte. Ich bin in die Hamburger Volksschule gegangen, die damals für Arbeiter eine außerordentlich qualifizierte Schule war. Ich wollte gerne Lehrerin werden, das war aber in unseren Verhältnissen unmöglich. Als meine Lehrerin 1918/19 die Absicht hatte, mich auf die höhere Schule zu schicken, kam mein Vater gerade aus dem Krieg zurück, und die Existenz für Arbeiter war völlig unsicher. 1922 — mitten in der Hochinflation — beendete ich die Volksschule und begann eine dreijährige Lehre im Büro. In dieser Zeit wuchs ich wie selbstverständlich in die sozialistische Jugendbewegung hinein. Ich hatte überhaupt keine innere Auswahl, dort gehörte ich hin.
Ich bin, wie man so sagt, noch den »klassischen Weg« eines Sozialdemokraten gegangen: Ein Arbeiterkind, das in den Jugendorganisationen und in der Partei seine geistigen und sozialen Fähigkeiten entwickelt. Vielleicht spielten da gar nicht die eigenen Interessen eine Rolle, sondern mehr die Anforderungen, die uns als Aktiven in der Arbeiterbewegung beinahe auferlegt wurden und die man nur erfüllen konnte, wenn man sich ständig weiterbildete. Das war unglaublich intensiv. Und ich meine sogar,

daß dieser Weg zum Teil auch eine höhere Schulbildung und eine akademische Ausbildung ersetzt hat. Im Grunde genommen war die sozialistische Bewegung eine ganz große Bildungsbewegung.

Ohne daß ich bestimmte politische Ziele vor Augen hatte, war es für mich fast selbstverständlich, daß ich der sozialistischen Bewegung angehörte. Ich hatte einfach das Gefühl, da muß ich mitarbeiten. Man hat mir dann Funktionen übertragen, und ich hab sie erfüllt. Das hat mich so voll erfaßt, daß ich überhaupt kein zukünftiges Ziel darin entdeckte. Es war einfach nur, daß ich damit wuchs und auch daran wuchs.

Als ich etwa 15 Jahre alt war und gerade meine Lehrzeit begonnen hatte, bin ich als Helferin in die Kinderfreundebewegung (eine sozialdemokratische Kinder- und Jugendorganisation) gegangen, die damals gerade in Deutschland entstand. In unseren Wohnvierteln haben wir Kinder von der Straße weg geholt und mit ihnen gebastelt, gespielt, gute Bücher gelesen und auch ein bißchen Politik mit ihnen betrieben im Sinne der Humanität und des Zugewendetseins zum Mitmenschen und was Kindern sonst verständlich war.

Als ich älter wurde und beruflich schon etwas besser orientiert war, bin ich in die Gewerkschaftsjugend gegangen, die mir in jeder Beziehung auch beruflich durch Weiterbildung sehr geholfen und mich in meinen Persönlichkeitswerten außerordentlich gestützt hat. Ich habe von Anbeginn meiner Lehre immer schwere Auseinandersetzungen mit meinen Lehrkolleginnen und -kollegen gehabt, die zum Teil aus rechtsbürgerlichen Kreisen kamen und immer versuchten, mich in die Enge zu treiben und mir meine Qualifikationen zu bestreiten.

Später erschien mir die Arbeit in der Gewerkschaftsjugend als nicht mehr ganz ausreichend, und ich bin in die Arbeiterjugend gegangen. Kurz danach kam ich dann zu den Jungsozialisten. Hier haben wir uns bei den wöchentlichen Treffen im Zusammenhang mit Vorträgen mit aktuellen politischen Fragen auseinandergesetzt. Wir haben uns ausführlich über die Thesen des Marxismus informieren lassen. Und wir haben auch selber sehr viel gelesen und an besonderen Abenden die Bücher zusammen durchgearbeitet. Im Grunde genommen war das alles ein Teil der riesigen Arbeit der sozialdemokratischen Bewegung auf dem Gebiet der Erwachsenenbildung. Aber ich muß sagen, zu einem ganz großen Teil haben wir unsere Freizeit auch in den Gruppen verlebt. Wir sind zum Volkstanz gegangen, wir haben zusammen gesungen. Wir sind sehr intensiv gewandert und haben dabei zusammen im Heu und Stroh geschlafen, uns morgens im Freien gewaschen und selber gekocht mit allem, was dazugehört; denn Geld hatten wir alle nicht. Mit ein paar Pfennigen haben wir Acht-Tage-Fahrten durchgestanden. Das war eine wunderschön verbrachte Freizeit im Kreise von Gleichgesinnten und Gleichaltrigen, die zur Persönlich-

keitsbildung so viel beigetragen hat, daß man es beinahe gar nicht ermessen kann.
Unsere politischen Vorstellungen innerhalb der Partei weiterzutragen war eigentlich nicht unser größtes Anliegen. Wir haben eigentlich nur die Zusammenarbeit gepflegt und die Gruppe selten als Stoßtrupp benutzt, um mehr oder minder organisiert die Meinung der Jugend vorzutragen. Es gab ungeheure Auseinandersetzungen in der Weimarer Republik, die ihren Niederschlag dann im Reichstag in fürchterlichen Diskussionen fanden. Aber wir haben diese Auseinandersetzungen immer nur einzeln in den Unterorganisationen der Partei, im Ortsverein und im Kreisverein, durchgestanden. Wir waren uns nicht in besonders demonstrativer Weise einig und als Gruppe oder als Großorganisation mit der Parteimeinung konfrontiert, wie es zum Beispiel heute bei den Jungsozialisten der Fall ist. Wir waren eigentlich auch schon als ganz Junge sehr verläßliche sozialdemokratische Parteimitglieder. Wir haben solche Konfrontationen, die dann zum Ausschluß einzelner Leute führten, nie erlebt. Es kam vor, daß jemand zur kommunistischen Partei abwanderte, aber dann war die Sache natürlich vollkommen klar. Um eine bloße Meinungsvariante innerhalb der sozialdemokratischen Partei handelte es sich dann nicht mehr.
1929 habe ich einen Lehrgang in der Heimvolkshochschule Tinz bei Gera besucht. Sie war praktisch eine sozialistische Partei- und Gewerkschaftsschule. Diese Lehrgänge dauerten immer fünf Monate. Unterrichtet wurden Kulturgeschichte, Nationalökonomie und Gesellschaftslehre, vor allen Dingen marxistische Theorie, und zwar von hervorragenden Sozialdemokraten mit internationalem Ruf. Ich kann mich entsinnen, wir waren in einem Lehrgang von etwa 50 Frauen, die in der Partei und Gewerkschaft aktiv waren, und alle waren wir wie ausgetrocknete Schwämme. Wir haben hungrig geschluckt, was uns da geboten wurde, und haben bis in die Nächte diskutiert und gearbeitet. Es war eine unglaublich schöne Zeit — auch durch die entstandenen menschlichen Bindungen, die zum Teil heute noch bestehen. Das war eine beinahe unwiederbringliche Bildungs- und Erziehungszeit für aufgeschlossene Menschen.
Tinz ist für mich auch heute noch ein faßbares Erlebnis, vielleicht aus einer sehr persönlichen Situation heraus. Ich hatte keine weiterführende Schule besucht, einen praktischen Beruf gelernt. Die Partei war für mich Heimat, nicht nur durch mein Elternhaus vermittelt, sondern auch durch das, was ich mir selbst erworben hatte. Und daß das alles noch dort untermauert wurde, daß man recht hat — Marx gab einem ja recht — das fanden wir toll. Die gaben uns recht. Da waren wir was, ganz klar. Und wir wußten, irgendwann kommt das. Wir wußten, es kommt was, ganz klar, es geht nur noch in die richtige Richtung. Wir werden Hürden

überspringen müssen, auch mal ne Kurve kratzen, aber das kommt: Die Zeit der Freiheit, der sozialen Gerechtigkeit, der Menschlichkeit. Dieser ungeheure Glaube, der in der früheren Arbeiterbewegung war, der ist ja leider zu einem ganz großen Teil verschwunden. Wir glaubten einfach, das ist die Zeit, in der wir gestalten. Und sie wird uns ein wirklich neues, ein schöneres Leben schenken.

Wir machten uns neue Kleider zum 1. Mai, nicht zu Pfingsten. Wir nähten sie selber, weiße Kleider. Vor der Demonstration gingen wir morgens früh zum Blumenmarkt und kauften uns Blumen, die den Tag über hielten, zum Beispiel Marmelblumen. Davon flochten wir uns Kränze als Haarschmuck. Wir sammelten in der Gruppe Geld für eine riesige Fahne und Bambusstöcke, damit wir Mädchen sie auch tragen konnten. Und dann traten wir an, wirklich keck geschmückt mit unserer roten Fahne. Und wir stritten uns darum, wer nun diese neue rote Fahne in der Demonstration tragen durfte. Auf unsere Banner haben wir geschrieben: »Wir wollen, daß die Arbeit Freude werde«, das war eine dieser Stereotypen, würde ich heute beinahe sagen, und »nie wieder Krieg«, das war völlig klar, und »Republik ist nicht viel, Sozialismus ist das Ziel«.

Als ich nach Beendigung des Kurses in Tinz gefragt wurde, ob ich Mitarbeiterin im Hamburger Parteibüro und später Sekretärin des damaligen Parteivorsitzenden Karl Meitmann werden wollte, hab ich einen Luftsprung gemacht. Jetzt sollte ich die ehrenamtliche Arbeit, die ich sonst in meiner Freizeit leistete, auch noch beruflich ausüben und dafür bezahlt werden. Ich fand das so toll, daß ich gedacht habe, ich bin der glücklichste Mensch auf der Welt.

». . . jedenfalls gab es schwere Diskussionen bei uns, als die Faschisten ohne Gegenwehr an die Macht kamen und die Weimarer Republik liquidierten«

Die politische Entwicklung bis 1933 — dem Jahr der Machtergreifung durch Hitler — führte auch in unserer Jungsozialistengruppe zu heftigen Auseinandersetzungen. Die Gefahr, die auf uns zukam, wurde uns ja gezeigt durch die Schlägereien und Schießereien der sich formierenden Machtgruppierungen außerhalb des staatlichen Machtapparates. Das war sagenhaft. Es gab die Massenorganisation der SA, die bewaffnet war, das Reichsbanner, das von der SPD bis hin zu den Liberalen getragen wurde, und dann den sehr gewalttätigen Rotfrontkämpferbund der Kommunisten. Wir waren mal in Lüneburg und haben die Schlägereien zwischen Reichsbanner und Nazis gesehen. Und wir haben natürlich auch die Auswirkungen der Schlägereien gesehen, wenn unsere Freunde vom Reichsbanner von Demonstrationen zurückkamen. Dabei gab es fast immer Zusammenstöße mit mehr oder minder schweren Folgen. In

Altona kam es 1932 durch Auseinandersetzungen zwischen Kommunisten und Nationalsozialisten zum »blutigen Sonntag«. 14 Menschen kamen dabei ums Leben.
Als die Nazis durch ihren großen Erfolg bei den Reichstagswahlen zwei Jahre zuvor, 1930, von 12 auf 107 Mandate kletterten und damit zur zweitstärksten Fraktion nach der SPD im Reichstag wurden, da konnte man zwar immer noch denken, die sind 'ne große Partei, aber mit denen wird man noch fertig. Doch mit der sich dauernd verschlechternden Wirtschaftslage und dem gewaltigen Anwachsen des Arbeitslosenheeres konnte man diese Hoffnung allmählich begraben. Wir hatten in unserer Gruppe junge Männer, die zwischen drei und sechs Jahren arbeitslos waren. Soweit ich mich entsinnen kann, haben wir diesen Dingen ziemlich hilflos zugesehen. Über die Nazis haben wir uns überhaupt keine Illusionen gemacht, vielleicht über ihre Möglichkeiten des Zugriffs.
Die erste Riesenenttäuschung erlebten wir, als 1932 die sozialdemokratisch geführte Regierung in Preußen durch von Papen und die Reaktion gestürzt werden konnte ohne Widerstand der preußischen Polizei. Bis zu diesem Zeitpunkt hatten wir die preußische Polizei für eine zuverlässige republikanische Stütze gehalten im Gegensatz zur Reichswehr, die damals schon völlig durchsetzt war mit Deutschnationalen, Mitgliedern des Stahlhelm und Nationalsozialisten. Daraus konnte nur der Schluß gezogen werden, daß Polizei und Reichswehr zur Abwehr reaktionärer und faschistischer Gewaltaktionen nicht mehr zu gebrauchen waren. Dennoch haben 1933 viele von uns gehofft und auch fest geglaubt, daß Hitler auf den gewaltsamen Widerstand der organisierten Arbeiterschaft stoßen würde, wenn er versuchen würde, die Macht zu erobern. Ich weiß nicht genau, ob ich das auch erwartet habe, ich glaube nicht. Ich kannte die Situation damals schon recht gut, weil ich ja immer mit im »vordersten Graben« saß und viel hörte und viel sah. Jedenfalls gab es unter uns überall heftige Diskussionen, als die Faschisten ohne Gegenwehr — ohne Widerstand des Reichsbanners und ohne Ausrufung eines Generalstreiks durch die Freien Gewerkschaften — an die Macht kamen und die Weimarer Republik liquidierten. Das hat sicher zu der großen Enttäuschung unter der Arbeiterschaft beigetragen und noch lange nachgewirkt in die Nazizeit hinein.

». . . das hat mich ganz schön geschockt. Plötzlich war man ohne Rückhalt eines Arbeitsplatzes, ohne Rückhalt der Freunde und Genossen in der Organisation«

Bei den letzten Wahlen im März wollte mich meine Partei noch als Kandidatin aufstellen, weil viele Genossen nicht mehr auf einer sozialdemokratischen Liste kandidieren mochten, aus Angst, dadurch ihre Exi-

stenz zu verlieren. Sie haben an meine Kameradschaft appelliert und gesagt: »Du mußt jetzt einfach rein, Du bist Parteiangestellte, dir kann nichts passieren.« Ich hab mich aber nicht mehr aufstellen lassen. Ich hatte zwar keine Angst, aber auf diese Weise wollte ich nicht gerne Kandidatin werden.
Die Besetzung der Gewerkschaftshäuser durch die SA und SS am 2. Mai 1933 war zu diesem Zeitpunkt eine Überraschung für uns, weil der ADGB (Allgemeiner Deutscher Gewerkschaftsbund) die Arbeiter noch aufgefordert hatte, sich festlich an den von der Nazi-Regierung veranlaßten Maifeiern zu beteiligen. Daß sie einen Tag danach die Gewerkschaftsorganisation liquidieren würden, war wohl kaum vorherzusehen. Daß es allerdings irgendwann so weit kommen würde, das wußte man schon. Wir haben deshalb die Parteigelder, die verfügbar waren, abgeräumt. Auf der Bank haben wir gerade so viel gelassen, daß es noch ein Konto gab, aber nicht so viel, daß die Nazis sich daran hätten bereichern können. Was uns sonst wichtig war, haben wir in Verstecke gebracht. Verstecke waren unsere große Stärke. Wir haben unsere Fahnen versteckt, wir haben unsere Bücher versteckt, wir haben unsere Papiere versteckt. Wir haben alles wichtige versteckt, was überhaupt bei Haussuchungen hätte beschlagnahmt werden können. Da waren wir sehr ideenreich, angefangen bei aufgerissenen Fußböden bis zu irgendwelchen Kellerlöchern und selbstgebauten Verstecken in irgendwelchen Schrebergärten. Das Parteibüro haben wir zum Schluß auch nicht mehr besetzt. Ich hab nur noch »Stallwache geschoben«, weil ich als Parteisekretärin am unverdächtigsten behaupten konnte, daß die anderen alle nicht da sind. Frauen waren außerdem geschützter als Männer.
Als die SA unser Parteibüro stürmte, war ich deshalb, wie verabredet, alleine im Büro. Sie versuchten, mich sofort unter Druck zu setzen. Mit »Hände hoch« und gezücktem Revolver forderten sie mich auf, ihnen zu zeigen, wo die Parteidokumente sind, und den Geldschrank zu öffnen. Das hab ich auch getan. Als sie nur wertlose Papiere und ein paar Mark finden konnten, haben sie natürlich gemerkt, daß wir alles weggebracht hatten, was ihnen unter Umständen mit Nutzen hätte in die Hände fallen können. Aus Wut darüber hausten sie wie die Barbaren, zerfetzten und zerstörten, was ihnen in den Weg geriet und schlossen das Büro. Am 22. Juni 1933 wurde dann die SPD im ganzen Reich verboten und die Organisation zerschlagen.
Trotz Schließung des Hamburger Parteibüros riefen wir zum 15. Juni noch einmal alle Spitzenfunktionäre in unseren Konferenzsaal in der Theaterstraße zusammen, um die Maßnahmen zu verabreden, die für die Tarnung unserer Genossen und unserer Organisationsbereiche und die illegale Weiterarbeit notwendig wurden. Die Sitzung — offiziell wollten

wir über die Zukunft des »Hamburger Echo«, unserer Parteizeitung, reden — haben wir bei der Polizei angemeldet, und sie ist uns auch genehmigt worden. Das war aus späterer Sicht natürlich völlig naiv von uns. Am 2. Tag unserer Besprechungen, zu später Abendstunde, stürmte dann auch bewaffnete SA in unseren Versammlungsraum, bedrohte und schlug uns und karrte uns mit Polizeiwagen in das »Kommando zur besonderen Verwendung«, das die SA in den Großen Bleichen unterhielt und unter dem Namen K.z.b.V. bekannt wurde.
Dort verhörte und traktierte man uns die ganze Nacht. Sie sperrten uns in einen Raum. In Abständen trieben sie uns mit Tritten und Schlägen durch die Diele in einen anderen Raum zum Verhör. Auf eine ihnen gemäße Art versuchten diese unglaublich dummen SA-Männer, sich an uns zu rächen. Da sie die Frauen damals noch nicht gerade verprügelten, versuchten sie, uns herabzusetzen mit Sprüchen wie: »Was machen Sie denn hier in der Politik? Sie hätten lieber zu Hause Erbsensuppe kochen lernen sollen, als sich in der Politik herumzutreiben.« Die Männer haben sie nicht nur seelisch unheimlich gepeinigt, sondern auch erheblich mißhandelt, besonders die ehemaligen Senatoren.
Ich kann mich noch entsinnen, daß ich Adressenmaterial von Vertrauensleuten bei mir hatte, das wir auf der Versammlung in der Theaterstraße verwenden wollten. Bei dem Überfall hatte ich es schnell unter meinem Hemd versteckt. Verzweifelt haben wir darüber nachgedacht, wie wir es verschwinden lassen könnten, bevor es zur körperlichen Untersuchung kam. Flüsternd haben wir uns untereinander beraten. Wir haben alle möglichen Schritte in Betracht gezogen. Wir haben versucht, zerrissenes Material im Klo herunterzuspülen, aber es schwamm oben. Schließlich haben wir dieses Funktionärsverzeichnis seitenweise herausgerissen und gaben jedem ein paar Zettel zum Aufessen. Das ist uns auch gelungen, lag ein bißchen schwer auf dem Magen, wie wir feststellten, aber wir waren froh, daß wir keinen Anlaß boten zu weiteren Verhaftungen. Wenn man selbst in einer schwierigen Situation ist, steht man sie meistens irgendwie durch, aber wenn man befürchten muß, daß man durch sein eigenes Verhalten oder durch das, wozu man gezwungen wird, noch andere in Gefahr bringt, dann ist das so bedrückend, daß man es beinahe gar nicht aushält.
Am anderen Vormittag landeten wir alle im Untersuchungsgefängnis, Männer und Frauen getrennt. Aber wir waren zumindest aus den Fängen der SA. Wir wurden in großen Zellen untergebracht zusammen mit anderen Frauen. Hier hatte ich eine besondere Begegnung. Ich lernte Prostituierte kennen, die ich sonst nur vom Hörensagen kannte. Sie wurden von der Straße geholt und eingesperrt aufgrund der neuen Sittengesetze der Nazis. Sie breiteten sämtliche Erfahrungen und Praktiken

ihres Berufes vor mir aus, so daß ich ganz erschossen war. Doch es war insofern eine interessante Erfahrung, als sie ungeheuer kameradschaftlich waren. Es ergab sich eine wahre Kollegalität.
Im Untersuchungsgefängnis wurden wir weiter verhört. Man hat versucht, uns Aussagen abzupressen, die uns gegenseitig belasteten. Das ist ihnen aber nicht gelungen. Nach einer Woche wurden wir Frauen wieder entlassen und unter Polizeiaufsicht gestellt. Über eine gewisse Zeit mußten wir uns jede Woche einmal bei der Polizei melden.
Ich kann mich noch entsinnen, daß wir ein unglaubliches Gefühl von Freiheit hatten, als wir, es waren außer mir noch drei oder vier andere Frauen, aus dem Untersuchungsgefängnis kamen und über die Lombardsbrücke gingen. Wir fingen an zu singen. Wir mußten natürlich auch gleich an zu Hause denken, weil einige der Frauen Kinder hatten und nicht wußten, was inzwischen geschehen war. Das war so eine kleine Vorahnung von dem, was nachher so viele erleben sollten.
Ich habe sofort versucht, Verbindung zu Genossen und Genossinnen aufzunehmen, die nicht verhaftet worden waren, um sie über das zu informieren, was wir ausgesagt hatten. Unter diesen Leuten war auch einer unserer hauptamtlichen Sekretäre. Er hatte sich bei der Massenverhaftung oben auf einen Schrank retten können. Ich dachte, er hätte sich in Gefahr begeben. Er hat es aber geschafft und ist dann gleich nach auswärts gefahren, weil er damit rechnen mußte, daß man wahrscheinlich sofort registrieren würde, daß er nicht dabei war.
Mit ihm habe ich beraten, wie wir die Sache weiter ablaufen lassen könnten. Wir waren doch mehr verpflichtet als einfache Parteimitglieder. Wir haben dann abgesprochen, daß ich versuchen sollte, die noch vorhandenen Gelder bei den Kassierern an der Basis hereinzubringen, um damit wenigstens den allerwichtigsten Verpflichtungen nachkommen zu können.
Die Parteigelder wurden dann auch dringend gebraucht, um Anwälte für Verhaftete zu bezahlen, Gefährdete ins Ausland zu bringen und den zurückgebliebenen Familien über die Runden zu helfen. Die Solidarität mit den Verfolgten und Verhafteten und ihren Familien war eine wichtige Aufgabe in der Illegalität. Hinzu kamen die Prozeßbeobachtungen, um bei weiteren Verhaftungen die Aussagen steuern zu können.
Diese humane Arbeit in der Illegalität habe ich auch mitgetragen. Ich konnte sie zu Anfang gut verbinden mit einem Job als Vertreterin, den ich angenommen hatte, um mich finanziell über Wasser zu halten. Wie viele andere Vertreter in dieser Zeit bin ich mit meinem Koffer von Wohnung zu Wohnung gegangen und hab an Freunde, Verwandte und Bekannte Haushaltswäsche verkauft — das waren fast alles Genossen. Auf diese Weise konnte ich auch gut Kontakte erhalten — sowohl aus menschlich-

freundschaftlichen als auch aus politischen Gründen. Das war für die erste Zeit besonders wichtig. So konnte ich Nachrichten übermitteln und mich um Genossen kümmern, die in Not waren. Mit meinem Geschäftskoffer konnte ich mich ziemlich unverdächtig bewegen. Es war einem ja sonst in gewisser Weise verwehrt, von Wohnung zu Wohnung zu gehen. Durch unsere Verhaftung waren wir bei der Polizei aktenkundig geworden und mußten deshalb aufpassen, daß man Leute, die man besuchte, nicht zusätzlich belastete. Als unverdächtige Vertreterin konnte ich auch meine Arbeit als Parteisekretärin abwickeln, vor allen Dingen die letzten Parteigelder zusammentragen, die noch bei den Kassierern an der Basis waren.
Das war schon eine niederdrückende Sache, die Parteiarbeit fast ganz allein auf sich gestellt abzuwickeln. Das hat mich ganz schön geschockt. Plötzlich war man ohne Rückhalt eines Arbeitsplatzes, ohne Rückhalt durch die Freunde und Genossen in der Organisation. Dazu kam die Frage, was politisch aus diesem Land überhaupt werden soll? Wie werden wir alle leben? Man hatte es mit einer ganz unsicheren Zukunft zu tun. Irgendwie mußte man sich durchschlagen.
Ein Hochverratsprozeß wurde später niedergeschlagen. 1933, 34 hatte das Naziregime offenbar noch nicht genug Erfahrungen in der Anzettelung von Prozessen. Später haben sie die Verhafteten nicht mehr rausgelassen, sondern gleich in die KZ's gebracht.

»... wenn die Partei Vorbilder für illegales Verhalten gehabt hätte, dann wären wir die Sache wahrscheinlich sehr viel systematischer angegangen«

Durch die Verhaftung und Registrierung der Genossen fielen auf einen Schlag fast die gesamten Spitzenfunktionäre der Hamburger SPD für die illegale Arbeit aus. Sie mußte von einer ganz neuen Schicht getragen werden. Nach unserer Entlassung aus der Haft haben wir noch ein Büro gemietet, ich glaube auf meinen Namen, und haben die Adresse geheim durchgegeben. Da konnten sich diejenigen einfinden, die noch Informationen und Anweisungen brauchten, um weiterarbeiten zu können. Das Büro ist dann aber wohl Ende 1933 aufgelöst worden, weil die Aufgabe beendet war. Die Genossen, die dann die eigentliche illegale Arbeit aufgebaut und durchgeführt haben, sind später ohne Zentrale ausgekommen. Darüber weiß ich auch nichts mehr. So etwa zwei Jahre lief diese Arbeit, dann wurden viele von den Nazis gefaßt. Sie wurden durchweg zu 3 Jahren Zuchthaus verurteilt. Manche kamen hinterher ins KZ und sind dort fürchterlich behandelt worden, andere wurden im Krieg in Strafbatallione gesteckt. Von den Genossen, die illegal weiterarbeiteten, sind sehr viel mehr verhaftet worden, als vorauszusehen war. Das lag daran, daß sie keine Vorbilder für illegales Verhalten hatten. Wenn die Partei Vorbilder für illegales Verhalten gehabt hätte, dann wären wir die Sache wahrscheinlich sehr viel systematischer angegangen, und dann wären wahrscheinlich in den ersten Monaten und in den ersten Jahren der Nazizeit nicht so viele Leute hochgegangen, verhaftet und in KZ's gesteckt worden. Wir waren ungeübt, das ist völlig klar. Die Sozialdemokratische Partei hatte in dieser Beziehung keine Erfahrungen. Und ich würde sogar sagen, daß es nicht ihre Art gewesen ist in ihrer langen Tradition, ihre Organisation im politischen Leben zu erhalten. Selbst unter den Sozialistengesetzen war die Arbeit offenbar eine völlig andere. Ich vermute, daß die Faschisten in den bekannten Auswirkungen ihrer Machtherrschaft unterschätzt worden sind. Es gab kein Beispiel dieses deutschen Faschismus. Der italienische Faschismus unter Mussolini war für seine politischen Gegner sicher auch verheerend, aber er war natürlich ganz anders als dieser wirklich kriminelle Faschismus des Hitlerregimes, der ohne jede Menschlichkeit und von einer Brutalität war, wie sie ja aktenkundig ist. Das konnte man schlechterdings wohl kaum absehen. Obgleich man uns nachträglich sagen kann, wenn ihr »Mein Kampf« gelesen hättet, hättet ihr das alles gewußt. Aber solche Elaborate hat man einfach nicht ernst genommen. Dazu war das zu absurd für die Zeit vor 1933.

». . . wir wollten versuchen zusammenzubleiben. Das war uns wichtig«

Trotz des Parteiverbots war man nicht isoliert von den Genossen. Man traf sich immer noch sehr oft.

Den ganzen Sommer über konnte man sich in irgendwelchen Parks treffen. Es war natürlich sehr gefährlich, sich zu einer ganzen Clique im Freien zusammenzufinden, aber es gab feste Treffpunkte. Und wenn man dort vorbeiging oder sich für einen kleinen Augenblick dazustellte, dann konnte man ganz schnell ein paar Informationen austauschen.

Mit unserer Jungsozialistengruppe trafen wir uns nach wie vor sonntags zu Wanderungen.

Schon frühzeitig haben wir uns als harmlose Wandergruppe getarnt. Wir haben alle Mitglieder mit Parteifunktionen und alle Mitglieder, die durch unsere Verhaftung bei der Polizei bekannt geworden waren, außen vorgelassen, um die Gruppe nicht durch diese Namen zu belasten. Wir wählten einen neuen Vorstand, nannten uns »Hamburger Wanderfreunde« und sind in den »Norddeutschen Wanderbund« eingetreten. Später stellten wir fest, daß ähnliche Gruppierungen offenbar auf die gleiche Idee gekommen waren.

Wir haben auch weiterhin mit unserer Gruppe zusammen Weihnachten und Sylvester in einem Schullandheim gefeiert. Im ersten Jahr der Nazi-

herrschaft haben wir sogar eine Zeitung hergestellt, was wir vorher noch nie gemacht hatten. Wir nannten sie »Die Schnauze«. Wir haben sie nachher in unseren Kreisen angeboten unter dem Motto: »Jeder muß sie halten, die Schnauze«. Das ist so ein Zeichen, wie wir die Situation damals genommen haben. Mit solchen Aktionen versuchten wir immer noch, uns ein bißchen selbst zu bestätigen, wieder Mut zu kriegen. Das kann man für die ganze Zeit sagen. Politisch sahen wir natürlich schwarz, aber wir haben immer versucht, auf ungefährliche Weise aggressiv zu bleiben.
Viele Dinge sahen oder erkannten wir ganz sicher nicht im Nazireich. Aber wir sahen, daß man versuchen würde, uns auseinanderzubringen. Doch wir wollten versuchen zusammenzubleiben. Das war uns wichtig. Wir kannten uns zu einem ganz großen Teil schon 5 oder 6 Jahre, hatten eine erhebliche Zeit als Heranwachsende miteinander verbracht und unterhielten freundschaftliche Beziehungen. Und wir haben uns gesagt, wenn wir nicht auseinandergerissen werden wollen, müssen wir irgendwo einen Treffpunkt für unsere Gruppe haben.

Da wir fast alle arbeitslos waren — entweder durch die Wirtschaftskrise schon lange Jahre arbeitslos waren oder durch die Naziherrschaft unsere Arbeitsplätze verloren hatten — haben wir uns mit mehreren befreundeten Paaren zusammengetan und uns noch 1933 am Stadtrand von Hamburg Schrebergärten zugelegt. Das war in Bergstedt, wo ein Bauer drei Koppeln für Schrebergärten verpachtete. Schrebergärten hatten seinerzeit einen großen Zulauf, nicht nur um durch Gemüsebau die wirtschaftliche Not etwas zu lindern, sondern viele sozialdemokratische und kommunistische Aktive flüchteten sich in die »Schreber-Idylle«, um den politischen Pressionen und Bedrohungen in der Stadt zu entgehen. Auch bei uns in Bergstedt tauchten plötzlich noch andere alte Sozialdemokraten und Kommunisten als Schrebergärtner auf. Das war sowieso eine ganz eigentümliche Erfahrung, daß fast alle das gleiche taten wie wir. Das stellten wir schon in der Dachorganisation der Wandergruppen fest. Das geschah durch den Druck von außen, der gemeinsam auf denen lastete, die sich nicht anpaßten oder ausgesprochene Antinazis waren. Das war eine ganz eigenartige Situation, die man vielleicht gar nicht nachvollziehen kann.

Mit unseren letzten Spargroschen errichteten wir in Eigenhilfe Holzlauben auf den Grundstücken. Das Holz dazu bekamen wir von einem Händler, der ein Kommunist war. Er machte uns nicht nur ein gutes, sondern auch ein preiswertes Angebot, weil er uns helfen wollte. Die Häuschen sind wirklich sehr hübsch geworden. Sie hatten eine Grundfläche von 25 Quadratmetern.

Unsere Schrebergärten entwickelten sich dann zu einem Treffpunkt für unsere politischen Freunde und für unsere Jungsozialistengruppe. Es

kamen auch unsere früheren Spitzenfunktionäre. Sonntags war immer Hochbetrieb. Wenn etwas passierte, landeten die Informationen sofort bei uns und wurden als Nachrichten weitergegeben.
Es ging auch sehr vergnügt bei uns zu. Aus zwei Zimmermannsböcken und Planken mit Papier drüber haben wir riesige Tafeln aufgebaut. Und dann gab es Kaffee und Kuchen. Wir haben uns gefreut, alles war aufgelöst von den Nazis, aber wir saßen trotzdem zusammen. Wir hatten ihnen wieder mal ein Schnippchen geschlagen. Das hat uns immer ein Zusammengehörigkeits- und Selbstwertgefühl gegeben und auch das Gefühl, sich nicht unterkriegen zu lassen. So haben wir einen Zusammenhalt schaffen können und waren ein bißchen Stütze für alle, die vom Nazismus bedroht waren.
Als um 1935 die Verhaftungen und Verfolgungen einsetzten, taten sich die befreundeten, allein gebliebenen Frauen zu Gruppen zusammen. Ich kann mich an eine Gymnastikgruppe entsinnen, an der ich beteiligt war und in der sich fast nur Frauen trafen, deren Männer nach mehr oder minder kurzer Zeit hochgeganen waren und einsaßen. Das fand offiziell bei einer Gymnastiklehrerin statt, so daß von daher die Legalität nicht bestritten werden konnte. Aber auch ihr Mann saß im Zuchthaus.

». . . man mußte immer auf der Hut sein«

In den Schrebergärten haben uns die Nazis nicht belästigt, obgleich sie wissen mußten, daß sich dort eine Menge Sozialdemokraten und Kommunisten aufhielten. Wir haben auch immer versucht, uns nicht so provozierend zu bewegen, daß es einen Anlaß für sie gegeben hätte.
Bei unseren Wanderungen haben wir so 1935, 36 manchmal festgestellt, daß ein Fremder dazukam, den wir nicht einordnen konnten. Das geschah auch bei der Gymnastikgruppe. Wir waren darauf eingestellt und reagierten sofort, indem wir das freundlichste Entgegenkommen markierten. So als sei nur die reine menschliche Neugier der Anlaß, versuchten wir, ihn auszufragen, und stellten uns als wirklich harmlose nette Leute dar, die gerne etwas wanderten — oder in dem anderen Fall als Frauen, die ein bißchen Gymnastik treiben. Zwei-, dreimal kamen diese Fremden mit, dann waren sie wieder verschwunden. Man mußte immer auf der Hut sein, aber wenn man nicht ganz tapsig war, konnte man das schon irgendwie in den Griff kriegen. Daraus ergaben sich dann manchmal auch sehr komische Situationen, wo wir uns dann als Sieger in einem Zweikampf mit der Gestapo fühlten. Und das waren auch die Momente, die uns immer wieder aufmunterten, so weiterzumachen und auf jeden Fall zusammenzubleiben.
Ich kann mich zum Beispiel entsinnen, daß eine unserer Frauen aus der

Bombenopfer. Quelle: Archiv der sozialen Demokratie, Bonn.

Gymnastikgruppe 1937 flüchten mußte, weil sie durch ständige Verbindungen mit ihrem Mann, der bereits 1934 emigrieren mußte, und auch durch Verteilen von Material, das aus dem Ausland nach Hamburg kam, dann polizeibekannt wurde. Diese Frau war eine ganz alte Bekannte von mir. Wir kannten uns seit dem ersten Schuljahr. Und als sie dann flüchten mußte — das konnte sie uns nicht mehr rechtzeitig sagen — haben wir uns unter den Frauen der Gymnastikgruppe abgesprochen, wie wir uns bei dem Verhör durch die Gestapo verhalten wollten. Wir haben verabredet — ohne auch nur einen Deut Zugeständnisse zu machen — daß alle Frauen sagen sollten, die geflüchtete Genossin nur von der Gymnastikarbeit her zu kennen und sonst nichts von ihr zu wissen und daß alle Dinge, die diese Frau selbst betrafen, von mir der Gestapo erklärt werden sollten, weil ich sie ja schon so lange kannte. Das gelang auch. Und ich kann mich noch mit Spaß daran erinnern, wie die mich in der Gestapo versuchten auszuquetschen, indem sie mir so heimlich anvertrauten, daß ja die und die Frau nicht mehr da ist und was ich dazu sagen würde. Und ich machte ein furchtbar erstauntes Gesicht und sagte: »Wieso, die hab ich doch vor acht Tagen noch gesehen. Das kann doch gar nicht angehen. Das hätte sie mir doch gesagt. Das ist ja fürchterlich, daß sie mich — als 'ne alte Bekannte — gar nicht benachrichtigt hat.« Und dann sagten die: »Wissen sie denn, wo sie ist?« »Nein, keine Ahnung.« »Ja, sie ist im Ausland.« Da hab ich gesagt: »Das kann doch gar nicht angehen. Was macht sie denn da?« »Ja«, sagten die dann, »die ist zu ihrem Mann geflüchtet. Wieso macht sie das wohl?« Da hab ich gesagt: »Das kann doch nicht wahr sein. Sie hat doch zu ihrem Mann gar keine Verbindung mehr gehabt. Sie hat doch eine innere Trennung von ihrem Mann vollzogen.« »Nein, das ist ein Irrtum. Das ist gar nicht der Fall. Das ist umgekehrt. Sie ist zu ihm geflüchtet.« Und dann wollten sie von mir wissen, was ich von ihr halte und wie lange ich sie schon kennen würde. Da hab ich denn nach langem Nachdenken gesagt, daß ich sie wohl schon bald 30 Jahre kennen würde. Und dann waren sie plötzlich der Meinung, daß ich ja eine ganz naive Bekannte sein mußte und deshalb wohl nicht viel mehr aus mir herauszuholen sei.
Meine Aussagen haben sie dann zu den Akten gelegt, und sie sind als für die Sache völlig unbrauchbar nicht weiter verwendet worden. Durch solche beinahe triviale Verharmlosungen, hat man natürlich versucht, auch aus anderen Situationen herauszukommen. Ich glaube aber, daß das wohl schon beinahe die Grenze war. In dieser Zeit haben mutmaßlich noch viele Kriminalbeamte in der Gestapo Dienst gemacht, und ich schätze, daß mich in diesem Fall auch ein alter Kripomann verhört hat, der uns mindestens nicht so feindlich gesonnen war wie ein aktiver Nazi, und daß er auch nicht mehr aus mir herausgeholt hat, als er für die Akten

wissen mußte. Aber es war immer ein kostenloses Vergnügen: Also alles kriegen sie doch nicht raus, und irgendwo siegt ja doch derjenige, der nicht alles hergibt und sich nicht ausquetschen läßt. Aber das ist natürlich nur bedingt richtig. In den Gerichtsprozessen und im KZ war das natürlich schon sehr viel schwieriger als in diesem Vorfeld.

». . . man stand immer mit einem Bein im Zuchthaus«

Ich schätze, so bis 1937, 1938 hab ich noch laufend Berührung gehabt mit der Gestapo. Manchmal haben sie mich auch nur hingeholt, um mich zu fragen, ob ich inzwischen eingesehen hätte, daß die Nationalsozialisten doch die besseren Deutschen wären als die Marxisten. Ich hab ihnen etwa darauf geantwortet, ich wäre jahrelang Mitglied in der Sozialdemokratischen Partei gewesen und hätte dort meinen Lohn und Brot gefunden, und es wär für mich zu schwer, diesen Schritt zu tun. Man konnte durchaus sagen, daß man kein Nazi geworden war. Ich war ja nun belastet und stand in ihren Akten und hatte nichts zu verbergen. Und die Konsequenz war, das offen zu bekennen, ohne daß man sich natürlich in die Gefahr begab, sich nachweisen zu lassen, daß man entweder illegale Verbindungen aufrechterhielt oder illegale Arbeit machte. Insofern mußte man sich ganz enorm vorsehen. Man stand immer mit einem Bein im Zuchthaus; denn auch das Unterstützen von Familien Verhafteter oder das Beschaffen von Geldern für Prozesse unterlag natürlich der Verfolgung genauso wie die wirkliche illegale Arbeit. Das war ganz klar, das mußte man versuchen zu verhindern.

». . . als ehemalige Mitarbeiterin der verbotenen SPD war es sehr schwer, wieder einen festen Arbeitsplatz zu finden«

Als ehemalige Mitarbeiterin der verbotenen SPD war es sehr schwer, wieder einen festen Arbeitsplatz zu finden. Ich hab mich natürlich immer bemüht. Das war ich schon meinen Eltern schuldig, die ich noch ein kleines bißchen unterstützen mußte. Aber gelungen ist es mir erst 1934 bei einer englisch-jüdischen Generalvertretung für Büromaschinen.
Unter den Firmen, bei denen ich mich beworben habe, gab es natürlich eine ganze Anzahl, die gleich abwinkten, wenn sie hörten, wo ich herkam. Aber andererseits war ich ja froh, wenn sie mich nicht aus Mitleid nahmen, weil das Leben da für mich wahrscheinlich unerträglich gewesen wäre. Die hätten mich vielleicht so traktiert und unter Druck gesetzt, daß sie mich noch gezwungen hätten, Mitglied bei den Nazis zu werden. Wenn man in solche Gesellschaft gerät, können sie es ja sehr weit mit einem treiben, und es ist dann natürlich schwer, sich ostentativ dagegen zu wehren.

Außerdem hatte ich Angst, in einem großen Betrieb zu landen, wo man dann der ganzen Nazi-Betriebsorganisation ausgeliefert gewesen wäre, mit allem, was das bedeutete. Insofern war ich auch wählerisch. Aber man darf nicht vergessen, das war damals die Zeit der Riesenarbeitslosigkeit, und die Stellen waren rar gesät. Das war gar nicht so einfach. Aber dann traf ich auf diese englische Generalvertretung, ich glaube, durch eine Anzeige. Das Arbeitsamt hat mich keinesfalls vermittelt. Mit Zittern bin ich hingegangen, und im Laufe des Gesprächs mit dem Geschäftsführer stellte sich heraus, daß er meinte, es sei doch klar, daß man Leute unterstützen müsse, die durch die Nazis stellenlos geworden wären. Das hat mich enorm ermuntert, und ich hab dann total Farbe bekannt. Auf der anderen Seite habe ich dann erfahren, daß es sich um eine jüdische Firma in England handelte, deren Generalvertretung das Hamburger Unternehmen war. Das war eine bedeutende Büromaschinenfirma, wahrscheinlich die bedeutendste, die es damals gab, ein sehr seriöses Unternehmen. Im Hamburger Betrieb waren höchstens 20 Angestellte beschäftigt. Ich war heilfroh, da zu landen, und stieß auch auf Kollegen, die zum großen Teil ausgesprochene Antinazis waren. Jedenfalls machten sie nicht den ganzen Betriebsquark mit, den die Nazis aufgebaut hatten. Und wenn es nicht anders ging, taten sie es mit dem gleichen Widerwillen wie ich, zum Beispiel bei den 1. Mai-Demonstrationen der Arbeitsfront. Da wurden die Leute betriebsweise zusammengebracht, damit auch kontrolliert werden konnte, ob alle da waren. Wir sind dann auch angetreten, ein paar hundert Meter mitgegangen und haben uns dann langsam verdrückt im Maizug. Wir kamen so an den Rand, kamen ein paar Meter dahinter und waren dann plötzlich nicht mehr da. Das konnte man schon machen, wenn man nicht einen ganz schäbigen Nazi im Betrieb hatte.
Später bin ich zu einer anderen jüdischen Firma für Autozubehör übergewechselt, weil ich da besser verdienen konnte. Nach meiner Erinnerung habe ich diesen Arbeitsplatz durch Vermittlung einer Genossin bekommen, die dort Chefsekretärin war. Später konnte ich dann wieder einen Genossen in der Firma unterbringen, den ich aus der Gewerkschaft kannte.

». . . 1935 habe ich geheiratet. Das war in erster Linie eine Sachentscheidung«

1935 habe ich geheiratet. Das war in erster Linie eine Sachentscheidung. Mein Mann war gelernter Zimmermann. Er mußte sein Geld mit dem Bau von Munitionsfabriken und Militäranlagen in Mecklenburg verdienen, weil er nach unserer Verhaftung ja Arbeitsverbot in Hamburg bekommen hatte. Durch die Heirat konnte er sich wieder eine Stellung in Hamburg besorgen.

Wir waren damals nicht so wild auf frühes Heiraten. Wir fanden es nicht so wichtig. Außerdem hatten wir im Gegensatz zu heute auch kein Geld, um uns selbständig zu machen. Ich hab dann meine Angestelltenversicherung aufgelöst und bekam 400 Mark ausgezahlt. Davon haben wir uns für 350 Mark ein Schlafzimmer gekauft und von dem Rest Bestecke und eine Anzahlung auf eine Nähmaschine. Das war ganz wichtig.

Die Hochzeit haben wir in ganz kleinem Kreis gefeiert. Das war um Ostern rum. Wir hatten eine sehr schön geschmückte Tafel. Und wir leisteten uns etwas ganz Großes, weil wir glaubten, daß wir uns das nie wieder leisten könnten. Wir leisteten uns für 50 Mark einen Flug von Hamburg irgendwo in die Lüneburger Heide, wo wir eine Woche wandern wollten. Ich weiß nicht, wo da ein Flugplatz war, vielleicht sind wir bis Hannover geflogen. Für uns war der Flug ein Weltereignis. Das fanden wir ganz toll, daß wir auf die Idee gekommen waren, mal zu fliegen.

Wir wohnten dann noch ganz kurze Zeit bei meinen Eltern, die eine Drei-Zimmer-Wohnung hatten, und kriegten dann eine kleine Wohnung im Hamburger Stadtteil Hamm. Sie hatte zwei Wohnräume und eine kleine Küche. Ich kann mich noch entsinnen, daß sie 35 Mark kostete. Und ich weiß, daß wir gesagt haben, mehr als 35 Mark können wir nicht aufbringen.

Mein Mann hat in Hamburg erst wieder auf dem Bau gearbeitet, hat sich dann auf einer Ingenieurschule weiterqualifiziert und ist 1937 von einer großen jüdischen Getreideimportfirma als Baufachmann in der Grundstücksverwaltung eingestellt worden.

1938, nach der »Kristallnacht«, löste der jüdische Inhaber den gesamten Grundstücksbereich aus seinem Unternehmen und übergab ihn meinem Mann zur selbständigen Verwaltung, weil er hoffte, seine Grundstücke auf diese Weise vor der »Arisierung« retten zu können. Er ist in Deutschland geblieben, weil er gesagt hat, daß die Nazis noch mal dankbar sein würden, wenn die Juden bleiben, weil die Juden etwas von Wirtschaften verstünden. Bevor er abgeholt wurde, hat er nochmal die Hakenkreuzfahne auf seinem Grundstück gehißt, aber das hat ihm nichts genützt. Das Vermögen hatte er schon vorher an seine Frau überschrieben. Sie war keine Jüdin.

Der jüdische Inhaber der Firma, bei der ich beschäftigt war, hat nach der »Kristallnacht« Deutschland verlassen. Das Unternehmen wurde später enteignet — oder arisiert, wie es damals so schön hieß.

Ich bin dann zu meinem Mann in die Firma gegangen, die er zur Verwaltung der Grundstücke aufgemacht hatte. Ich hab dort den ganzen kaufmännischen Kram bearbeitet, und mein Mann hat sich im wesentlichen um die technischen Dinge gekümmert.

Durch unsere Firma konnten wir auch einigen Genossen wieder zu einem Arbeitsplatz verhelfen, die entweder schon lange arbeitslos waren oder um 1938 aus den Zuchthäusern entlassen wurden.

». . . die Kriegserklärung 1939 haben wir mit Beglückung aufgenommen – irrerweise«

1933 war ich noch jung genug, um die politische Niederlage nicht allzu tragisch zu nehmen, zumal sie mit der Hoffnung verknüpft war, das war die gängige Auffassung, daß die Nazis das nicht lange durchhalten würden. »Deutschland ist nicht Italien«, und »die Nazis verstehen überhaupt nichts von Wirtschaftspolitik«, und »die wahnsinnige Krise, in der wir stecken, die können die Nazis gar nicht beheben, da dreht sich das Schwert um«, das waren alles Hoffnungen, die, wenn man jung genug war, nicht gerade dazu führten, daß man am Boden zerstört war. Wenn wir damals geahnt hätten, wie lange sich dieses Mordregime halten würde und mit welchem Ausgang . . .
Vor 1933 haben wir immer gesagt: »Faschismus bedeutet Krieg.« Ich kann mich noch genau der Plakate entsinnen. Das haben wir vielleicht auch geglaubt, aber es war vor allen Dingen eine Wahldevise. Wir haben allerdings auch immer gesagt, das Ausland wird denen den Krieg erklären. Das ist auch eine der sagenhaften Enttäuschungen der Arbeiterbewegung und der sozialdemokratischen Mitglieder, daß wir immer vergeblich auf das Einschreiten des Auslands gewartet haben. Immer wieder haben wir gedacht: Solche Provokationen lassen die sich nicht gefallen. Aber Hitler konnte außenpolitisch Sieg für Sieg für sich verbuchen. Er konnte ungestraft alle Auflagen der Siegermächte aus dem ersten Weltkrieg rückgängig machen, unter denen die Weimarer Republik so gelitten hatte. Und über die Olympiade 1936 in Deutschland wurden zu unserer Enttäuschung im Ausland nur Jubelberichte verfaßt.
Das Jahr 1936 brachte wirklich einen Einschnitt in unsere Einsichten. Vor 1936 hab ich auch nicht geglaubt, daß die Nationalsozialisten in einem Jahr »abgewirtschaftet« hätten, sondern, daß sie nach einer gewissen Zeit ausgewirtschaftet hätten, weil die Leute das nicht mehr mitmachen würden. Aber die Massenkundgebungen der Nazis nahmen ungeheuerliche Ausmaße an, und der allgemeine Fanatismus, das muß man mal sagen, auch der Frauen, schlug beinahe in eine Starbegeisterung für diesen Hitler um, in Weinen, Klatschen und Ohnmachtsanfälle. Da sind wir immer skeptischer geworden. Und es war zunehmend unsere Meinung, die werden wir nur durch einen Krieg los. Die Kriegserklärung 1939 haben wir mit Beglückung aufgenommen — irrerweise.
Mein Mann wurde 1940 eingezogen. Ich hab dann das Geschäft alleine

weitergeführt und mich beschränkt, die Grundstücke, die wir hatten, zu verwalten und nicht mehr unser Geschäft zu vergrößern, was vorher unser Bestreben war. Bis 1941 wurde ich noch von einem unserer Freunde unterstützt, der aus dem KZ gekommen war. Er wurde dann aber eingezogen und kam in ein Strafbatallion. Danach war nur noch unsere kleine Mitarbeiterin an meiner Seite. Sie war Halbjüdin, ein ganz entzückendes Geschöpf. Sie war herzkrank, und wir hatten sie so ein bißchen unter unseren Schutz genommen. Es war ein sehr persönliches Verhältnis, in dem sich eine der Kehrseiten widerspiegelte. Auf der einen Seite waren die Belastungen, und auf der anderen Seite konnte man immer wieder Menschen finden, mit denen man sie zusammen trug. Und das sind beinahe die Voraussetzungen, etwas auszuhalten, aber seltsamerweise ergeben sie sich.
1943, bei den großen Angriffen auf Hamburg, wurde unser Büro ausgebombt, und fast alle Grundstücke, die meistens Miethausbesitz waren, wurden zerstört. Ich hab daraufhin die Firma liquidiert und mich ins Private zurückgezogen. Als Ehefrau eines Soldaten bekam ich dann staatliche Unterstützung.

». . . aber so in der Not, da kriegst du manchmal ungeheuer viel Kraft«

Unsere Wohnung ist 1943 ebenfalls total zerstört worden durch einen Bombenangriff. Das war im Hochsommer, am 28. Juli. Ich kann mich noch gut entsinnen, wir saßen unten im Keller unseres Mietshauses, als eine Phosphorbombe in den Lichtschacht fiel, und ich sah, wie das Biest anfing zu brennen. Damals gab es für solche Fälle eine provisorische Mauer von Keller zu Keller. Die schlugen wir durch, um in den anderen Keller zu kommen. Und als wir die Mauer durchgeschlagen hatten, standen die Nachbarn schon direkt davor und wollten zu uns in den Keller. Da konnten wir also nicht raus. Dann hieß es: »Das Treppenhaus!« Aber da stand der Luftschutzwart, ein ausgesprochener Nazi, der mich sowieso schon auf dem Kieker hatte (in den Mietshäusern gab es überall Nazis als sogenannte Luftschutz- und Hauswarte), der sagte: »Nein, sie dürfen nicht raus! Das verbiete ich ihnen!« Aber so in der Not, da kriegt man manchmal ungeheuer viel Kraft. In unserem Keller waren eine Familie mit kleinen Kindern, eine Frau, ich glaube, sie hatte gerade ein Baby bekommen, mit ihrer alten Mutter, meine Mutter und ich. Ich war zu der Zeit im fünften, sechsten Monat schwanger. Da hab ich gesagt: »Kommt überhaupt nicht infrage! Was bilden sie sich ein? Wollen wir hier verbrennen?« Er wollte uns nicht rauslassen, weil das Treppenhaus brannte. Und er als Luftschutzwart hätte darüber zu sagen. Aber wir hatten Wasser im Keller und Wolldecken. Ich hab dann zu den anderen gesagt: »Machen sie

die Decken naß und raus!« Dann stellte sich der Kerl vor die Tür und wollte uns nicht durchlassen. Da haben wir ihn bei Schlips und Kragen gekriegt und haben ihn an die Luft gesetzt. Das Treppenhaus brannte fast schon bis unten. Wir kriegten Feuersplitter ab, aber wir konnten uns mit nassen Decken davor schützen und sind jedenfalls rausgekommen.
Dieser Luftschutzwart hat mich noch Monate verfolgt. Er wollte mich anzeigen, weil ich seine Kompetenz als Hilfspolizist übergangen hätte. Ich hab ganz große Schwierigkeiten mit ihm gehabt. Das war ein ausgesprochener Nazi mit einem überzogenen Machtbewußtsein. Er hätte uns glatt verbrennen lassen, nur weil er von seiner Anordnung überzeugt war. Man konnte auf alle mögliche Weise mit diesen Leuten ins Gefecht geraten.
Als wir rauskamen, brannte um uns herum alles lichterloh. Unser Haus brannte, alles brannte. Unsere nassen Wolldecken flatterten wie Windeln von dem Feuersturm, der entfacht worden war. Wir warfen uns in den Matsch der Schrebergärten, die direkt vor unseren Häusern begannen, die Aktentaschen über dem Kopf. An uns zogen die Menschen aus der Innenstadt vorbei, aus Hammerbrook, aus Eilbek, mit Kinderwagen, völlig rauchgeschwärzt. Sie waren in Richtung Billstedt, Horn, Berlin auf die Walze gegangen. Sie wurden dabei noch von Tieffliegern beschossen. Die Flaksplitter sausten uns um die Ohren. Das war ganz schrecklich. Aber das ist das Schicksal von etwa einer Million Menschen gewesen.
Noch zwei-, dreimal sind wir dann wieder zurückgerannt in den Keller und haben Sachen rausgeholt. Wir haben uns ein nasses Tuch vor die Nase gehalten und dann, zack, durchs Treppenhaus, zack, rein in den Keller. Es war ja heiß wie sonstwas. Das Treppenhaus war da schon beinahe abgebrannt. Ich hab mein Fahrrad rausgewuchtet, meine Babywäsche konnte ich retten und ein bißchen Stoff, den ich mir im Keller zurechtgelegt hatte und den ich unbedingt für Kleidung brauchte. Wir hatten gerade Marmelade eingekocht, die konnte ich auch noch rausholen, sonst hätten wir nicht genug zu essen gehabt. In unserem Mietshaus wohnte ein Krämer, der sagte: »Oh, meine Betten!« Da haben wir gesagt: »Ihre Betten? Und ihre Butterfässer und ihre Würste?« Obwohl alles bewirtschaftet war, antwortete er: »Na, klar.« Da haben wir dem die Betten rausgewuchtet und dann die Butterfässer rausgeholt und die Würste, die er im Lager hatte, und haben alles unter uns verteilt. Und dann dieser Hauswart: »Dürfen sie nicht! Gehört ihnen nicht!« Wir haben gesagt: »Halt den Mund! Wenn das verbrennt, ist das auch nicht mehr registriert!« Auf solche Weise mußten wir uns in dieser Situation auch noch mit so einem Kerl auseinandersetzen.
Ich stand dann vor unserem Haus, und die Flammen schlugen so richtig an den Außenfassaden empor. Ich hab nur gedacht: »Deine schönen Bücher!« Das war das einzige, was mir in der Seele weh tat. »Die Klamot-

ten kriegst du alle wieder, aber was du so gesammelt hast an Büchern ...«
Ich war eine Bücherliese von Jugend an. Ich war eine überzeugte Sozialistin, und all die Bücher, die man sich dann anschaffte, die wurden durch diese züngelnden Flammen vernichtet. Das war für mich ein wirklich großer Verlust.
Fünf oder sechs der Bücher hatte ich vorher schon mal mitgenommen in die Schreberlaube nach Bergstedt. Wahrscheinlich habe ich das sehr bewußt getan. Sie haben mir dann ein Gefühl von Heimat gegeben. Man muß sich das mal vorstellen, wenn man nichts mehr um sich hat, dann ist man restlos entwurzelt. Aber wenigstens fünf Bücher waren mir geblieben von denen, die ich liebte. Ein Buch war »Das Wunschkind« von Ina Seidel, was ganz besonders gut die Stimmung aufgriff, in der man sich befand, wenn man in dieser Kriegssituation als Frau eines Soldaten ein Kind erwartete. In einem anderen Buch, an das ich mich erinnern kann, waren Briefe von Rosa Luxemburg aus dem Gefängnis abgedruckt, die mir immer so gut gefallen haben.
Am anderen Morgen stand die Sonne wie eine Apfelsine am Himmel. Alles war dunkel, es war wie dicker Nebel, durch den die Sonne wie ein roter Ball hindurchschien, um elf Uhr morgens.
Wir haben uns von irgendwo eine Karre besorgt, unsere paar Sachen aufgeladen und sind nach wahnsinnig vielen Umwegen in unserer Schrebergartenkolonie in Bergstedt gelandet. Sie blieb bis weit nach dem Kriegsende mein Zuhause. Meine Mutter habe ich in einer kleinen Dachkammer untergebracht. Auch alle unsere Freunde unter den Schrebergärtnern sind 1943 ausgebombt worden, und die Frauen haben sich mit ihren Kindern in die Lauben geflüchtet. Nur ein Mann war dabei. Er war nicht eingezogen worden, weil er schwerbeschädigt war.

»... in dieser Zeit im Harz kam ich das einzige Mal mit sehr vielen Frauen zusammen, die nicht zu unserer politischen Richtung gehörten«

Mein Sohn wurde Ende November 1943 im Harz in Hahnenklee geboren. Weil sämtliche Hamburger Kliniken kaputt waren oder unter Beschuß standen, haben sie die werdenen Mütter zur Entbindung nach draußen gebracht. Ich hab mich dafür entschieden, in so ein Mütterheim in den Harz zu gehen. Das war ein umfunktioniertes Hotel. Da konnte man sechs Wochen vor dem Geburtstermin hingehen, und anschließend konnte man noch sechs Wochen bleiben.
Der Harz, den ich so gerne mag mit seiner schönen Natur, der hat mich wieder ein bißchen ins Lot gebracht nach dieser ständigen Bedrohung durch die Politik, den Krieg und die Bomben.
In dieser Zeit kam ich das einzige Mal mit sehr vielen Frauen zusammen,

die nicht zu unserer politischen Richtung gehörten. Wir hatten sonst keinen Einblick in andere Bevölkerungsschichten außerhalb unseres Kreises. Wir sind immer sehr eng zusammengeblieben aus Gründen des Zusammenhalts. Man lebte in einem Gesinnungsgetto und ging nur mit den Leuten um, denen man sich zugehörig fühlte. Alles andere war ja auch viel zu gefährlich. Dazu war die Überzeugung und die Art, wie man sie darstellte, noch immer viel zu aggressiv, als daß man sich in Kreise von Leuten hätte wagen können, die Nazis waren.

Die Frauen in dem Entbindungsheim kamen aus allen Schichten der Bevölkerung; denn ausgebombt wurden sie alle, ob sie Villen hatten oder in Slums wohnten. Hier waren sie alle hilflos und mußten sich der NS-Fürsorge ausliefern. Ich war erschrocken und ernüchtert über die Mentalität dieser Frauen, die im besten Fall völlig unkritisch waren. Sie nahmen es hin, so wie es war, völlig eingepaßt, ohne jede Wut, was immer ihnen und ihren Männern auf dem Höhepunkt des Vernichtungskrieges auch widerfahren war. Ich würde sagen, diese Frauen waren passiv Leidende.

Im schlimmsten Fall waren sie aber so versessen auf die Nazis und die Naziführerschaft, daß mir körperlich schlecht wurde, wenn ich ihre Reden hörte, vor allen Dingen angesichts der Niederlage bei Stalingrad, die schon hinter uns lag. Einige Frauen hatten ihre Männer in Stalingrad verloren.

Aus einem Kreis von etwa hundert Frauen kann ich mich nur an eine oder zwei Frauen entsinnen, mit denen ich mich überhaupt unterhalten konnte. Insofern war das natürlich auch eine sehr qualvolle Zeit im Harz; denn niemals Dampf ablassen zu können, sondern immerzu vorsichtig sein, um nicht Anstoß bei diesen emotional aufgeheizten Frauen zu erregen, das war schwer.

». . . die Kriegszeit war viel schlimmer als die Nazizeit vorher, weil wir nur noch leiden konnten«

Mitte Januar, nach der Geburt meines Sohnes, mußte ich zurück. Es war wahnsinnig kalt. Die Babys wurden in Kissen gelegt mit so einer Patentverpackung. Meine Schwägerin holte mich ab, und wir fuhren mit dem Zug nach Hamburg zurück. Unterwegs mußten wir einmal aussteigen, weil Bombenalarm war. Der Zug war proppenvoll. Die Gören schrien, sie hatten Hunger. Ich konnte meinem Jungen weder eine Flasche geben noch stillen. Das Klo war bis unter das Dach besetzt. Man konnte sich nicht rippeln und nicht rühren. Und als wir auf dem Altonaer Bahnhof angekommen waren, gab es wieder Bombenalarm. Dann mußte man in die Keller laufen, um sich in Sicherheit zu bringen. Und damit man nach

Bergstedt rauskonnte, mußte man sich eine Bescheinigung für ein Taxi holen. Das sind alles Dinge, an die ich mich noch genau entsinne, die einen an den Rand der Verzweiflung trieben.
Von meinem Mann erhielt ich Ende Januar nach langer Zeit die erste Nachricht. Das war so acht Wochen nach der Geburt unseres Kindes. Er lag irgendwo in einem Lazarett.
Unsere Lauben haben wir im Laufe der Zeit ein bißchen winterfest gemacht. Nachher kriegten die Männer auch mal Urlaub, so im Februar 44. Dann hämmerten sie uns ein paar doppelte Wände in die Bude und versuchten, einen Raum anzubauen. Sie buddelten uns einen Graben aus, den sie mit Bohlen belegten, damit wir uns vor Luftangriffen mit unseren Kindern in Sicherheit bringen konnten.
Im Winter waren unsere Schreberlauben immer völlig überheizt. Wir haben alles verfeuert, was nicht niet- und nagelfest war. Ich kann mich noch entsinnen, auf unserem Marktplatz in Bergstedt standen ganz dicke Kastanien. Gegen 1945 kriegte jede Gruppe davon einen Baum zugeteilt. Den mußte man dann absägen. Ich weiß gar nicht, wie wir das gemacht haben, aber wir hatten jedenfalls Holz. Am Tag hatten wir unsere Buden immer überheizt, und nachts war es arg kalt mit dicht zugefrorenen Fenstern. Aber unsere Kinder sind seltsamerweise nicht mehr krank geworden als andere.
Für unsere Ernährung war es natürlich eine Erleichterung, daß wir etwas anbauen konnten. Ich weiß noch, einige waren wahnsinnig verhungert, aber so im Herbst, wenn die Äpfel reif wurden, dann kriegten die plötzlich wieder ein blühendes Aussehen, waren kerngesund und vergnügt, besonders die Heranwachsenden, die haben sich dann vollgemuffelt mit Obst. Und wir Frauen, wir haben vor allen Dingen eben Nudeln gegessen, Mehlspeisen und sowas. Die Bauern in unserer Umgebung haben uns nicht geholfen. Wir haben es auch gar nicht erst versucht, was von ihnen zu bekommen. Wir haben vielleicht mal Rüben bei ihnen geklaut. Da haben wir eine Zeitlang Rübensirup gegessen, wenn wir keinen Aufschnitt hatten. Das war ein Schweinkram, die Rüben waschkesselweise zu waschen in dieser Kälte. Das wurde ja im Spätherbst gemacht. Sie mußten gewaschen und geschrubbt werden, und unsere Finger waren steif und blau. Und dann wurde Rübensirup gekocht, Riesentöpfe. Das mußte ja alles eingekocht werden, sonst wird kein Sirup draus. Ich denke heute noch mit Schrecken daran.
Das war wirklich eine furchtbare Zeit, die ich ein zweites Mal bestimmt nicht mehr durchleben möchte. Die Kriegszeit war viel schlimmer als die ersten Jahre nach 33, weil wir nun nur noch leiden konnten. Vorher konnte man Dampf ablassen durch List oder Aktivität oder indem man sich dadurch rächte, daß man trotzdem etwas tat. Aber im Krieg konnte

man nur leiden, war man voll ausgeliefert. Wir haben überlebt, weil wir draußen waren und weil wir eine hervorragende Kameradschaft hatten. Es kam mancher Schicksalsschlag auf uns zu, die Mitteilungen zu verkraften, wo die Männer waren, wochen- und monatelang keine Post zu bekommen, dann den Familien darüber hinwegzuhelfen, wenn einer fiel oder schwer verletzt war oder in hoffnungsloser Situation schien. Wenn wir nicht zusammen gewohnt hätten, wäre alles noch viel schlimmer gewesen. Die gegenseitige Unterstützung unter diesen gleichgesinnten Frauen, die sich schon solange kannten, war großartig. Wenn man sich noch nachträglich darauf besinnt, dann war das bewegend.
Vom Ende des Krieges haben wir durch den Rundfunk erfahren. Wir wußten, daß Hitler am 30. April 1945 Selbstmord begangen hatte, aber der Krieg ging ja noch weiter. Durch den Rundfunk hörten wir auch, daß der Statthalter von Hamburg die Stadt nicht verteidigen wollte, und das war sozusagen der Anfang der Kapitulation. Die Kapitulationsurkunde ist kurz danach für Hamburg unterschrieben worden. Dieser Statthalter von Hamburg war ein waschechter Nazi, aber ihm ist wohl die Einsicht gekommen, daß ihm diese Entscheidung vielleicht noch ein bißchen von seinem restlichen Leben erleichtern könnte.
Mein Mann lag 1945 in einem Lazarett in Lübeck und bekam noch kurz vor Kriegsende einen neuen Einsatzbefehl. Er hat ihn aber nicht mehr ausgeführt, sondern hat sich durch die vereinzelt noch kämpfenden Truppen zu uns nach Bergstedt in die Schrebergärten durchgeschlagen.

»... ich muß ganz ehrlich bekennen, daß ich mir nach dem Zusammenbruch des Dritten Reiches geschworen habe, nie wieder in die Politik zu gehen«

Durch die Kameradschaft und den Zusammenhalt haben wir uns über die schwere Nazi- und Kriegszeit retten können — wie tausende anderer Gesinnungsgenossen. Und ich glaube, daß diese gesinnungsmäßigen Bindungen eine entscheidende Ursache dafür waren, daß nach dem Kriegsende und dem Zusammenbruch des Hitler-Regimes ein großer Teil der alten sozialdemokratischen Mitgliedschaft sofort wieder voll aktionsfähig war und dadurch der organisatorische Aufbau der SPD in sehr kurzer Zeit erfolgen konnte.
Ich muß ganz ehrlich bekennen, daß ich mir nach dem Zusammenbruch des Dritten Reiches geschworen habe, nie wieder in die Politik zu gehen, weil mir der Rückblick auf die Weimarer Republik und das, was wir hinter uns hatten, als so aufreibend, so nervenzersetzend erschien, daß ich das nicht erneut mitmachen wollte. Aber als die Jüngsten einspringen mußten und ich aufgefordert wurde, wieder mitzumachen, hab ich mich doch besonnen und gemeint, daß nach dieser furchtbaren Episode jeder, der

noch konnte, am Neuaufbau mit seinen Erfahrungen helfen müßte. Und Erfahrungen hatten wir ja weiß Gott genug hinter uns. Für uns alle war nach diesem grausamen Krieg wohl das Wichtigste, alles zu tun, was den Frieden bringen und ihn erhalten könnte. Und so weit wie möglich wollten wir daran mitarbeiten, daß die breite Masse unseres Volkes — und das waren ja die, für die wir immer gearbeitet haben — aus der Misere rauskam und wieder in der Lage war, ein menschenwürdiges Leben zu führen. Eine andere ganz wesentliche Aufgabe sahen wir in der Erziehung zur Demokratie, zur Menschlichkeit. Es war schon immer meine Meinung, daß man nur durch eine bessere Erziehung — angefangen bei den Kindern — zu einer wirklich reformierten Gesellschaft kommen kann.

„In den Laubenkolonien haben uns die Nazis nicht belästigt.“ Quelle: Eigentum der Verfasserin.

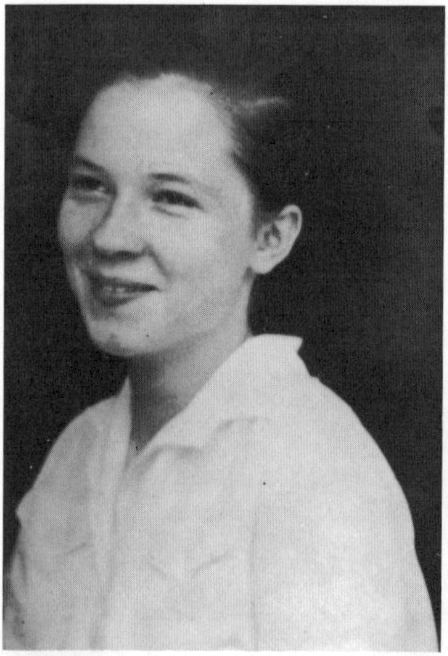 

Anne-Marie Fabian, geb. 1920 in Stettin. 1940 Abitur. 1938—1942 Musikstudium am Sternschen Konservatorium in Berlin. 1942 Geburt einer Tochter. 1949—1955 Studium an der Deutschen Hochschule für Politik, Berlin. Tätigkeit in der Sozialversicherung. Freigestelltes Mitglied des Hauptpersonalrates des Senats von Berlin als Angestelltenvertreterin (ÖTV) (1958—1960). Seither freie Journalistin. Lebt in Köln.

Anne-Marie Fabian

Indoktrination — Eine deutsche Kindheit und Jugend

Wenn man nichts gesteht, kann keiner etwas daraus lernen.

Lew Kopelew

Ich war elf Jahre alt, als ich — 1932 — mit einer besonderen Spielart rechtsextremistischen Denkens in Berührung kam. Meine Mutter war eine halbemanzipierte Frau, die versucht hatte, sich aus einer kleinbürgerlichen Umgebung zu lösen, indem sie Krankenschwester wurde. Sie wäre gern Ärztin geworden, aber ihr Großvater, in dessen Haus sie aufwuchs, weil ihre Mutter geschieden war, hielt davon nichts: »weil Du ja doch heiratest«. Eine bis heute ebenso geläufige wie falsche Begründung. Meine Mutter hatte sich viel umgesehen, hatte im ersten Weltkrieg als Krankenschwester und dann im deutschen Verwaltungsdienst in Polen gearbeitet, ohne Vorurteile gegen die Polen zu entwickeln.

1920 heiratete sie meinen Vater, einen Kaufmann, und hörte nicht auf — trotz schwieriger Wohn- und Einkommensverhältnisse —, sich weiterzubilden, zu lesen und unter anderem Vorträge an der Stettiner Volkshochschule zu besuchen. Ihr Stiefvater hatte vor dem Ersten Welkrieg zu Eugen Richters liberaler Freisinniger Partei gehört, was sie nicht ungern erwähnte. Doch auch den Kommunisten hörte sie gern zu, und als mein Vater sie dann noch mit mehr oder weniger nationalistischen Parolen versorgte, hatte sie auch gegen diese nicht allzuviel einzuwenden. Trotzdem nahm sie viele Meinungen nicht ernst, wenn sie die Menschen selbst, die sie vertraten, nicht ernstnehmen konnte. Sie stellte das gewöhnlich ziemlich schnell fest, da sie eine gute Menschenkennerin war. Aber sie hatte keine entschiedene demokratische Überzeugung, wußte kaum, was Demokratie war, und folgte deshalb ohne großen Widerspruch den nationalistischen Ideen meines Vaters. Sie speiste sie sogar mit ihrer Bildung; ein nicht ungewöhnlicher Vorgang in bürgerlichen Häusern der damaligen Zeit.

Mein Vater konnte, wie viele Soldaten des ersten Weltkrieges, sich nicht damit abfinden, zu den Verlierern zu gehören. Er suchte nach Schuldigen für ein — in seinen Augen — Versagen, das er durch die Umwälzungen im Sozialgefüge des Deutschen Reiches und durch die Gebietsverluste bis ins Persönlichste hinein als diskriminierend empfand. Dieses Gefühl, deklassiert zu sein, saß tief, und die davon besessen waren, fühlten sich bestenfalls als Märtyrer der deutschen Sache, schlimmstenfalls als ihre zukünftigen Rächer. In meiner Umgebung habe ich nie etwas über unsere Schuld am Kriegsausbruch gehört — im Gegenteil, wir waren zu diesem Krieg gezwungen worden — durch die anderen, die uns unseren Wohlstand neideten, unsere Kultur, unser Wissen. Ich wäre nie auf die Idee gekommen, daß wir den ersten Weltkrieg vom Zaun gebrochen hatten, ja hätte mich entsetzt gegen den gewandt, der so etwas zu äußern gewagt hätte. In meiner unmittelbaren Umgebung, im Elternhaus und in der Schule, gab es diese Personen nicht. Meine Lehrer sprachen zwar davon, daß es solche Thesen gab, aber selbstverständlich als abzulehnende Interessenstandpunkte derer, die uns angegriffen hatten.

Ich lernte also mein Vaterland lieben mit dem Stolz der durch Ränke Besiegten. Die Gestalt der Gudrun aus den deutschen Heldensagen war mein Ideal. Ihr geduldiges und unbeugsames Warten auf den Tag der Rache — was immer ich mir darunter vorstellte — erschien mir vorbildlich.

Da brachte ich eines Tages — Suppengrün darin eingewickelt — einen Fetzen Zeitung nach Hause, und mein Vater, der alles Lesbare verschlang, griff danach. »Das ist gut«, sagte er, »wo hast Du das her?« Ich hatte gesehen, daß es ein Stück von »Ludendorffs Volkswarte« war, einer Zeitung, die von General Ludendorff, einem Feldherrn des ersten Weltkrieges, herausgegeben wurde. »In Alt Moabit«, sagte ich, »gibt es eine Buchhandlung, die so heißt.« Mein Vater nahm mich an der Hand, und ich führte ihn dorthin. Es war nur ein kleiner Laden, in dem ein freundlicher junger Mann mit baltischem Akzent bediente. Über den Bücherregalen hingen die Karikaturen von drei Persönlichkeiten: »Jesus, Moses, Marx, der Deutschen Untergang« stand unter dem Bild. Die beiden ersten waren mir bekannt, mit Marx hingegen wußte ich nichts anzufangen. Obwohl wir sehr arm waren und von der Wohlfahrt lebten, kauften wir einige der Schriften, und einige schenkte uns der junge Mann. Mein Vater und ich verschlangen die Sachen, und auch meine Mutter mußte sie lesen. Meine beiden Brüder wurden vorläufig verschont, da sie zwei und drei Jahre jünger waren als ich.

Ich lernte, daß die Ränkeschmiede Rom (die katholische Kirche, die Jesuiten etc.) und Juda (Freimaurer, Liberale, Sozialdemokraten, die protestantische Kirche) gemeinsam den Weltkrieg gegen uns angezettelt hatten, um uns zu vernichten. Das wollte sich die deutsche Volksseele, die in den deutschen Soldaten mächtig am Wirken war, nicht gefallen lassen, und so siegten vorerst die deutschen Heere. Deshalb korrumpierte man die Generale, damit sie ihre Schlachten verloren, und wo das nicht ging, wie bei General Ludendorff, wurde für ihre Entmachtung gesorgt. Obendrein wurde die Heimatfront so bearbeitet, daß sie dem selbstverständlich unbesiegten Heer in den Rücken fiel, ihm den Dolchstoß versetzte.

Das war ein klares und einfaches Weltbild, das ich da gewann. Mein Volk war das größte, aber es war eben nicht hinterlistig und erlag deshalb den Intrigen der überstaatlichen Mächte Rom und Juda. Gegen sie mußte man geduldige Aufklärungsarbeit leisten, denn nur im Dunkeln — »in dreifache Nacht gehüllt« — konnten sie arbeiten. Wenn — wie durch die Werke aus dem Hause Ludendorff — das helle Licht der Wahrheit auf ihr Treiben fiel, verloren sie — wie Rumpelstilzchen — ihre magische Macht und wurden verletzbar.

Als wir zur Ludendorfferei stießen, waren die Werke aus dem »Hause Ludendorff«, in denen die oben genannten Thesen vertreten wurden, bereits erschienen: 1927 »Vernichtung der Freimaurerei durch Enthüllung ihrer Geheimnisse« von Erich Ludendorff, 1940 bereits im 184. bis 186. Tausend. 1928 »Der ungesühnte Frevel an Luther, Lessing, Mozart und Schiller« von Mathilde Ludendorff, 1936 bereits im 56. — 59. Tausend. Hier wurde dargelegt, wie diese deutschen Kulturschöpfer von Rom- und Juda-Hörigen zugrunde gerichtet und ermordet worden waren. 1929 »Das Geheimnis der Jesuitenmacht und ihr Ende« von Erich und Mathilde Ludendorff. 1930 »Weltkrieg droht auf Deutschem Boden« von Erich Ludendorff. 1931 »Erlösung von Jesu Christo« von Mathilde Ludendorff und 1932 erschien »Lehrplan der Lebenskunde für Deutschgläubige Jugend« von Mathilde Ludendorff. Für mich kamen diese Richtlinien gerade zum richtigen Zeitpunkt, als ich nämlich bei Frau Raab, einer prominenten Berliner Ludendorfferin und Lehrerin, den sogenannten »Lebenskunde-Unterricht« aufnehmen wollte. Sie sollte uns darin unterweisen, wie wir uns gegen die Anschläge auf unsere deutsche Volksseele zur Wehr setzen könnten.

Das Ehepaar Ludendorff hatte nicht nur diese Bücher über Rom-Juda — die überstaatlichen Mächte — geschrieben, in denen die herrschenden Ideologien des Christentums, der Freimaurerei, des Liberalismus, der Sozialdemokratie, des Kommunismus etc. »enthüllt« werden sollten, sondern Mathilde Ludendorff hatte auch das ihre getan, damit diejenigen, die nun an keine dieser Religionen, Weltanschauungen usw. mehr glauben konnten, einen neuen Glauben fanden: die »Deutsche Gotterkenntnis«. Mathilde Ludendorff war Ärztin gewesen und hatte aus ihrer Kenntnis der Naturwissenschaften eine »Philosophie« geschaffen, die alle Bereiche unseres Lebens und unserer Welt »deutete«: 1921 »Triumph des Unsterblichkeitwillens«. 1923 erschien der erste Teil von »Der Seele Ursprung und Wesen«: »Die Schöpfunggeschichte«, 1925 der zweite: »Des Menschen Seele« und 1927 der dritte Teil: »Selbstschöpfung«. 1927 kam »Deutscher Gottglaube« heraus. Dann folgte »Der Seele Wirken und Gestalten« wieder in drei Teilen. 1930 »Des Kindes Seele und der Eltern Amt — eine Philosophie der Erziehung«, zweiter Teil 1933: »Die

Volksseele und ihre Machtgestalter — eine Philosophie der Geschichte« und 1935 der dritte Teil: »Das Gottlied der Völker — eine Philosophie der Kulturen«. Man war also bestens versorgt, was a) die politische Ausrichtung, b) die Sinngebung des Lebens und c) ein umfassendes religiöses System anging. An die Stelle einer Überzeugung, wie nebulos sie auch immer gewesen sein mochte, trat die Indoktrination mit Pseudoinhalten, die uns gegen jegliche internationale Strömungen in Kultur und Wissenschaft, in Politik und Wirtschaft abschirmten. Für mich zählte nur noch »Deutsch« — das immer groß zu schreiben war.

Was aber bedeutete dieses »Deutsch«? Wir lernten in der Deutschvolkjugend, der Jugendgruppe des »Bundes für Deutsche Gotterkenntnis«, folgende »Deutsche Mahnworte statt Gebote vom Sinai« — sie sollten, wie aus diesem Titel hervorgeht, die zehn Gebote ersetzen. Nach ihnen bedeutete »Sei Deutsch«: »Sei wahr / Sei zuverlässig / Sei stolz / Sei stark / Sei furchtlos / Sei beherrscht / Sei bewußt Deines Blutes / Sei Hilfe dem Edlen / Sei Vernichtung dem Bösen / Sei herzeigen dem Volke / Sei Feind seinen Feinden.«

Man könnte sagen: das ist harmlos. Man lasse sich aber nicht durch die sehr allgemeinen Forderungen täuschen. Sie sind, wenn man sie genau liest — und wir haben sie so aufgefaßt — Ausdruck einer rassistischen Ideologie, die genau wie die des Nationalsozialismus Menschen zweier Klassen schuf: die des eigenen und die eines fremden Blutes. Letztere waren von minderem Wert. Ich möchte zum Beweis aus dem Anfangskapitel von »Deutscher Gottglaube« (1927) zitieren:

»Wo immer Jahwe einzog, da floß das Blut der Andersdenkenden in Strömen, und der Mund der Juden oder der jahwegläubigen Nichtjuden floß dabei über von Worten der ›Menschenliebe‹. Und je mehr sie mordeten, um so ›größer‹ galten sie im Jahwereiche, und je mehr ihr Mund überfloß von Worten der Menschenliebe, um so nachdrücklicher beriefen sie sich auf Jesus von Nazareth, der die Juden zu erlösen versuchte, so wie eben nur das jüdische Blut, und es allein, erlöst werden kann.

Das jüdische Volk selbst aber, das allen Völkern Rassebewußtsein und blutmäßigen Gottglauben gewaltsam entreißen möchte, hält starr an seinem Gottglauben und freut sich über die völkervernichtende Blutmischung der Christen ebenso wie über den Verrat an dem Volkserhaltungswillen, den es den Kommunisten und anderen mehr lehrt.

Doch die göttliche Weisheit ließ all die so entwurzelten Völker in jedem neuen Geschlecht wieder mit dem Ahnenerbgut geboren werden und hilft sogar noch bei den blutgemischten Deutschen dem Gottglauben zum Obsiegen, da die Muttersprache dies Ahnenerbgut täglich wecken kann. Und so lebten auch unsere entwurzelten Voreltern im Jahwereiche nicht alle jene furchtbare Art der wahllosen Menschenliebe, die Rasse und

„Unwiderstehliche Jugend." Originalbildunterschrift aus: Stanley McClatchie, Sieh: Das Herz Europas, Berlin o. J.

eingeborenen Gottglauben verrät. In jedem Geschlechte waren Große des Volkes, die die jüdischen Deutungen und Lehren verneinten durch ihr Tun. Aber ihre vertrauende Ahnungslosigkeit merkte nicht, wozu des Juden Machtgier ihr Entwurzeltsein im Glauben mißbrauchte, und sie spielten, ohne es zu wissen, das entsetzliche Amt des Totengräbers am eigenen Volke. Die meisten sittlich versumpft und verfallen, zahllose der Besten des Volkes ahnungslos mißbraucht für die Macht der Jahwediener und den Untergang unserer Deutschen Art, und zahllose der Schlechten im Volk aus Feigheit, Not und Stumpfheit bewußt im Dienste der herrschlüsternen Juden, so sieht die kleine Schar der Erwachten am Ende des tausendjährigen Reiches die Blutsgeschwister. Aber sie weiß auch, daß alle die Millionen Deutscher Kinder heute noch mit dem köstlichen, unabgewandelten Erbgut geboren werden, wie einst die Kinder vor tausend Jahren! So ist der Sieg des Deutschen Glaubens, der von den wenigen Erwachten schon von der Verteuflung durch Jahwe befreit ward, nah und gewiß!«

Der Leser erkennt unschwer die Ausrichtung dieses »Deutschen Gottglaubens«. Die Erziehung zum Haß gegen die Juden ist offenkundig. Er ist der Mittelpunkt der Ludendorffschen Politik und »Philosophie«. Dieser Antisemitismus ist als reine Ideologie schlimmer als der des Nationalsozialismus, der ohne ein System lediglich mit Ressentiments und gängigen Vorurteilen operierte, während hier ein geschlossenes politisches und philosophisches System benutzt wurde, um Rassen zu diskriminieren. Alles was jüdisch war, wurde verteufelt, und wenn die Ludendorffs etwas aus irgendwelchen Gründen ablehnten, z. B. eine Person wie Goethe, der kein Jude war, dann behaupteten sie, er oder sie seien »verjudet«, zum »künstlichen Juden« gemacht worden.

Diese »künstlichen Juden« (Christen, Liberale, Sozialdemokraten, Kommunisten etc.) mußten »erlöst« werden, heimgeführt zum »Deutschen Gottglauben«. Das war unsere — der Ludendorffer — Aufgabe. Mathilde Ludendorff, die ihr »philosophisches« Werk auch in Lyrik umgesetzt hatte, schrieb über diesen Weg zurück zum »Deutschen Gottglauben« folgendes Gedicht:

»Froh sei die Heimkehr zu dem Deutschen Glauben,
Wer zögernd oder wehwund rückwärts schaut,
Darf noch nicht heim zu ihm!

Noch ist der Markstein, da er steht und zaudert,
Der heimatnächste, den die Seele wählt.
Frei lass' er andre zieh'n!«

Obwohl das alles leicht als Schwulst erkannt werden kann, ist es ebenso leicht, darauf hereinzufallen, wenn man dafür vorprogrammiert war — und das waren wir durch die Weigerung, unsere Schuld am Ausbruch des ersten Weltkrieges zu erkennen und uns in die Gemeinschaft der Völker einzufügen.

Die Machtergreifung Hitlers im Januar 1933 änderte natürlich auch für uns Ludendorffer einiges. Ganz klar, daß »der Feldherr« Ludendorff der größte war. Das konnte Hitler natürlich nicht zugeben, wenn er die Macht im Staat allein haben wollte. Trotzdem war da die »Kameradschaft«, die die gemeinsame Teilnahme am »Marsch zur Feldherrnhalle« in München am 9. November 1923 geschaffen hatte. Das liest sich bei einem Ludendorff-Anhänger dann so:

»In München lernte er [Ludendorff] Adolf Hitler kennen, den ›Gefreiten‹ des Weltkrieges. Nie hat sich Ludendorff versagt, wenn Deutsche ihn riefen! Als treuer Kamerad marschierte er am 9. November 1923 neben Hitler in vorderster Reihe zur Feldherrnhalle — ähnlich wie bei Lüttich durch feindliches Feuer ... Man verhaftete ihn, nachdem er die Feuerlinie durchschritten hatte. Da verlangte er, mit seinen verhafteten Kameraden abgeführt zu werden, und sprach Worte der Entrüstung, die ihm sehr von Herzen kamen, weil ihm dieser Wunsch aus sehr durchsichtigen Gründen abgeschlagen wurde! Des Hochverrates angeklagt, sprach er später wiederholt die Hoffnung aus, daß man auch ihn für seine Tat › bestrafen ‹ werde, glaubte er doch sehr mit Recht, daß dies das Deutsche Volk aufrütteln werde, und entsprach es doch auch seinen so tief in ihm lebenden kameradschaftlichen Gefühlen den übrigen › Hochverrätern ‹ gegenüber. Als der Gerichtshof dann aber die Anführer des Unternehmens vom 9. 11. 1923 mit Festung bestrafte, den Feldherrn jedoch freisprach, erklärte er dies Urteil seiner unwürdig, weil er als Hitlers Kamerad die gleiche Strafe verdient hätte!«

Die Dankbarkeit Hitlers hielt sich nach 1933 aber in Grenzen. 1935, zum 70. Geburtstag von Erich Ludendorff, ehrten ihn deutsche Militärs und überbrachten »das Gedenken von Volk, Führung und Wehrmacht«. Über diese Begegnung schreibt Ludendorff im »Tannenberg-Jahrweiser« 1936 (Beitrag »Kriegserfahrung«): »Die seelische Geschlossenheit des Volkes ist die Grundlage erfolgreicher Kriegsführung. Ich kleidete dies bereits am 9. April 1935 Vertretern der Wehrmacht gegenüber in die Worte ein: Machet des Volkes Seele stark!«

1935 erschien auch Erich Ludendorffs Buch »Der totale Krieg«, in dem er seine Erfahrungen im ersten Weltkrieg für den nächsten, der seiner Meinung nach zu führen sein werde, auswertete. Wir haben ihn dann auch erlebt, wie er ihn beschrieb: »So richtet sich der totale Krieg nicht nur gegen die Wehrmacht, sondern auch unmittelbar gegen die Völker«.

Es versteht sich, daß nicht das unsere damit gemeint war. Das handliche Schlagwort vom »totalen Krieg« haben wir dann ja später von Goebbels im Sportpalast gehört, und das dumpfe Ja-Geschrei der Nazi-Horden wird wohl jedem von uns, der es gehört hat, bis an sein Lebensende in den Ohren klingen.

Hitler übernahm aber nicht nur dieses Schlagwort, sondern auch etliches aus dem Inhalt des Buches. Die ganze Zurüstung der Wirtschaft auf den Krieg, die Gleichschaltung des zivilen Lebens usw. ist dort als Vorbedingung eines Krieges beschrieben. Im Frieden mußte das Volksleben bereits darauf ausgerichtet werden, und wir merkten, daß Hitler damit ernst machte.

Nach einer Unterredung Hitlers mit dem »Feldherrn« am 30. März 1937 wurden wir als Verein eingetragen und hatten die Rechte einer Konfession. Ich gab das jedenfalls in der Schule an, und es wurde auch so beim Standesamt eingetragen: »Deutsche Gotterkenntnis (Ludendorff)«. Als Ludendorff am 20. Dezember 1937 gestorben war — kurz vorher hatte er noch sein 55. Militärjubiläum gefeiert — erhielt er am 22. Dezember in München ein Staatsbegräbnis mit Staatsakt vor der Feldherrnhalle, wo Hitler und viele Granden des Dritten Reiches — aber auch die »Philosophin« — erschienen waren. Meine Eltern waren hingefahren, ich habe es nur in der Wochenschau gesehen.

Eine gewisse Nähe zum Dritten Reich war also gegeben, aber zum Nationalsozialismus als Ideologie wahrte man doch eine Distanz. Man hatte schließlich eine Philosophie mit einem durchdachten und inspirierten System, und die Nazis, die waren doch sehr vulgär. Aber man wollte keine Sekte sein. 1939 schrieb Mathilde Ludendorff in ihrem Aufsatz, der in der Zeitschrift des Ludendorff Verlags »Am heiligen Quell Deutscher Kraft« erschien und später auch als Broschüre herauskam unter dem Titel: »Bund für Deutsche Gotterkenntnis — eine ›Sekte‹ ?«:

»Wie oft hat der Feldherr die Behauptung, der Bund Deutscher Gotterkenntnis sei eine Sekte, abgelehnt und betont, daß die Erkenntnis meiner Werke nicht nur dem ganzen Volk, nein, den Völkern der Erde zugute kommen werde . . .« Diese Vorstellung, daß die »Erkenntnisse« der Ludendorffschen Philosophie allen Völkern zugute kommen sollten, steht nicht im Gegensatz zu dem Prinzip, eine »Deutsche Gotterkenntnis« zu sein. Nach der »Lehre« der »Philosophin« gibt es »Schachtreligionen«, die von Völkern mit ausgesprochen finsterem Volkscharakter ausgeübt werden — vor allem von den Juden —, und »Lichtreligionen«, die solchen Völkern eigen sind, deren Weg auf die »lichten Höhen arteigener Gotterkenntnis« führt — also vor allem den germanischen. Nun ist es — dafür haben die »Schachtreligionen« Christentum, Judentum etc. gesorgt — leider vorgekommen, daß solche Völker, die ursprünglich »Lichtreligionen« angehörten, zu den »Schachtreligionen« herniedergezogen wurden. Aber ebenso ist das Umgekehrte möglich. Danach kann sich ein Jude von seiner »Schachtreligion« lösen und sich der »Lichtreligion« — vor allem der »Deutschen Gotterkenntnis« — zuwenden.

Ich habe solche Juden nicht gekannt. Einige Male tauchten Halbjuden in unseren Versammlungen auf — angestaunt wie seltene Tiere —, aber er oder sie kam bald nicht mehr. Hier scheint ein gewisser — zum mindesten theoretischer — Gegensatz zum Nationalsozialismus zu bestehen, aber von Göring stammt ja wohl das Wort: »Wer Jude ist, bestimme ich.« Also auch hier nur Distanz, kein prinzipieller Unterschied.

Als ich jetzt für diesen Beitrag nach mehreren Jahrzehnten die Bücher des »Hauses Ludendorff« wieder in die Hand nahm — meine Mutter hatte sie einem Institut der Freien Universität gestiftet —, fand ich eine Eintragung in der Handschrift meines Vaters. In »Der ungesühnte Frevel an Luther, Lessing, Mozart und Schiller« hatte er in der 1936 erschienenen Neuauflage eingetragen: »Anfang Heuert 1936 verboten«. Heuert ist Juli. Wir benutzten immer die germanischen Bezeichnungen für die Monate, nicht die »römischen«. Also Verbote passierten uns schon, und wie ich aus Gesprächen meiner Eltern mit führenden Ludendorffern erfuhr, war »die Philosophin« darüber gar nicht so unglücklich — sie wurden meistens wieder aufgehoben —, weil so wenigstens die von ihr bevorzugte Distanz zu den Nazis zum Ausdruck kam.

Andererseits war sie während des Krieges auch wieder ganz froh, daß sie so viele begeisterte Briefe aus dem Feld bekam, in denen sich die Verfasser zum Krieg, seinen Zielen und dem obersten Kriegsherrn Hitler bekannten. Hier stellte sich heraus, was »der Feldherr« mit »Machet des Volkes Seele stark!« gemeint hatte.

Noch ein Wort zu den schon angedeuteten Besonderheiten, die wir in einigen Dingen gehalten waren, an den Tag zu legen. Zuerst mußte Deutsch immer groß geschrieben werden. Das tat ich konsequent, und es wurde von meinen Lehrern geduldet. Man hat es mir nie als Fehler angerechnet. Schwieriger war es schon mit dem fehlenden S zwischen Doppelwörtern, wie z. B. Unsterblichkeitwillen. Es heißt bekanntlich die Unsterblichkeit, der Unsterblichkeit — ohne s im Genitiv. Folglich schrieb man Kriegsführung, aber Schöpfunggeschichte, Wahrheitwillen, Erholungwochen, ja sogar Weihnachtmann. Auch damit setzte ich mich allmählich bei meinen Lehrern durch.

Ich habe damals versucht, meinen Glauben in allem zum Ausdruck zu bringen. Einiges habe ich schon beschrieben. Ich zog mich aber auch entsprechend an: dirndlartiges Kleid, Schuhe mit Eisenabsätzen, mit denen ich wie ein Soldat knallte. Ich trug eine Rune als Brosche und ließ mich Friederun nennen, weil Anne-Marie ja ein jüdischer Name ist,

Friederun nach Gustav Freytags Roman »Die Ahnen«, den ich gerade verschlungen hatte. Das sind zwar Äußerlichkeiten, aber sie waren der Ausdruck der inneren Veränderung, die mit mir geschehen war — auch wenn ich mich später davon lösen konnte.
Ich hatte ein ausgesprochenes Elitebewußtsein entwickelt. Die Hänseleien in der Schule über meine Überzeugung nahm ich mit ernstem Stolz hin. Sie bestätigten mich nur in meinem Glauben. Da ich fast immer zu den besten Schülerinnen gehörte, waren es meistens schlechtere Schülerinnen als ich, die sich lustig machten, und das zählte sowieso nicht. Ich wußte doch alles besser, sah hinter die Kulissen und hatte eine unfehlbare Erklärung für den Gang der Weltgeschichte. Missioniert habe ich allerdings nicht. Das lag mir nicht. Das tat dafür mein Vater.
Er hatte nach der »Machtergreifung« wieder mehr zu tun und verdiente gut. Auf seinen zahlreichen Geschäftsreisen, die er als Wirtschaftsberater unternahm, trug er immer einen Koffer voll von Ludendorff-Schriften mit sich herum, einmal um darin zu lesen und zum anderen, um sie Leuten zu zeigen, die sich dafür interessierten, und sie zum Kauf anzuregen. Meine Mutter machte sich stets ein bißchen lustig über ihn. »Als wir mit dem und dem zusammen waren«, erzählte sie mir dann wohl schon, »hat Walter denen auseinandergesetzt, was Mathilde oder Erich zu irgend etwas meinen. Und die Leute haben gesagt: ›Herr Lorenz, uns würde eigentlich Ihre Meinung interessieren.‹ « Darauf lachten wir beide. Für mich war mein Vater in diesen Dingen mehr ein Kumpel als eine Autorität. Er konnte das alles sehr gut wiedergeben, aber entscheidend war, daß man daraus »etwas Eigenes« entwickelte. Das tat z. B. unsere Lebenskunde-Lehrerin Frau Raab, und deshalb war ihr »Mathilde« auch nicht sehr grün.
1938 sprach »die Philosophin« in Berlin, und wir strömten natürlich alle hin. Nach dem Vortrag setzte sie sich vor die Rednerbühne. Wir defilierten alle an ihr vorbei, um ihr die Hand zu geben und sie ganz von nahem zu sehen. Meine Mutter stand hinter mir, meine Lebenskunde-Lehrerin vor mir. »Paß auf«, sagte meine Mutter, »wie die beiden sich freundlich anlächeln. Dabei kann Mathilde doch die Raab nicht leiden, weil die manchmal eine eigene Meinung hat.« So eingestimmt gab ich »Mathilde« die Hand, stellte nichts besonderes an ihr fest und war mehr beeindruckt von dem Gespräch mit meiner Lehrerin über das kammermusikalische Werk von Johannes Brahms, das ich gerade in mehreren Konzerten gehört hatte. Sie war eine gute Sängerin und verstand etwas von Musik. Das führte dazu, daß wir, ihre Lebenskunde-Schüler, manchmal zu Hochzeiten eingeladen wurden, um dort zu singen und Gedichte aufzusagen. Es gab eigentlich keinen Lebensbereich, in dem ich unbeeinflußt von den Ludendorffs blieb.

Quelle: Politische Plakate der Weimarer Republik, hrsgg. vom Hessischen Landesmuseum, Darmstadt 1980.

Wir machten auch gemeinsame Sonntagsausflüge in die Umgebung von Berlin, die wir Kinder besonders schätzten. Dann versammelte uns der Lehrer Fritz Hugo Hoffmann, Herausgeber des »Tannenberg-Jahrweiser« und Führer der Deutschvolkjugend der Kinder der Ludendorff-Anhänger, zu den verschiedensten Spielen. Er verstand das sehr gut. Aber seine Reden, die er z. B. zur Sonnenwendfeier hielt, schätzte unsere Lebenskunde-Lehrerin überhaupt nicht. »Unklares Zeug«, hörte ich sie dann wohl flüstern. Übrigens kamen zu diesen Ausflügen auch die ersten Legion-Condor-Kämpfer, die nach Spanien sollten. Wir bewunderten z. B. einen Luftwaffenleutnant sehr, der aus unserer Gruppe hervorgegangen und mit einem unserer Mädchen verlobt war.

Mit Kriegsbeginn hatte dann dieses Treiben ein Ende. Unsere Jungen meldeten sich alle freiwillig, soweit sie nicht Schüler waren wie meine beiden Brüder. Die Gruppe zerfiel. »Die Philosophin« bedauerte, daß wir ohne den Rat des »Feldherrn« auskommen mußten, aber manche Lehrer nahmen den Faden des »totalen Krieges« auf, indem sie, wie 1940 der Rektor Oswald Kraft, sich über »Das Gotterleben im Kriege« (im Ludendorffs Verlag) verbreiteten. »Es treibt den Deutschen«, schrieb Kraft, »zum Einsatz des Lebens für das unsterbliche Volk — und damit wäre ja auch das Leben erfüllt, wäre wert gewesen, gelebt zu werden, auch wenn es nicht ins Greisenalter gekommen ist... Es kann das Kriegserleben, wie jedes andere tiefe Erleben, darum die Menschen in hohem Grade umgestalten, aber es wirkt eben nicht auf alle Menschen gleichmäßig erhebend und vervollkommnend, denn der eine ringt ständig damit, um höher zu kommen, der andere bewältigt es eben nur, um dann wieder abzusinken... Hier sagt uns die Deutsche Gotterkenntnis, daß es nicht entscheidend ist, ob man erblich etwas besser oder schlechter gestellt ist, sondern daß es allein darauf ankommt, was der Mensch aus sich macht. Im Erleben des Krieges hat er Gelegenheit genug, sich aufwärts zu arbeiten.«

Das sollte uns bei der Stange halten und tat es wohl auch. Meine Brüder waren inzwischen auch eingezogen. Ich hatte geheiratet und bekam 1942 eine Tochter. Vor den Luftangriffen zog ich ins Sommerhaus meiner Tante nach Vorarlberg. Ich wohnte auf dem Berg und mußte mir alles aus dem Tal holen. Das war beschwerlich, aber wenn man jung ist, nimmt man das alles wohl doch leichter hin als in vorgerücktem Alter.

Mein Mann besuchte mich dort — im Urlaub von der Wehrmacht, wie er mir sagte. Es stellte sich aber heraus, daß er ohne Urlaubsschein, mit einer einfachen Ausgangserlaubnis, durch ganz Deutschland zu mir und meiner Tochter gekommen war. Jeder Wehrmachtskontrolleur hätte ihn eigentlich leicht zurückhalten können. Darum kam er auch ziemlich gelinde davon — mit Strafkompanie. Ich war ziemlich empört über sein Verhalten, zumal gerade mein Bruder gefal-

len war. Mein Vater meinte nun, ich solle lieber wieder zu ihnen nach Berlin kommen.
Kurz vor Kriegsende floh ich dann von dort mit meiner Tochter vor den Russen, landete in Hamburg und kehrte erst 1947 nach Berlin zurück. Mein Vater war noch in den letzten Kriegstagen als Volkssturmmann gefallen, und, wie seine Kameraden meiner Mutter erzählten, sei das Erlebnis der Kriegskameradschaft für ihn noch einmal ein Höhepunkt gewesen. Es waren junge Leute, Sportsfreunde meines Bruders, die das berichteten, und wir hatten keinen Grund, daran zu zweifeln.
Mathilde Ludendorff hatte sich besonders mit der Frauenfrage beschäftigt. Ihre Doktorarbeit — sie gehörte ja mit zu den ersten Frauen, die studierten — schrieb sie 1913 zum Thema »Der asthenische Infantilismus des Weibes in seinen Beziehungen zur Fortpflanzungstätigkeit und geistigen Betätigung«. Es folgte 1917 »Das Weib und seine Bestimmung. Ein Beitrag zur Psychologie der Frau und zur Neuorientierung ihrer Pflichten«, 1919 »Erotische Wiedergeburt« (1931 unter dem Titel »Der Minne Genesung«) und 1920 »Des Weibes Kulturtat«. Sie war der Überzeugung, daß die Frau, wie bei unseren Ahnen, wieder eine hohe Stellung einzunehmen hätte — unter Anerkennung ihrer geschlechtsspezifischen Aufgaben. Die Erniedrigung der Frau im Christentum, die vor allem in den Hexenprozessen zum Ausdruck gekommen war, diente der Lahmlegung ihrer Fähigkeiten, die dem Volke dadurch verloren gegangen waren und die Herrschaft von Rom-Juda erleichtert hatte. Mathilde Ludendorff betrachtete sich als Seherin — wurde auch von uns als solche angesehen —, die ihre Werke, wie die Seherinnen bei unseren Ahnen, in direktem Kontakt mit Gott empfangen hatte. Natürlich unser arteigener Gott.
Mein Vater hatte auch immer eine hohe Meinung von Frauen gehabt, so daß es ihm nicht schwerfiel, sich mit diesen Gedanken zu identifizieren, zumal die Zeit, als meine Mutter ihre dichterische und schriftstellerische Begabung hätte ausnützen können, lange vorbei war. Ich war kaum geboren, als sie begann, Gedichte und Kurzgeschichten zu veröffentlichen, aber — so erzählte sie mir — er moserte so lange herum, bis sie das aufgab. »So wichtig war es mir wieder nicht«, sagte sie.
Wichtiger war ihr, daß sie nicht jedes Jahr ein Kind bekam. Sie hatte — mit Hilfe eines Arztes, der sie mehrere Male von einem Kind befreit hatte — meinen Vater soweit emanzipiert, daß er das auch als seine Tat annahm, wenn ein Kind unterwegs war. Bis dahin hatte meine Mutter allein damit fertig werden müssen, und er hatte sie noch ausgeschimpft, wenn wieder eines kommen sollte. Das war aber Anfang der dreißiger Jahre längst geregelt, und da konnte er sich mit Mathildes Ideen auf diesem Gebiet identifizieren, ohne praktische Konsequenzen ziehen zu müssen. Eine Ahnung von der Arbeit der Frau — und vor allem, wie lange

sie dauert — hat er nie gehabt, und ich habe ihn ganz schön verachtet deshalb. Sonst ja nicht. Er war ein guter Spielkamerad. Meine Kindheit und Jugend ist durch ihn vom Spiel geprägt und trotz aller Not und Entbehrung fröhlich und sogar unbeschwert gewesen.

Einmal wurde von der Felix-Dahn-Gesellschaft, die von Ludendorffern für literarische Veranstaltungen gegründet worden war, ein Theaterstück dieses Autors aufgeführt. Ich habe den Titel vergessen. Mein Vater mußte darin einen Ritter spielen, der irgendeinem Herrscher zuruft: »Gerechtigkeit, Gerechtigkeit, Herr König!« Das tat er — wir drei Kinder verfolgten auch während der Proben wie gebannt jeden seiner Schritte — mit großer Verve, und wir waren sehr stolz auf ihn, ja, es interessierte uns eigentlich nur diese Sequenz. Noch heute höre ich, wenn immer mir das Wort Gerechtigkeit begegnet oder ich es benutze, meines Vaters Ausruf, und verständlicherweise muß ich dann, bei allem Ernst, den es verlangt, doch auch lächeln. Auf jeden Fall hat mich dieses Erlebnis vor falschem Pathos bewahrt.

Um noch einmal auf meines Vaters Frauenachtung zurückzukommen: Er hat mich ab einem gewissen Alter mit dem gleichen Respekt wie meine Mutter behandelt und auch versucht, das meinen Brüdern — mit wechselndem Erfolg — einzutrichtern. Das war gut für mein Selbstbewußtsein, und ich wurde intellektuell nicht anders behandelt als meine Brüder. »Mathildes« Ideen von Frauenbefreiung und erotischer Aufklärung hatten ja einen richtigen Ausgangspunkt und lagen in der Luft, leider liefen sie aber — wie alles, was sie von sich gab — auf diesen pathologischen Judenhaß und die Abwertung der Moderne hinaus. 1932 und 1936 bescherte sie uns mit ihrer Lebensgeschichte »Statt Heiligenschein oder Hexenzeichen — Mein Leben«. Sie beschrieb darin auch, wie ihre erste Ehe auseinanderging. Ihr Mann lief ihr mit einer — Jüdin davon. »Deswegen ist die so gegen die Juden«, sagte meine Mutter, die eigentlich keine Antisemitin war, aber auch nicht wußte, wie sie das begründen sollte gegen die Materialfülle aus dem »Hause Ludendorff«.

Ich gab mich nicht mit dem zufrieden, was ich bei den Ludendorffs und in den Erzeugnissen aus ihrem Verlag las. Ich wollte selber forschen. Ich wollte einen Roman über die Judenaustreibung 1519 aus Regensburg schreiben und dabei die Machenschaften Rom-Judas in der Reformationszeit entlarven. Ich studierte also in der Berliner Staatsbibliothek die einschlägige Literatur, wobei ich feststellte, daß die Juden von Regensburg eigentlich nichts für ihre Austreibung konnten und auch die Regensburger nicht direkt ausgebeutet hatten. Das paßte nicht ganz ins Bild, und so studierte ich weiter. Aber dann mußte ich mit meiner Tochter durch halb Deutschland reisen, um den Bomben zu entgehen, so daß das Projekt in Vergessenheit geriet. Ich hatte zwangsläufig andere Sorgen.

Trotzdem habe ich in den schwierigen Kriegsjahren immer wieder als Trost zu den Büchern der »Philosophin« gegriffen: beim Anstehen nach Lebensmitteln etc., im Luftschutzkeller, an kalten Wintertagen, wenn ich fror. Der Hunger wollte auch überwunden werden, denn wir waren nicht sehr clever darin, uns Lebensmittel schwarz zu besorgen. Durch das Kind hatte ich eine bessere Karte, aber was da übrig blieb, gab ich schon mal meiner Mutter, die sehr krank gewesen war und nicht gut hungern konnte. Ich konnte das, und Mathildes Sprüche halfen mir über das nagende Hungergefühl hinweg. »Sei beherrscht«, hieß ja ein Mahnwort, und ich nahm die Bräuche ernst.

Aber Anfang Mai 1945 war es damit zuende. Das was ich dann hörte und sah, nahm mir meinen Glauben — ganz ohne Aufwand, mehr so im Lauf der Zeit. Mit einem Mal konnte ich damit nichts mehr anfangen. Dann begann die lange Arbeit des Umdenkens als ein Prozeß der Selbsterziehung.

Welche Voraussetzungen hatte ich für eine Befreiung von dieser Kitschreligion und zum Erwerb einer realistischen Überzeugung? Die, die alle normalen Menschen haben. Jeder Mensch muß in einem gewissen Alter seinen Glauben neu fundieren. Ein Kinderglaube muß immer neu durchdacht werden, um für ein Erwachsenenleben zu taugen. Ich fing etwas spät damit an, denn zwölf Jahre Abgeschlossenheit von der Welt waren für meine geistige Weiterentwicklung nicht günstig gewesen. Aber ich war sehr neugierig, und die Zeit des Zusammenbruchs aller Werte verstärkte diese Neugier. Ich wollte wissen, warum sie davonschwimmen konnten. Eine Erleichterung war, daß ich von meiner Mutter nicht autoritär erzogen worden war. Autoritäten gab es für mich nur, wenn ich sie als solche erprobt hatte. Selbstverständlich waren »der Feldherr« und »die Philosophin« solche für mich gewesen, aber keine endgültigen, von denen aus man nicht weiterdenken durfte. Mein Studium der Regensburger Judenaustreibung von 1519 war schon ein solches Weiterdenken, das mir dann ja auch prompt die ersten Zweifel bescherte.

Trotzdem habe ich während des Dritten Reiches keinen Blick des Mitleids für die Juden gehabt, die in unserem Haus lebten und die erst ihre Wohnung verließen, wenn niemand von uns auf der Treppe war. Eines Tages verschwanden sie überhaupt. An ihrer Statt zog ein Eisenbahner ein, der die Züge fuhr, die die Juden in die Vernichtungslager des Ostens brachten. Mitleid mußte ich nach 1945 auch neu lernen, zusammen mit Toleranz, die mir leicht fiel. Gerade weil ich einen sehr persönlichen Glauben erwarb, hatte ich große Achtung vor jedem anderen. Ich wußte, wie schwer man ihn sich erarbeiten mußte, und das verdiente Achtung und Toleranz.

Einige meiner Interessengebiete waren nur obenhin von »Mathildes«

Sprüchen berührt worden. Ich hatte bereits während der Schulzeit angefangen, Musik zu studieren. Ich wollte Musikkritikerin werden. Als Vorbereitung auf das Hochschulstudium studierte ich Musikgeschichte, Musiktheorie, Formenlehre. Das gab ich selbst dann nicht auf, als ich hochschwanger war. Einmal in der Woche stieg ich vier Treppen zu meinem alten Lehrer in Musiktheorie hinauf, um während der Zeit der Mutterschaft nicht ganz den Anschluß zu verlieren; eines Tages bat mich seine Frau, nicht mehr zu kommen. Sie seien alte Leute, und wenn es bei mir losginge . . . Daran hatte ich nicht gedacht.
Am Konservatorium der Reichshauptstadt, dem früheren Sternschen Konservatorium, wo ich bis zu meiner Verheiratung studiert hatte, war mein Lehrer in Musikgeschichte ein Hindemith-Schüler, der seinem Meister nachtrauerte und mich belehrte, daß Hindemith sich mit seiner jüdischen Frau nicht »gesund geheiratet« hatte, das heißt, sie war nicht reich gewesen, wie ich in meinem Antisemitismus natürlich sofort vermutet hatte. Auch die Ludendorffschen Thesen von der Ermordung Mozarts zog er in Zweifel, sehr vorsichtig zwar, aber doch so, daß da ein Stachel in mir zurückblieb. Mendelssohn, Mahler, Schönberg habe ich erst nach 1945 kennengelernt.
Ähnliches gilt für die Literatur. Die Klassiker hatte ich bereits mit zwölf Jahren, als ich längere Zeit krank war, gelesen. Sogar Goethe, obwohl der von Mathilde abgelehnt wurde. Die Kenntnis über die modernen Schriftsteller — oder die über Heine — mußte ich mir auch nach 1945 erwerben. Das hat allerdings nicht nur etwas mit der Ludendorfferei zu tun — die gab mir nur ein gutes Gewissen dabei —, sondern vor allem mit der Nazizeit. Ich habe nur wenige Erinnerungen an die Zeit davor. Meine einzige bedeutsame Erinnerung ist der Tod von Außenminister Gustav Stresemann am 3. Oktober 1929. Wir wohnten damals noch in Stettin, zogen erst einen Monat später in die Nähe von Berlin. Meine Mutter und ich — ich war acht Jahre alt — kamen an einem Zeitungsladen vorbei. Meine Mutter sah auf die Schlagzeile einer Zeitung und begann zu weinen: »Stresemann ist tot«, sagte sie. Wenn meine Mutter um ihn weinte, mußte er ja wohl ein guter Mann gewesen sein. Ich habe ihn als solchen über die ganze Nazizeit gehütet, und sein Andenken hat mir den Einstieg in die Geschichte der Weimarer Republik sehr erleichtert, ohne daß ich deswegen ihm gegenüber unkritisch gewesen wäre.
Vor Hitlers »Machtergreifung« wohnten wir in Berlin gegenüber dem Ausgang des Untersuchungsgefängnisses Moabit. Wir sprachen manchmal mit den entlassenen Untersuchungsgefangenen, die meistens nur wenige Jahre älter als ich und meine Brüder waren. Oft waren es »Politische«: Kommunisten, Nazis und Sozialdemokraten, die aus den Jugendorganisationen ihrer Parteien kamen. Als ich meinem Vater einmal von

einer solchen Begegnung erzählte und wiedergab, daß mein Gesprächspartner von »Hitler, dem Schweinehund« gesprochen hatte, lachte er und sagte: »Den Schweinehund wähle ich.« Komischerweise hat mir das Hitler nicht sympathischer gemacht. Mein Vater sagte dann später, er habe ihn doch nicht gewählt, und wir Ludendorffer waren ihm ja nicht ganz grün. Die Weimarer Republik hat jedoch keinen speziellen Eindruck bei mir hinterlassen, was aber sicher an meinem Alter lag.

Ein wichtiger Grund, der Nazizeit — und damit der Ludendorfferei — nicht besonders nachzutrauern, war, daß sie so schön nun wieder auch nicht war. Ewig diese Aufmärsche, vor denen sich zu drücken nicht ganz ungefährlich war. Immer mußte man auf der Hut sein, nichts falsch zu machen. Seine wahre Meinung durfte man nicht sagen, und Spaß gab es nicht viel für einen jungen Menschen. Ja, Sport habe ich getrieben, bin Rhönrad gefahren, habe Rollschuh gelaufen, geschwommen. Im Reichsbahn-Sportverein, wo eigentlich kein Nazireglement zu spüren war. Aber das hörte dann im Krieg alles auf, und je länger er dauerte, desto anstrengender wurde er. Nein, ich war froh, als das vorbei war, und weinte dem keine Träne nach. Mein Vater und mein Bruder waren gefallen, mein anderer Bruder war in russischer Kriegsgefangenschaft — warum sollte ich das wiederhaben wollen, was soweit geführt hatte?

Ich verspürte nicht das Bedürfnis — wie mein Vater nach dem ersten Weltkrieg —, die Schuld, die ich als meine erkannte, anderen in die Schuhe zu schieben. Eine Dolchstoßlegende lag auch nicht in der Luft; diesmal nicht, dazu war der Zusammenbruch zu total. Es war auch schlimm genug, was man von unseren Taten — oder besser Untaten — hörte. Nicht, daß ich von den Lagern nichts gewußt hätte. Mir kann kein Zeitgenosse weismachen, daß er davon erst nach 1945 erfahren hat. Das haben wir alle gewußt. Die Lager hätten ja auch ihren Zweck nicht erfüllt, wenn wir nichts von ihnen erfahren hätten. Wir durften nur nichts Genaues wissen, eben soviel, daß es uns Angst machte und uns bei der Stange hielt. Deshalb haben wir geschwiegen. Den Umfang der Verbrechen haben wir dann nach 1945 erfahren können.

Ich will damit sagen, daß man spätestens mit dem Zusammenbruch mit dem Umdenkungsprozeß beginnen konnte. Ich habe es gründlich gemacht, und wenn ich jene zwei Zeitalter, in denen ich gelebt habe und noch lebe, betrachte, so bin ich immer noch erstaunt, wie ich mich von dieser Kindheits- und Jugendreligion gelöst habe. Ich habe das jetzt beim erneuten Studium der Ludendorff-Schriften festgestellt. Nicht die Themen waren das Entscheidende. Die lagen in der Luft und warteten auf Lösungsvorschläge. Sonst hätte die Ludendorfferei ja nicht bis zu 300 000 Anhänger zusammenbekommen. Entscheidend war die ideologische Fundierung von Ressentiments in einer deklassierten Gesellschaft, die auf keine politische Kultur wie die Demokratien des Westens zurückgreifen konnte. Wenn auch nicht bewußt — zuerst wenigstens nicht — wollte ich von diesen Ressentiments weg. Ich mochte falsche Töne nicht.

Ich bin für diese Erfahrung, in dreizehn Jahren meines Kinder- und Jugendlebens gewonnen, insofern dankbar, als ich von der Picke auf gelernt habe, was faschistisch ist — fraglos gehörte die Ludendorfferei in diese Richtung. Denn sich mit einer Doktrin zu identifizieren, heißt ja nicht, für alle Zeiten an sie zu glauben. Man hat vielmehr einen Ausgangspunkt gewonnen, von dem aus man die Welt testet. In meinem Fall habe ich diesen Ausgangspunkt ganz verlassen und mich von ihm abgewandt, um andere Erkenntniswege zu gehen, die mir dann wesentlich andere Einsichten bescherten und mich befähigten, den Prozeß der ständigen Veränderung unserer Welt ungeschützt zu durchleben. Doch der Faschismus — auch in der Spielart des deutschen Nationalsozialismus — ist nicht tot. Aber er hat seine Erscheinungsformen reduziert — reduziert, weil Antisemitismus nicht mehr »in« ist (Antizionismus kommt da schon eher an) und weil man sich auch nicht mehr offen zum Militarismus bekennen kann, wenn man auch beides gern bekennen würde — zumindest nicht ganz abschwören. Aber was man lauthals verkünden darf, ja was sogar von einem verlangt wird, das ist Antikommunismus. Er steht heute stellvertretend auch für den latenten Antisemitismus und Militarismus, deren inhumane Aggressionen er erlaubt.

Unter Hitler war der Bolschewismus gleichgesetzt mit Untermenschentum, und dagegen Krieg zu führen — das war ein heiliger Krieg. Ist diese Haltung tot? Im Gegenteil: hier ist eine direkte Kontinuität vom Dritten Reich — und auch von der Ludendorfferei — zu unserem demokratischen Staat gegeben, auch wenn es offiziell nichts geben darf, was aus dem Dritten Reich in unsere heutige Gesellschaft übernommen wurde. Es dürfte nichts geben, denn leider gibt es manches, was zur Ideologie unserer Gesellschaft gehört und gleichzeitig zu der des NS-Staates. Z. B.: als Antikommunist hätte ich keine Schwierigkeiten gehabt, den Schritt von einem in das andere Staatswesen zu tun. Es wäre für mich überhaupt nicht notwendig gewesen, mich so gründlich mit meiner Vergangenheit zu beschäftigen, denn mit ihm — dem Antikommunismus — hätte man mir Absolution von meiner/unserer Vergangenheit erteilt. Und warum bin ich dann diesen doch viel leichteren Weg nicht gegangen? Nun, wie viele meiner Leidensgenossen 1945 war ich der Meinung, daß wir speziell unser Verhältnis zu den Staaten im Osten auf eine rationale Grundlage stellen müßten. Ich habe dann später die allgemeine Meinung nicht geteilt, daß es doch eigentlich nicht nötig sei, die vergangenen zwölf Jahre so gründlich zu durchforsten. Allerdings hat diese Durchforstung nicht dazu geführt, daß ich Kommunistin geworden wäre. Ich bin es nicht und werde es nicht sein.

Was mir aber vor allem wichtig ist, das ist die Einsicht, daß in dieser — zugegeben undemokratischen — Ausformung des modernen Kommunismus der Prüfstein für unser Demokratieverständnis enthalten ist, und zwar dergestalt, daß wir — wenn auch zähneknirschend — mit ihm leben müssen und für seine Veränderung verantwortlich sind. Als Antikommunisten verlieren wir die Kontakte zur Demokratie. Das ist die Lehre des deutschen Nationalsozialismus, den die Neonazis heute nicht ohne Erfolg aktualisieren. Ich lehne alles ab, was aus dieser Unzeit nach Kontinuität — über das Dritte Reich hinaus — in unseren demokratischen Staat drängt. Mit der dreizehnjährigen eingeatmeten Erfahrung der Ludendorfferei.

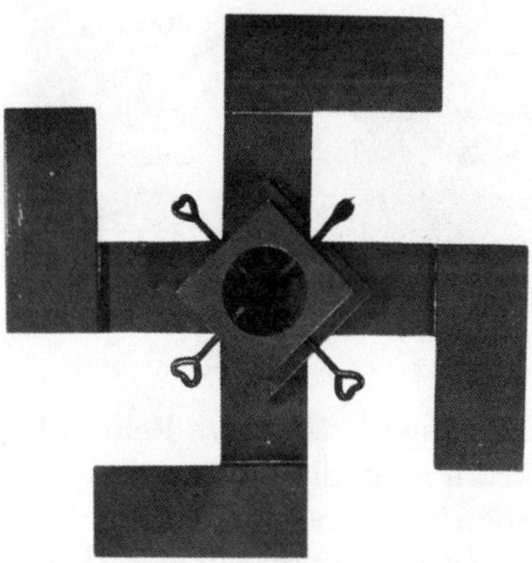

Christbaumständer als Hakenkreuz. Pappbecher. Quelle: Nazi-Kitsch. Darmstadt 1975.

Marta Damkowski, geb. 1911. Nach Erlangung der Mittleren Reife Ausbildung zur kaufmännischen Angestellten und Studium an der Philosophisch-Politischen Akademie (1933 von den Nazis geschlossen). Seit 1928 Mitglied des »Internationalen Sozialistischen Kampfbundes« (ISK). 1940 Heirat und 1941 Geburt eines Sohnes. 1944 kommt ihr Mann im Krieg um. Nach 1945 Eintritt in die SPD, Frauensekretärin der SPD Hamburg, Tätigkeit im gehobenen und höheren Dienst der Hansestadt Hamburg. Seit 1976 ist sie Pensionärin.

Gespräch mit Marta Damkowski

Aufgezeichnet von Elke Kröplien

». . . die Erlebnisse und Ängste sind unauslöschlich«

Es ist nun 36 Jahre her, daß der Schrecken des Nationalsozialismus zu Ende ging. Und viele, die heute erwachsen sind, kennen ihn — wenn überhaupt — nur noch aus Geschichtsbüchern. Für mich aber ist er immer noch gegenwärtig. Lange Zeit konnte ich überhaupt nicht davon sprechen — für dieses Buch habe ich mich zum ersten Mal überwinden können, zusammenhängend und gründlich von den schrecklichen zwölf Jahren zu erzählen. Die Erlebnisse und Ängste sind unauslöschlich.
Dabei ist das, was mir geschehen ist, lange nicht so entsetzlich wie die Erlebnisse vieler anderer Menschen. Ich bin auch weder besonders wichtig noch besonders einflußreich gewesen. Aber vielleicht ist es gerade darum gut, einmal genauer zu erzählen. Vielleicht kann mein Bericht manchem Jüngeren klarmachen, was damals wirklich passiert ist — wie schwer es war, Widerstand zu leisten — wie wichtig es ist, daß es nie wieder Faschismus gibt. Vielleicht ermutigt es auch Jüngere, in unserer Zeit den Mund aufzumachen und sich politisch zu engagieren — wo man doch bei einer freien Meinungsäußerung nicht mehr um seine Freiheit oder sogar um sein Leben zu fürchten hat.
Ich stamme aus einer alten sozialdemokratischen Familie. Mein Vater war Stadtverordneter, meine Mutter Kreistagsabgeordnete in Schleswig-Holstein. Und meine Mutter war es vor allem, bei der ich Verantwortlichkeit für andere Menschen gelernt habe. Sie nahm mich schon früh mit, wenn sie Kinderheime und andere soziale Einrichtungen besuchte. Sie zeigte mir das Elend und erklärte mir die Gründe dafür. Menschenwürde, Meinungsfreiheit und Wahrhaftigkeit waren mir früh als Werte bewußt und unverzichtbar. Sie haben mir geholfen, die Zeit des Nationalsozialismus zu überstehen, und ihre Bedeutung für mich hat sich unter dem Druck der Diktatur nur noch verstärkt.
Schon als Zwölfjährige ging ich zu den Kinderfreunden/SAJ, trat aber mit knapp 17 Jahren wieder aus, weil ich wie viele andere in der SAJ enttäuscht war über die lasche Haltung der SPD gegenüber den aufkommenden reaktionären Kräften in der Weimarer Republik (Unterstützung der Hindenburg-Wahl, Fürstenabfindung, Bewilligung der Panzerkreuzer-Kredite). Ich trat der Jugendgruppe des ISK bei, des von dem Philosophen und Staatstheoretiker Leonard Nelson gegründeten Internationalen Sozialistischen Kampfbundes, und begann, ernsthaft politisch

zu arbeiten. Nicht nur zur Freude meiner Eltern. Denn die Nelson-Gruppe war kurz zuvor wegen ihrer kritischen Haltung aus der SPD ausgeschlossen worden.
Eines Tages — ich war 18 Jahre alt — wurde mir ein Stipendium an der »Philosophisch-Politischen Akademie« in Melsungen angeboten. Ich sagte mit Freuden ja. Ich war damals sehr wißbegierig und wollte mich unbedingt weiterbilden. Ziel der von Nelson und der Pädagogin und Sozialistin Minna Specht gegründeten internationalen Schule und Akademie war eine intensive charakterliche und geistige Ausbildung für die politische Arbeit. In dem auf drei Jahre angelegten Unterricht wurden keine Vorlesungen gehalten. Es wurde nach der »sokratischen« Methode gearbeitet; heute würde man sagen: lernen, wie man lernt.
Die Erfahrung aus oft harten Auseinandersetzungen, daß man durch kritisches Denken und Anhören des anderen zu vernünftigen Ergebnissen kommen kann, hat mein damals nicht sehr ausgeprägtes Selbstvertrauen gestärkt. Dieses Selbstvertrauen und die erlernte Arbeitsmethode haben mir später im Beruf und in der politischen Arbeit sehr geholfen, meinen Standpunkt zu erarbeiten und zu vertreten. Der Erziehungsgrundsatz »In dieser Schule braucht niemand zu lügen« war für viele von uns eine große Hilfe im Einsatz für Meinungsfreiheit und Menschenwürde. Außer uns Deutschen gab es an der Schule auch Amerikaner, Franzosen, Briten, Schweizer, Chinesen; wir hatten Unterricht u. a. in Mathematik, Deutsch, Geschichte, Volkswirtschaft; wir arbeiteten auch in Küche, Gärtnerei, Schlosserei und Tischlerei, um uns die Situation der Menschen, mit denen wir später politisch arbeiten sollten, wenigstens ein bißchen vorstellen zu können.

». . . zum Glück hatte damals ja jeder Papiere, selbst die Maulesel«

Die Nationalsozialisten gewannen 1932 immer mehr an Boden. Die SA fuhr oftmals abends durch unser Akademiegelände und schoß durch die Gegend. Anfang 1933 wurde die Akademie dann offiziell vom NSDAP-Gauleiter geschlossen. Schon 1932 hatten sich Leitung, Schüler und Helfer entschieden, in die praktische politische Arbeit zu gehen. Wir wollten noch in letzter Minute mithelfen, die nationalsozialistische Herrschaft zu verhindern. Jedem etwas politisch orientierten Menschen konnte damals klar sein, daß Hitlers Programm Krieg, Brutalität und Unfreiheit für Andersdenkende bedeuten würde. Es wurde gemeinsam besprochen, an welchen Stellen wir politisch am effektivsten würden arbeiten können. Einige gingen in Fabriken, andere in die Redaktion und den Vertrieb von »Der Funke«, einer Tageszeitung des ISK. Die Ausländer fuhren in ihre Heimatländer und unterstützten von dort aus unsere Widerstandsarbeit.

Eine Genossin und ich gingen auf einen Gutshof in Thüringen, der von der Akademie gekauft und in eine Siedlungsgenossenschaft für Arbeitslose umgewandelt worden war. Meine Aufgabe dort sollte es sein, dem neuen Leiter und Diplom-Landwirt zur Seite zu stehen und die Arbeit soweit wie möglich im Interesse des ISK zu unterstützen. Außerdem sollte ich die dort angesiedelten Genossen ermutigen und zusammenhalten.
Als »landwirtschaftliche Elevin« ohne Erfahrung war ich angekündigt. Und ich hatte wirklich nicht die geringste Ahnung. Weder von der Verwaltung eines solchen Gutes noch von der eigentlichen landwirtschaftlichen Arbeit. Die Landarbeiter begriffen das schnell — und sie fuhren mit den Sensen nur noch schneller durchs Heu, als sie merkten, daß das »Fräulein« nicht mitkam. Ich hatte noch nie im Leben körperlich so schwer gearbeitet — Heuernte tagelang, von morgens bis abends. Wenn ich dann endlich allein war, habe ich vor Erschöpfung und Einsamkeit oft geweint. Aber ich wußte auch, daß ich durchhalten mußte. Wir konnten das Gut ja nicht aufgeben. Und meine Kollegin vom ISK hatte schon nach einigen Wochen abreisen müssen. Sie war der schweren Arbeit und der primitiven Lebensweise nicht gewachsen.
Mein erstes »politisches« Erlebnis war die Geschichte mit Schüttler. So hieß der Maulesel aus dem ersten Weltkrieg, der auf dem Gut noch Dienst tat. Er machte nie, was er sollte, und deshalb bekamen ihn vor allem die Neulinge mit zur Arbeit. Ich mußte mit ihm zum Eggen aufs Feld. Aber er ging nicht, er stand. Fluchen hatte ich inzwischen auch gelernt. So stand ich auf dem Feld, schrie und fluchte: Verfluchter Hund Schüttler! Das muß jemand gehört haben. Denn die Kriminalpolizei kam und hielt mir vor, ich hätte »verfluchter Hund Hitler« gerufen. Zum Glück hatte damals ja jeder Papiere, selbst ein Maulesel. Und so konnte der Gutsleiter beweisen, daß der Esel wirklich Schüttler hieß.
Mein Leben auf dem Gut wurde erst besser, als der neue, noch vom ISK ausgesuchte Leiter den ehemaligen Gutsbesitzer ablöste. Er war zwar kein Genosse, aber immerhin auch kein Sympathisant der Nazis. Nach kurzer Beobachtungszeit holte er mich ins Büro, wo ich die Bücher des Gutes führen sollte. Das war nun zwar körperlich nicht schwer, aber auch davon hatte ich keine Ahnung. Bei einem späteren Besuch auf dem Gut zeigte man mir ein altes, von mir geführtes Journal. Da waren noch die dicken verschmierten Flecke von meinen Tränen drauf, die ich über den fürchterlichen Zahlen geweint hatte. Mit der Zeit aber arbeitete ich mich ein. Nur die Isolierung belastete mich schwer. Freunde hatte ich nicht mehr, auch eine Schweizer Genossin, die noch auf dem Gut war, mußte 1933 flüchten. Als Ausweg holte ich am Wochenende manchmal die Kinder unserer Landarbeiter zusammen. Ich erzählte ihnen Märchen und spielte mit ihnen in der großen Halle des Gutshauses. Weil aber die Nationalsoziali-

sten schon bei der Wahl im März 1933 auf uns aufmerksam geworden waren (die wenigen Gegenstimmen ließen sich leicht herausfinden), verbot mir der NS-Vorsitzende den Umgang mit den Kindern. Ich wollte sie politisch beeinflussen, hieß es, und das sei Aufgabe der NS-Frauenschaft. Wehen Herzens gab ich die schönen Stunden mit den Kindern auf. Zum Glück entwickelte sich ein freundschaftlicher Kontakt zum Leiter des Gutes und seiner Familie. Mit ihm und seiner Frau konnte ich auch frei reden.

Bei den ersten Haussuchungen, die auf das Verbot, mit den Kindern zu spielen, folgten, staunte ich nur, wie naiv die Nationalsozialisten damals noch waren. Außer Büchern hatte ich sowieso nichts Verdächtiges. Schon in der Akademie hatten wir gelernt, daß man keine Briefe, keine Adressen, keine Fotos von irgendwem aufheben darf. Wichtiges mußte man im Kopf haben. Von meinen wenigen Büchern nahmen sie einen Dickens in Englisch mit, weil sie den nicht verstehen konnten. Das Buch von Lenin, das ich mir gerade geliehen hatte, ließen sie stehen. Später habe ich verbotene Bücher im Notfall in Milchkannen versteckt — die Bücher hab ich dann leider nie wiedergesehen.

In meiner freien Zeit besuchte ich die Frauen der Deputats- und Landarbeiter im Dorf. Ich kümmerte mich um Kranke, holte den Arzt, half, wo ich konnte. Und zwischendurch ließ sich auch immer mal ein politisches Wort sagen. Denn wir haben uns damals ja nicht nur versteckt.

Der Widerstand lief vom ersten Tag nach der Machtübernahme Hitlers an. Vom Ausland aus organisiert und über ganz Deutschland verteilt. Wir kamen in kleinen Gruppen zusammen, mal in der Lüneburger Heide, mal in Thüringen. Wir versuchten, die Menschen zusammenzuhalten, die keine Nationalsozialisten waren. Wir verfaßten und druckten Flugblätter, verteilten und verschickten sie — und erhielten selber Informationen. Minna Specht besuchte mich, bevor sie in die Emigration ging. Zweimal fuhr ich nach Berlin, um aus Thüringen zu berichten und auch neue Informationen zu bekommen. Irgendwo auf der Straße, an einem verabredeten Platz, traf ich Fritz Eberhard, den Leiter des ISK-Widerstands in Deutschland. Und mit Philippson vom ISK sollte ich in seiner Wohnung sprechen. Das war zwar sehr gefährlich, ließ sich aber aus irgend einem Grund nicht anders machen. Lange bin ich in der Straße hin- und hergelaufen, um sicher zu sein, daß mich niemand verfolgte. Als ich dann sah, daß alles in Ordnung und die Gardine an seinem Fenster halb aufgezogen war (das hieß »Du kannst raufkommen«), bin ich zu ihm gegangen. Er war auch wirklich da und allein. Wir haben über die politische Lage gesprochen, einander schreiben konnte man sowas ja nicht mehr. Was wichtig zum Weitersagen war, hab ich mir einprägen müssen, denn Notizen konnten lebensgefährlich werden. Dann wollte ich wieder weg,

zurück nach Thüringen, aber es ging nicht. In der Straße war irgendwas passiert. Ich verließ das Haus erst am nächsten Morgen, nachdem sich Philippson vergewissert hatte, daß die Luft rein war.
Bei einem dieser Treffen erhielt ich auch den Auftrag, nach Dänemark zu fahren. Ich sollte Minna Specht, die dorthin mit einigen kleinen Emigrantenkindern geflüchtet war, Informationen bringen. Das war 1934/35 noch möglich. Von Fritz Eberhard erhielt ich Fahrkarte, Geld und einen Zettel mit der Adresse. Mit Herzklopfen, aber ohne Zwischenfälle fuhr ich über die Grenze. Richtig Angst bekam ich erst, als die dänischen Polizisten, die ich nach dem Weg fragte, argwöhnisch wurden. Sie fürchteten, ich könnte eine eingeschleuste Nationalsozialistin sein. Als ich dann die Adresse aus dem Schuh zog, wurden sie freundlich und zeigten mir den Weg.
Zweieinhalb Jahre blieb ich auf dem Gut bei Meiningen und gewöhnte mich mit der Zeit ganz gut ein. Ich war für die Siedler und Landarbeiter endlich zu einer Art Vertrauensperson geworden. In Notfällen, bei schwierigen Geburten oder Fehlgeburten unserer Landarbeiterfrauen, mußte ich unserem Landarzt assistieren. Ich hielt Nachtwache, wenn unsere Zuchtstuten fohlten. Fräulein Marta nannten sie mich weit und breit, und kaum einer wunderte sich noch, was das Stadtfräulein hier wohl zu suchen hatte. Und Arbeit hat mir immer Spaß gemacht. Sie hilft über vieles hinweg.
Diese Vertrauensbasis war aber auch der einzige Rückhalt für mein Verbleiben auf dem Hof. Obwohl einige dort der NSDAP beigetreten waren und auch die Herren der Landwirtschaftskammer plötzlich ihre Nazi-Abzeichen trugen, ließ man mich eine Zeitlang in Ruhe. Das war vorwiegend darauf zurückzuführen, daß der Leiter der Siedlungsgenossenschaft wegen seiner fachlich hervorragenden Leistungen auf landwirtschaftlichem Gebiet weithin geschätzt und respektiert wurde. Auch sein Doktortitel verfehlte seine Wirkung nicht. Das merkte ich unter anderem, als eines Tages der NSDAP-Bürgermeister unseres Dorfs ins Büro kam, um sich über mich zu beschweren. Ich hatte die Frau eines von der Gestapo abgeholten jüdischen Viehhändlers, mit dem wir in Geschäftsverbindung standen, aufgesucht. Mitten im Satz schrie Dr. H. den Bürgermeister an: »Nehmen Sie Haltung an!« Er parierte. »Ich habe Fräulein B. geschickt, um . . . Noch was? Sie können gehen!« Er ging.
Ich aber wußte nun, daß ich beobachtet wurde. Der Besuch war in einer 20 km entfernten Kleinstadt gewesen. Ich mußte weg. Auch unser Aufsichtsratsvorsitzender und andere Genossen des Vorstandes waren inzwischen verhaftet oder emigriert. Die Auflösung der Genossenschaft war vorauszusehen. Außerdem sah man zu dieser Zeit schon sehr deutlich, daß die nationalsozialistische Herrschaft nicht so bald vorüber sein würde. Also

entschloß ich mich, mein auf dem Gut erworbenes Wissen zum Beruf zu machen. Auf einer Fachschule in Halle wollte ich das Examen als landwirtschaftliche Rechnungsführerin ablegen. Dazu mußte ich nach Halle umziehen. Zu meinem Glück kannte einer der unverdächtigen Siedler auf dem Gut eine alte Dame in Halle. Er empfahl mich ihr, und so konnte ich sie gelegentlich besuchen. Auf diese Weise hatte ich für meine Treffen mit den ISK-Genossen in Leipzig eine Ausrede. Wenn Kollegen oder Mitschüler fragten, mußte ich immer zu der alten Dame, die ich betreute. Wenn ich zu ihr kam, freute sie sich sehr. Nur ich hab mich schrecklich gelangweilt, weil sie so gar nicht zu mir paßte mit ihrem Schleierhut und ihrem bürgerlichen Gehabe. Erfreulich waren diese Besuche trotzdem für mich, weil ich nämlich ein Mittagessen bekam. Sonst mußte ich zu dieser Zeit nämlich mit dem Geld aus Nachhilfestunden und einem kleinen Zuschuß von einer Genossin durchkommen.

». . ., ich bin in jener Zeit immer gereist und umgezogen, jedesmal, wenn's gefährlich wurde.«

Die alte Dame hat auch nie erfahren, daß sie nur mein Alibi war. Bei unserer Widerstandsarbeit brauchten wir immer unverdächtige Bekannte, von denen wir Arbeitskollegen erzählen und zu denen wir angeblich gehen konnten. Nach außen mußten wir ja ein möglichst unauffälliges bürgerliches Leben führen. In Wirklichkeit aber bedeutete der Widerstand für uns die Aufgabe der bürgerlichen Existenz. Privat und beruflich. Fast alle Freundschaften gingen auseinander. Berufliche Entwicklungen, die unseren Fähigkeiten entsprochen hätten, konnte es für uns nicht geben. In unserer Freizeit trafen wir uns mit den Genossen. Für Theater, Tanz, Kino, Konzerte, was es ja damals alles noch gab, hatten wir keine Zeit und auch kein Geld. Wenn wir uns wirklich mal die billigste Kinokarte kauften, dann nur, um der Gestapo nach Aktionen beweisen zu können, wo wir gewesen waren. Ich hab das alles aber damals nicht vermißt.

Nur die Einsamkeit war schwer zu ertragen. Denn man konnte ja mit fast niemandem ein unbefangenes Wort reden, niemandem wirklich von sich erzählen. Schon auf der Akademie hatten wir gelernt, daß man möglichst immer den anderen reden lassen muß und besser nichts von sich berichten soll. Bei Vernehmungen und Zeugenaussagen konnten sonst tödliche Widersprüche auftreten. Daß ich so das Lügen lernen mußte, war wohl am schwersten.

Von Halle aus nahm ich Kontakt zu Lisbeth auf, einer Spinnereiarbeiterin in Leipzig. Sie war genau wie ich von ISK-Genossen im voraus informiert worden. Mein Erkennungszeichen bei unserem ersten Treffen: Der »Völ-

kische Beobachter« unter dem linken Arm. Lisbeth hatte in der Spinnerei gute Kontakte zu den Arbeitern. Meist sprachen wir Männer und Frauen an, die vor 1933 aktiv in Gewerkschaft, SPD oder KPD waren. Noch wurde die Arbeit vom Ausland aus gesteuert. Die deutsche Zentrale saß in Berlin. Meist haben wir Fünfergruppen gebildet, die sich regelmäßig trafen und zusammen arbeiteten. Für solche Treffen wurde ein »Anlaß« gleich mit verabredet. Wir feierten nachträglich viele Geburtstage oder spielten Skat. In Wirklichkeit hab ich das nie gelernt. Erkennungszeichen wie die halbzugezogene Gardine, Decknamen, Geheimschriften und vieles mehr halfen uns jahrelang, der Gestapo zu entkommen. Wir verfaßten unter anderem Flugblätter mit dem Aufruf zu Widerstand und Sabotage. Wir ließen sie in Betrieben, auf Jahrmärkten und Massenkundgebungen einzeln herumliegen oder einfach fallen. Wir steckten sie sogar in Briefkästen. Selbstverständlich mußten die Flugblätter auch zu den Verteilern gebracht werden. Solche Kurierdienste waren zwar gefährlich, aber notwendig; denn Post konnte immer kontrolliert werden. In Schnittmusterbogen ließen sich verschlüsselte Nachrichten eingermaßen sicher verschicken. Wir haben damals viele Schnittmusterbogen gekauft.
Ich bin in jener Zeit immer gereist und umgezogen, jedesmal, wenn's gefährlich wurde. Wenn's ging, nahm ich Untermieterzimmer mit eigenem Eingang, um möglichst schnell und unauffällig verschwinden zu können. Und ich hatte nur einen Koffer. Ich erinnere mich noch gut, wie's in Leipzig war. Bald nachdem ich dort eine Anstellung als landwirtschaftliche Rechnungsführerin angenommen hatte, kam der Betriebsleiter plötzlich zu uns ins Zimmer gerannt. Er brüllte mich an: »Das fehlt gerade noch, daß wir hier eine haben, nach der die Gestapo fragen muß. Ihretwegen haben die hier gerade angerufen. Sie können gehen!« Ich ging, ich rannte in mein Untermieterzimmer, griff meine Sachen, schickte eine chiffrierte Warnung an Lisbeth und lief auf Umwegen zum Bahnhof. Ich fuhr zu meinen Eltern nach Hamburg, weil ich nicht wußte, wo ich mich sonst verstecken sollte. Hier konnte ich erstmal eine Weile unterkriechen, obwohl auch meine Eltern unter Polizeiaufsicht standen. Ich traute mich deshalb kaum aus dem Haus. Erst wenn's dunkel wurde, wagte ich mich auf die Straße.
Von Hamburg aus fand ich Arbeit in der Nähe von Bremen, wieder in einer landwirtschaftlichen Buchstelle. Da war ich von Anfang an die nette, harmlose Kollegin, die mit den anderen Kaffee trank und über Alltägliches redete. Ich hatte auch eine Freundin und Genossin, Irmgard, mit der ich meine »Freizeit« verbrachte. Irmgard war allerdings auch im Widerstand. Mit Alex, dem wichtigsten ISK-Mann in Bremen, und zwei anderen Genossen arbeitete unsere neue Fünfergruppe nun in Bremen und Umgebung. Über die Buchstelle standen mir alle Adressen der Bau-

ern zur Verfügung. Auch an sie wandten wir uns mit unseren Flugblättern. »Boykottiert Hitler! Was Ihr abliefert, nützt nur dem Krieg!« stand sinngemäß darauf. Einmal hatten wir auch fünfmarkstückähnliche Münzen bekommen mit der Aufschrift »Hitler bedeutet Krieg«. Die ließen wir auf dem Bremer Jahrmarkt möglichst unauffällig fallen.
Im Winter 1937/38 nahm ich Urlaub und fuhr zum »Skilaufen« nach Bad Tölz. Ich konnte zwar kaum laufen, hatte auch keine Ski, aber ich wollte mich ja auch nur mit den ISK-Genossen zu einem Informations-Kursus treffen. Skigelaufen sind wir nicht. Damals waren schon viele geflohen, einige verhaftet. Es wurde immer schwieriger. Und wenige Tage später brachte mir die Post eine Karte von Irmgard ins Büro. Sie schrieb chiffriert, wir würden gesucht, sie ginge ins Ausland. Sie ist auch noch rausgekommen. Aber hinter meinem Schreibtisch standen im selben Augenblick, als ich die Geheimschrift entziffert hatte, die Männer von der Gestapo. Sie hatten auch Alex verhaftet und viele andere. Eine große Verhaftungswelle in ganz Norddeutschland setzte ein. Wie ich erst viel später erfuhr, wurden damals 91 ISK-Genossen verhaftet und weitere elf gesucht. Der Anlaß für diese Verhaftungen ist von Fritz Eberhard in seinem Buch »Arbeit gegen das Dritte Reich« (Landeszentrale für politische Bildungsarbeit Berlin) ausführlich geschildert: Ein junger Genosse hatte auf einem Kurierdienst ein Paket mit illegalem Material vom Fahrrad verloren. Er wurde später beim Grenzübertritt verhaftet, brach zusammen und packte aus.
Die Kollegen und Kolleginnen in Bremen konnten es erst gar nicht fassen, daß ich verhaftet wurde. Als ich abgeführt wurde, kamen sie alle mit raus auf den Flur und riefen mir nach: »Wir werden Sie nie vergessen!« Das hat mich damals sehr gefreut und getröstet, genau wie die Briefe, die sie mir ins Gefängnis schrieben. Ihre Verwunderung darüber, daß eine junge Frau politisch so engagiert sein konnte, hat mich jedoch nicht überrascht. Man war jung, sah nett aus, paßte gelegentlich auf die Kinder der Kollegen auf, hörte sich die Klagen der anderen an und führte ein unauffälliges Leben. »So ein netter, anständiger Mensch«, hat mal jemand gesagt, als ich von der Gestapo geholt wurde, »das kann doch keine Politische sein!« Dieses Vorurteil hatte den Vorteil, daß man als Frau auch nicht so leicht verdächtigt wurde.

». . . beim letzten Mal erkannte ich ihn kaum, er sah aus wie ein blutig geschlagenes Tier.«

Zum Glück erlaubte mir die Gestapo nach meiner Verhaftung in Bremen, noch einmal kurz mit ihnen auf mein Zimmer zu gehen, um mich umzuziehen. Wie's so ist, hatte ich gerade an diesem Tag ein ganz gewöhnliches

Kleid an und keinen der für eine mögliche Haft seit langem präparierten Röcke. Deren Säume steckten voller Bleistiftminen. Und daß ich die jetzt brauchen würde für Nachrichten an Zuhause, Warnungen an Genossen — das war mir nur allzu klar.
Zwei Tage lang verhörte mich die Gestapo erst einmal in Bremen. Zunächst wußten sie nämlich nur, daß ich in Bad Tölz gewesen war. Ich erzählte ihnen ein schönes Märchen von meinen Freunden und Männerbekanntschaften im Skiurlaub in Bad Tölz. Sie glauten es auch und waren ganz gerührt, bis am nächsten Morgen ein Fernschreiben aus Berlin kam, in dem einiges über unseren Kursus stand. Da haben sie mich in Handschellen nach Berlin überführt.
Im Untersuchungsgefängnis Berlin, am Alexanderplatz, brachten sie uns alle zusammen. Es gelang mir noch, meine Eltern chiffriert zu benachrichtigen, meinen Bruder und meinen späteren Mann zu warnen, den Genossen mitzuteilen, wonach ich gefragt worden war, was die Gestapo schon wußte, von wessen Verhaftung ich gehört hatte, wer ins Ausland entkommen war. Das war besonders wichtig, denn auf die emigrierten Genossen konnte man alles abschieben, ohne sie zu gefährden. Auch ich habe alles oder fast alles auf Irmgard geschoben. Nur den Kursus in Bad Tölz und ein Bauernflugblatt konnte ich nicht ganz wegschwindeln. Aber sie hielten mich zum Glück für ein bedauernswertes, vom Juden Philippson verführtes Mädchen, das noch zu bessern sein könnte. So weit wie möglich ließ ich sie in dem Glauben. Als im Prozeß vor dem Volksgerichtshof trotzdem fünf Jahre für mich beantragt wurden, war ich sehr verzweifelt. Das Urteil lautete dann aber auf ein Jahr Gefängnis, weil mein Freund Alex das Bauernflugblatt auf sich genommen hatte. »Ist doch egal«, sagte er beim Abführen zu mir, »ich hatte sowieso zehn Jahre zu erwarten.« Geholfen hatte mir außerdem mein mutiger Pflichtverteidiger.
Vor der Verurteilung aber hatte ich neun Monate Untersuchungshaft zu überstehen. Gleich zu Anfang wurde ich zum ersten Mal Philippson gegenübergestellt. Ich sollte ihn identifizieren, sagte aber, wie verabredet, »den kenne ich nicht«. Und bei jeder weiteren Gegenüberstellung mußte ich das wieder sagen. Das waren entsetzliche Augenblicke, denn von Tag zu Tag waren ihm die Folterungen und Mißhandlungen deutlicher anzusehen. Beim letzten Mal erkannte ich ihn kaum, er sah aus wie ein blutig geschlagenes Tier. Er winkte mir müde zu: »Du kannst sagen, wer ich bin, jetzt wissen sie's sowieso.« Er hat nicht überlebt.
Auch ich selber war ständig Verhören ausgesetzt. Und weil ich keine Aussagen machte, immer erklärte, niemanden zu kennen, von nichts zu wissen, brachten sie mich ins Gefängnis Charlottenburg in Einzel-Dunkelhaft. Daß ich diese Zeit überlebt habe, verdanke ich nur dem

mutigen Gefängnisaufseher und seiner Frau. Manchmal öffnete sie heimlich meine Tür und ließ etwas Licht herein. Sie ließ es auch zu, daß ich manchmal auf dem Gang vor meiner Zelle ein paar Schritte hin- und herging, im Tageslicht, das durch die Fenster hereinkam. Sie gab mir heimlich, gegen die Vorschrift, auch mal ein Brötchen in die Zelle. Und als ich von der Einsamkeit, der Dunkelheit und der nervlichen Überanstrengung einen Kollaps bekam, brachte sie mich zum Arzt. Auch er riskierte viel, denn wie leicht hätte ihn jemand verraten können. Der Arzt tröstete mich: »Deern, das kriegen wir alles hin«; dann durfte ich jeden Tag zu ihm zur Behandlung. Milch und ein Teller mit Butterbroten waren die tägliche Medizin. Als ich zurück ins Untersuchungsgefängnis kam, war ich wieder fit.

Den mutigen Aufsichtsbeamten habe ich später noch einmal wiedergesehen. Als ich Leiterin der Hamburger Frauenstrafanstalt war, stand er eines Tages vor meinem Schreibtisch, drehte verlegen die Mütze in den Händen und fragte stotternd, ob ich wohl die Frau sei, die damals in Charlottenburg ... Weinend sagte er dann nur immer wieder: »Daß Sie das überstanden haben — wie wird meine Frau sich freuen!«

Im Untersuchungsgefängnis, wo ich dann auch den Rest meiner Strafe absitzen mußte, habe ich viel gelesen, geschrieben und Gedichte gemacht. Als sie mir neulich mal wieder in die Hände fielen, habe ich sie weggeworfen. Sie sagen anderen Menschen nichts. Mir aber haben sie damals über schwere Stunden weggeholfen.

Die stellvertretende Leiterin des Untersuchungsgefängnisses hat sich sehr um die Politischen gesorgt und ihnen geholfen. Sie war eine warmherzige, mutige Frau, die zumindest mir viele Erleichterungen in dieser Haft verschafft hat. So kam sie auch heimlich am Abend vor meiner Entlassung zu mir in die Zelle und sagte, daß die Gestapo mich angefordert hätte. Das bedeutete: Konzentrationslager. Und dahin waren schon viele meiner Mitgefangenen gekommen. Die Gestapo hatte mir das bereits angedroht, wegen meines »milden Urteils« und meiner »Schwindeleien«. Nun gab mir die Frau einen Zettel, den ich der Gestapo im Fall meiner Überstellung ins KZ geben sollte. Am nächsten Morgen wurde ich mit der grünen Minna abgeholt. Die Gestapo-Männer, die ich von meiner Verhaftung in Bremen kannte, empfingen mich zynisch und pöbelnd und erklärten unter anderem, daß meine Haft noch nicht zu Ende sei. Ich gab ihnen meinen Zettel, sie stutzten und gingen weg. Nach etwa einer halben Stunde voller Angst kamen sie zurück und sagten weit freundlicher: »Sie können gehen.« Ein am Prozeß vor dem Volksgerichtshof beteiligter Laienrichter hatte sich verbürgt, mich — an Stelle einer KZ-Überführung — bei sich zu beschäftigen. Ich kannte ihn nicht.

Nicht sicher, ob man mich nicht doch noch hinterrücks festnehmen

Wo ist die Bauernhoffnung nun geblieben?
Das Feld, das Vieh, der Hof ist nicht mehr dein.
Was Hitler Dir versprach, ist in den Wind
geschrieben.
Der Bettelstab wird Deine Zukunft sein!

Rechnet ab mit der Untreue!
Dem Wortbrüchigen am 19. August ein

Nein!

Nur Hitlers Sturz schafft Freiheit und Brot!

FREIHEIT

Habt Mut!
Sprecht frei und offen!
Der Terror wird gebrochen!
Freiheit!

Wir Bauern schenkten Hitler
Vertrauen
Dafür hat er uns übers Ohr
gehauen!
Freiheit!

Die zweite Arbeitsschlacht ist
pleite.
Der Hunger plagt die kleinen
Leute.
Es praßt und schwelgt die
braune Meute.
Freiheit!

Henker und Blutrichter
an die Laterne,
Der Tag der Rache
ist nicht mehr ferne.
Freiheit!

Klebezettel der Widerstandsbewegung. Quelle: Archiv der sozialen Demokratie, Bonn.

würde, bin ich in atemberaubender Angst zum Anhalter Bahnhof gerannt. Ich kam aber wohlbehalten bei meinen überglücklichen Eltern in Hamburg an. Mein Bruder und mein späterer Mann saßen noch in Berlin in Strafhaft.
Mein »Retter«, bei dem ich nach einigen Wochen Krankheit meinen Arbeitsplatz einnehmen mußte, war ein nicht unbedeutender Mann in der NSDAP. Was ihn bewogen hat, sich für mich einzusetzen, habe ich nie ergründet. War es Mitleid? Wollte er mich bekehren? Ich weiß es nicht. Er hat nie mit mir gesprochen, nie irgendwie auf mich einzuwirken versucht. Nach 1945 baten mich seine Angehörigen, vor dem Nürnberger Gerichtshof für ihn auszusagen. Ich habe nur bestätigt, daß er mich seinerzeit vor dem KZ bewahrt hat. Über seine Motive und seine sonstigen Handlungen in seiner politischen Funktion konnte ich aber nichts aussagen.
Als mein Mann seine zweijährige Haft verbüßt hatte, bat ich wegen meiner bevorstehenden Heirat um Auflösung des zwangsweisen Arbeitsverhältnisses. Das wurde genehmigt. Ein Kollege erzählte mir noch, der Chef wolle mich nicht sehen. Er sei wütend, daß ich den entlassenen politischen Sträfling heiraten wolle.

». . . der Kerl pöbelte meinen Mann an, brüllte rum und fragte zynisch, ob er nun bereit sei, ein Schiff voller Juden in der Ostsee zu versenken.«

Wir heirateten in Wedel bei Hamburg, wo meine Eltern damals wohnten. Auf dem Weg schon waren wir so fröhlich und albern wie lange nicht mehr. Und als der Standesbeamte uns ermahnte, unsere Ehe in Treue zum Führer zu führen, unsere Kinder in seinem Sinne zu erziehen, und als er uns »Mein Kampf« in Seidenpapier überreichte, fing meine Schwiegermutter an zu kichern. Nachdem mein Vater, der ehemalige Stadtverordnete, ihm erklärt hatte, daß wir beide kurz vorher aus politischer Haft entlassen worden waren, entschuldigte er sich für die vorgeschriebene Ansprache und wünschte uns nur noch sehr ernst viel Glück. Das konnten wir allerdings auch brauchen. Zwar ging ich der Gestapo durch meine Heirat in Wedel verloren — in Hamburg war ich unter meinem Mädchennamen bekannt, aber eine Marta Damkowski hatten sie da nicht in ihren Akten —, mein Mann jedoch war weiter den Repressalien der Nazis ausgesetzt. Viele Verhöre und Haussuchungen mußten wir über uns ergehen lassen. Er erhielt eine Aufforderung, seine Haft- und Gerichtskosten zu bezahlen. (Das war gar nicht möglich, weil wir ja beide keine Arbeit hatten.) Er mußte sich wöchentlich einmal beim NS-Gauleiter in Altona melden. Jede Woche lebte ich so für ein paar Stunden in der grausamen Vorstellung, daß er diesmal nicht wiederkommen würde. Diese Meldungen beim Gauleiter liefen nämlich fast immer gleich ab. Der

Kerl pöbelte meinen Mann an, brüllte rum und fragte zynisch, ob er nun bereit sei, ein Schiff voller Juden in der Ostsee zu versenken. Wenn mein Mann dann schwieg, drohte er ihm: »Dich bringen wir auch noch um!« Und das ist ihnen dann ja auch noch gelungen. Als dem Gauleiter nach 1945 der Prozeß gemacht wurde, erfuhr ich, daß er diese stereotype Frage auch anderen Politischen gestellt hatte.
Mein Mann zitterte jedesmal vor Wut, wenn er zum Gauleiter mußte. Er sagte: »Ich halte das nicht aus — heute bringe ich ihn um.« Und meine größte Angst war, daß er sich wirklich einmal vergessen könnte.
Wie ich meinen Mann kennengelernt habe? — Ach, das muß nach meiner Flucht aus Leipzig gewesen sein. Eines Abends sah ich an der Elbe sein Paddelboot. »Lever dod as slav« stand daran (Lieber tot, als Sklave). »Ja, das möcht ich auch«, hab ich da gesagt. Und so sind wir ins Gespräch gekommen. Dieses Paddelboot war später ein winziges Stück Freiheit, eine Möglichkeit, dem nationalsozialistischen Rummel wenigstens für Stunden zu entkommen. Wenn irgendein Feiertag war, an dem alle flaggten, dann fuhren wir auf die Elbe raus. Viele junge Leute mit Ruder- und Paddelbooten waren da, unter ihnen auch ehemalige SAJ-Freunde meines Mannes. Im Vorbeifahren flüsterten wir uns die neuesten Nachrichten der ausländischen Sender und was wir sonst gehört hatten zu. Ich erinnere mich noch sehr genau, wie wir auf der Elbe vom Angriff Hitlers auf die Sowjetunion erfuhren. Die Boote fuhren dicht zusammen. Wir waren bestürzt — ganz still. War es eine Hoffnung auf ein baldiges Kriegsende? Und was dann? Drohte uns eine neue Diktatur?
Seit wir aus dem Gefängnis entlassen waren, seit Krieg war, gab es praktisch keine Widerstandsarbeit mehr. Die Genossen waren tot oder im KZ, emigriert oder irgendwo an der Front. Aus dem Ausland kam auch keine Hilfe mehr, die Kontakte waren durch den Krieg abgerissen. Und in Deutschland wurde es fast unmöglich, sich mit politisch belasteten Freunden zu treffen. Einmal wurden wir verhört, weil uns Nachbarn angezeigt hatten. Sie hatten mehrmals ihnen unbekannte Leute in unser Haus gehen sehen. Es handelte sich um ein unbelastetes befreundetes Ehepaar. Haussuchungen und Verhöre gab es auch, weil wir nicht flaggten. Wir hatten keine Nazifahne, und wir wollten auch keine. Wenn sie kamen, hatte ich immer eine andere Ausrede. Ich könne die Fahne nicht finden, oder das sei das Haus meines Schwiegervaters und der hätte eine Fahne. Als der Blockwart dann dort vorsprach, nahm meine Schwiegermutter die verhaßte Fahne mit der Kohlenzange hoch und sagte: »Anders faß ich die nicht an!« Sie wollte nicht aufgeben. »Lieber sterbe ich bei denen«, hat sie immer gesagt, »als mir den Mund verbieten zu lassen.« Wir konnten sie nicht dazu bewegen, sich vorsichtiger zu verhalten. Sie ist sehr alt geworden und konnte noch miterleben, daß der Schrecken ein Ende hatte.

Das merkwürdigste und unverschämteste Verhör war in der Geschäftsstelle der Arbeitsfront oder der NS-Frauenschaft, zu dem ich nach Kassel befohlen wurde. Eine Frau sagte mir, daß auf dem Boden unserer Akademie Knochen von umgebrachten Kindern gefunden worden seien. Ob ich davon wüßte. Die Juden hätten die Kinder umgebracht. So hirnverbrannt waren diese Nazis! Ich war so entsetzt, daß ich immer nur sagte: »Das ist nicht wahr, das ist eine ungeheuerliche Verdächtigung.« Nach einigen Bemerkungen über die Schlechtigkeit der Juden, die ich mir noch anhören mußte, konnte ich gehen.
Es hat übrigens nie jemand versucht, meinen Mann oder mich in die NSDAP oder eine NS-Organisation aufzunehmen. Dazu waren wir viel zu bekannt. Zum Sammeln kam manchmal jemand an unsere Tür. Dann log ich immer, daß ich schon an der Ecke was gegeben hätte. Die NS-Frauenschaft ist auch nur zweimal bei mir gewesen, und beide Male hab ich sie rausgeschmissen. Das erste Mal, als wir ausgebombt waren und ich am Morgen nach dem Angriff in den Trümmern nach Brauchbarem suchte. Da kamen sie mit Schaufel und Eimer, um mir beim Aufräumen zu helfen. »Da sehen Sie, was Ihr Krieg bedeutet«, hab ich gesagt, und »hier kommen Sie nicht rein.« — Und dann noch einmal, als mein Mann im Krieg umgekommen war. Als es klingelte, sah ich die Frau an der Tür stehen, mit weinerlichem Gesicht. Sie wollte wohl kondolieren. Ich brachte gerade noch raus: »Gehen Sie bitte. Sie haben meinen Mann auf dem Gewissen.«
Hätten wir uns nicht anpassen können? Wir haben oft darüber gesprochen, warum wir nicht mitmachen konnten wie die anderen — aber wir konnten es nicht. Obwohl es schwer ist, in einer Welt zu leben, die nur aus Andersdenkenden und Angepaßten besteht.
Trotzdem war das Leben nach 1940 erst einmal leichter als während der Widerstandsarbeit. Die Heimatlosigkeit, die ständige Angst vor Entdeckung waren wie eine Last von uns genommen. Mit der täglichen Angst und den täglichen Entbehrungen hatten wir leben gelernt. 1941 wurde unser Sohn geboren, und erst viel später hab ich mich manchmal gefragt, woher wir wohl die Zuversicht genommen haben, ein Kind in die Welt zu setzen. Gesprochen haben wir damals nicht darüber. Mein Mann sagte nur: »Den nehmen wir mit.« Er wollte die Hoffnung nicht aufgeben, noch irgendwie aus Deutschland rauszukommen. Aber das war aussichtslos.
Wir hatten praktisch kein Geld. Außer ein paar Aushilfsarbeiten fanden wir nichts, wir waren beide arbeitslos. Mein Mann, der sein Ingenieurstudium in Berlin seiner Haft wegen nicht hatte abschließen können, suchte und suchte. Auf Bewerbungen kamen immer nur Ablehnungen, obwohl es ja damals Arbeit genug gab. In den Bewerbungen hatte er immer

geschrieben: »aus besonderen Gründen ohne Examen«. Erst als wir auf die Idee kamen, die Wahrheit zu schreiben, nämlich »wegen einer politischen Haft ohne Abschluß«, bekam er eine Anstellung bei der Firma Weiß & Freytag. Ich nenne den Namen dieser Firma gern — es gab damals nicht viele anständige Leute. Wie sich nach und nach herausstellte, waren dort noch mehr ehemalige politische Häftlinge beschäftigt. Denn in Abständen kam die Gestapo in die Firma. Dann mußte nicht nur mein Mann antreten, auch andere folgten ihm. Und der Schnack über den Zeichentisch »Haste auch gesessen?« war tröstlich.
Zwei Jahre lang konnte mein Mann dort arbeiten, weil die Firma ihn von der Militärpflicht freistellte. Als er dann schließlich doch an die Front mußte und nicht zurückkam, wurde mir noch für einige Monate sein Gehalt überwiesen.
Auf andere Menschen schießen zu müssen, war für meinen Mann eine entsetzliche Vorstellung. Er wollte es nicht. In seinem ersten Urlaub von der Front erzählte er mir erschüttert, wie hemmungslos seine »Kameraden« schießen konnten. Zwei junge Russen waren mit erhobenen Händen in den deutschen Schützengraben gesprungen, um sich zu ergeben. Sein »Kamerad«, der »ganz nett« war, erschoß die wehrlosen Jungen aus nächster Nähe. Mein Mann mußte wieder an die Front. Alle Erwägungen und Versuche, es zu verhindern, wie Krankheit oder Flucht, scheiterten.

». . . den NS-Ortsgewaltigen, der uns immer wieder als Sträflinge und Volksverräter beschimpft und meinen Mann ständig bedroht hatte, den mußte ich nach dem Krieg leider noch oft treffen«

Am 20. Juli 1944 rief morgens mein Mann bei mir an. Er war irgendwo in Österreich auf einem Bahnhof. Er sagte nur: ». . . da muß irgendwas passiert sein, vielleicht sehen wir uns bald wieder. Ich kann nicht weitersprechen, der Zug fährt gleich ab.« Danach habe ich nie wieder mit ihm sprechen können. Er ist an der ungarisch-rumänischen Grenze umgekommen. Ich sage nicht gern »gefallen«, denn das klingt nach sinnvollem Tod fürs Vaterland. Das Deutschland der Nationalsozialisten aber war nicht unser Vaterland.
Als wir dann am 20. Juli 44 irgendwann am Tage in einem ausländischen Sender vom Attentat auf Hitler hörten, dachten wir erleichtert, daß es nun endlich mit den Nazis zu Ende gehen wird. Aber noch am Abend desselben Tages kam die große Enttäuschung. Und als ich die dann im Luftschutzkeller nicht verbergen konnte, war ich für einige unserer Nachbarn eine Vaterlandsverräterin. Sie wollten alle siegen. Es war nicht klug von mir, aber ich konnte nicht schweigen. Auch nicht, als sie sich darüber aufregten, daß »diese kahlgeschorenen weiblichen Kriminellen« manch-

mal durch unsere Straße geführt wurden. Ich sagte ihnen, daß es internierte jüdische Frauen seien, keine Kriminellen. Sie waren entrüstet. Ich ging nur noch selten in den Keller.
Nach dem Krieg wollten sie von alledem nichts gewußt haben. Ja, sie genierten sich nicht, mich um einen »Persilschein« zu bitten.
Den NS-Ortsgewaltigen, der uns immer wieder als Sträflinge und Volksverräter beschimpft und meinen Mann ständig bedroht hatte, den mußte ich nach dem Krieg leider noch oft treffen. Er fuhr mit derselben S-Bahn zur Arbeit wie ich. Wenn es der Zufall wollte, daß wir im selben Wagen waren, stieg er sehr schnell um. Er hatte Angst. Und die sollte er auch haben.
So begegne ich noch heute einigen, die uns das Leben schwer gemacht haben. Ich habe den Eindruck, daß es ihnen peinlich ist; aber vielleicht täusche ich mich. Denn 40 Jahre sind vergangen, wer erinnert sich noch? Allerdings war jetzt mein neu zugezogener Buchhändler bestens informiert über unser Leben in der Nazizeit. Zu meiner Überraschung hatten Kunden ihm das erzählt. Es ist also doch nicht ganz vergessen. Für mich sind auch jene nicht vergessen, die uns in dieser Zeit versteckt ihre Sympathie bewiesen haben. Durch ein aufmunterndes Gespräch über die »schweren Zeiten«, eine Nähgarnrolle zusätzlich und vieles mehr. Auch der Gärtner an der nächsten Ecke war ein standhafter Gegner der Nazis. Wenn ich zu ihm kam, schloß er hinter uns die Treibhaustür und berichtete mir, was er im Radio aus dem Ausland gehört hatte. Mit ein paar Stengeln Petersilie in der Hand konnte ich dann wieder von ihm weggehen, ohne mich verdächtig zu machen. Wir haben soviel wie möglich ausländische Radiosendungen gehört. Meist haben wir das Radio in eine Wolldecke gewickelt und ans Ohr gehalten. Wenn ein Fremder in die Wohnung kam, konnte man das Radio mit der Decke unauffällig weglegen. Aber wann die Nazis am Ende sein würden, das wußten wir nicht. Stalingrad, die Landung der Alliierten in der Normandie, der »geordnete« Rückzug der deutschen Truppen — das waren für uns Meldungen voller Hoffnung.
Wie es unzähligen Menschen in jener Zeit ergangen ist, so wurde auch unser Haus bei einem Bombenangriff durch eine Luftmine zerstört. Ich war mit meinem Kind für einige Stunden im Keller verschüttet, wurde aber unversehrt geborgen. Der Verlust von Wohnung und Sachen war mir ziemlich gleichgültig. Wir hatten außer unseren Büchern keine Reichtümer angesammelt. Und ich hatte es in den Jahren gelernt, davon nicht abhängig zu sein und Entbehrungen zu ertragen.
Dann aber kam die Nachricht vom Tod meines Mannes. Sie nahm mir zunächst allen Lebensmut und alle Kraft, weiter durchzuhalten. Ich mußte mich aber wieder aufrappeln, ich hatte mein Kind. Kurz zuvor

waren meine Eltern gestorben. Und heute erst weiß ich so recht zu ermessen, was sie an Gefahren und Kummer unseretwegen auf sich genommen haben. Mein Bruder galt im Afrika-Krieg als verschollen, und seine Frau hatte sich aus Verzweiflung das Leben genommen. Meine stets hilfsbereiten Schwiegereltern hatten mit sich zu tun, sie hatten ihren Sohn verloren.

So war es um mich herum noch einsamer geworden. Das war eine schlimme Zeit. Und es war oft nicht leicht, die Tiefpunkte der Hoffnungslosigkeit und der Verbitterung zu überwinden. Ich schaffte es, weil mein Kind mich noch brauchte.

Und heute kann ich sagen: Es hat sich gelohnt durchzuhalten. Unvergeßlich ist mir der 8. Mai 1945, als durchs Radio die Nachricht von der kampflosen Übergabe Hamburgs an die Alliierten kam. Ein Leben in Freiheit — reden können — Freunde haben — das war beinahe unvorstellbar.

Ich trat der SPD bei. Für die Erhaltung und Gestaltung dieser Freiheit wollte ich mich aktiv einsetzen. Das war zugleich die einfache Antwort auf eine Frage, die uns oft gestellt worden ist: Was für einen Sinn hatte der Widerstand?

Irmgard Schüddekopf, geb. 1908, wurde Gymnastiklehrerin und studierte Philosophie. 1940 Heirat und 1944 Geburt einer Tochter. Sie arbeitet auf dem Gebiet Bewegungserziehung in Berufsverbänden und in der beruflichen Erwachsenenbildung. Daneben ist sie seit vielen Jahren schriftstellerisch tätig und engagiert sich für autonome Frauenhäuser und in der Altenarbeit. Sie ist Witwe und hat ein Kind.

Irmgard Schüddekopf

An der »Heimatfront« — Im Grünen Herzen Deutschlands

Für junge Leute war und ist es nie einfach, eine Wohnung zu bekommen. 1940, nach einem Jahr Krieg, stand das bei uns so: Ich lebte und arbeitete in einem Kurort in Hessen, er in einer Kleinstadt Thüringens. Eine Wohnung zu bekommen, war ein Heiratsgrund. Trotzdem mußten wir noch ein weiteres Kriegsjahr warten, bis es die Wohnung in Thüringen gab. Solange lebten wir getrennt wie zuvor, da war nichts zu machen.

Vom Krieg merkten wir im ersten Jahr nicht viel in unserem Kurort, aber Engpässe mit Lebensmitteln fingen an. Jede Frau suchte so viel einzumachen, wie sie konnte. Weckgläser gab's nicht mehr in unbeschränkter Menge. Wir kamen auf den Einfall, Konservendosen vorsichtig zu öffnen, ihnen die Ränder abschneiden zu lassen und sie neu zu verwenden, Deckel konnte man bekommen. Die Dosen wurden immer kürzer, aufgeklebte Schilder fielen leicht ab, schließlich wurde das Öffnen der Dosen ein aufregendes Zufallsspiel: Was ist drin? Das mußte unvermeidlich gegessen werden. Kühlschränke hatten wir noch nicht.

Der Polenfeldzug war überraschend vor sich gegangen im Herbst 39, und so weit fort. Uns, die wir im Westen lebten, bewegten viel stärker die Kämpfe in Frankreich. Oben im Haus wohnte eine Arbeiterfamilie. Der Sohn, Soldat, kam auf Urlaub, und nun saß er mitten auf der Haustreppe, völlig besoffen, und feierte den Einzug in Paris. Ich werde das nie vergessen! Den Kopf voll mit hundert Angelegenheiten, die erledigt werden sollten, kam ich nicht früher zur Besinnung über die Bedeutung dieser Stunde als eben jetzt, wo der sonst so ruhige Karl aus der Fassung geriet. Er bildete sich ein, der Krieg sei nun sozusagen zuende. (An die Möglichkeit unseres Unterliegens dachte damals kaum einer.)

In Frankfurt wurde schon gebombt, wir kannten auch die Luftschutzkeller dort, machten uns nicht viel daraus, wenn Sirenen die Besorgungen unterbrachen. An neue Rituale gewöhnt man sich schnell, und es passierte kaum etwas. — Als ich später, 1946, wieder nach Frankfurt kam, durch staubige heiße Trümmerwüsten stapfte, mich immer wieder verlaufend, denn die Richtpunkte waren alle weg — da sah die Stadt anders aus.

Endlich der Umzug nach Thüringen, dem »Grünen Herzen Deutschlands«, wie man damals sagte. Eine Idylle war das, gar keine Flieger 1941, 42. Die Ackerbürger gingen ihrer Arbeit nach. Wo Mann oder Sohn eingezogen waren, schufteten die Frauen außer im Haus auch auf den Feldern.

Da lebten fleißige Menschen am Thüringer Wald, gewohnt schon in

Friedenszeiten, in die Beeren und in die Pilze zu gehn, Fallobst zu verwenden, Ähren und Kartoffeln zu stoppeln. Man konnte nur lernen von ihnen. Und wer machte das alles? Frauen und Kinder. Das war schon immer so gewesen.
Nachdem der Krieg ausgebrochen war — weit weg von Thüringen — evakuierte die Regierung hunderte von jungen Soldatenfrauen mit Kleinkindern von der Westgrenze ins Grüne Herz, in die Dörfer und kleinen Städte. Die sprachen ihren rheinischen Dialekt, bekamen monatlich eine bestimmte Geldsumme (viel Geld für thüringische Begriffe) und hatten weiter nichts zu tun, als ihr Kind zu päppeln und sich zu langweilen. Sie waren jung, hübsch, voller Spott über das einfache Leben in Thüringen, über die Plumpsklos sogar in der Stadt, über die Alltagskleidung der schwer arbeitenden Frauen. Damit machten sie sich nicht gerade beliebt bei ihren Zwangswirtinnen, denen die Paradiesvögel gerade noch gefehlt hatten. Ich hatte Glück, daß ich nicht rheinisch sprach, sondern die Frau eines Thüringer Beamten war, den sie alle kannten und mochten. Gastfreundlich trotz schwerer Zeiten, luden sie ein.
Was es als Festmahl geben würde, Kartoffelklöße, war im voraus bekannt und vom Kriegszustand noch nicht geändert, denn der Lebenskampf währte schon ewig bei den kleinen Bauern und Städtern und den Leuten »vom Wald«, die Glasaugen bliesen oder Holzkohle brannten, Singvögel züchteten.
Thüringen hatte noch in Kleinstaaterei gelebt, während sich anderswo in Deutschland die Länder arrondierten zu großen zusammenhängenden Flächen. Ich sehe noch die Schullandkarte vor mir vom Deutschen Reich: recht bunt, aber am tollsten war das Flickwerk in Thüringen, im Grünen Herzen. Das blieb so bis zum Ende der Weimarer Republik. Und in diesen zwanzig Jahren hatte sich's nicht besser gelebt als zuvor unter den kleinen Fürsten. Die Thüringer vegetierten am Rande der Existenz. Kein Haus wurde neu gebaut. In solchem Notzustand setzten sie Hoffnungen auf Hitler. Fast jeder wurde dort Parteimitglied.
Gewissermaßen aus Not und Abgeschiedenheit hatte sich ihre Lebensweise erhalten. Wasserleitung und Rundfunk gab's noch nicht in jedem Haus, aber ganz gewiß einen Verschlag mit Stallhasen. Die nährten sich von Küchenabfällen. Sache der Kinder war es, vom Straßenrain zusätzliches Grün zu rupfen. Sonntags gab's unweigerlich Kartoffelklöße mit Kaninchenbraten in einer sehr langen Soße. Dazu Salat der Jahreszeit. Ein Festessen, für das man keine Fleischmarken brauchte! Ich weiß, auch andere Kriegshausfrauen legten sich — und sei es auf dem Balkon — einen Hasenstall an. Doch in Thüringen war das eine gekonnte Sache. Dazu kam die vollkommene Beherrschung der Kartoffel und ihrer Eigenschaften. Als der Krieg sich dehnte, waren wir so ziemlich nur auf Kartof-

feln angewiesen. Ich habe mir gemerkt, wir brauchten einschließlich Kleinkind pro Kopf und Tag 500 g. Dafür reichten die Kartoffelmarken bestimmt nie. Was tun?
Wir kundschafteten aus, wer wann ernten würde, starteten dann bei Morgengrauen mit Handwagen, Rucksack und einer handlichen kleinen Forke ausgerüstet zum Wettbewerb. Wer am fleißigsten war und am geschicktesten, konnte den schwersten Wagen heimziehn. Dabei hatten die Bauern selbst schon bestens abgeerntet! Die Anfängerin fiel auf faule Kartoffeln, auf angehackte Stücke herein und verdarb sich damit die Ausbeute.
Mit der Kartoffel feierten die Thüringer Triumphe des Überlebens. Salz- und Pellkartoffeln, Kartoffelbrei oder Kartoffelsalat, Reibekuchen — das kennen wir in allen deutschen Ländern.
Hier in Thüringen kam die Kunst der raffiniert gemischten Kartoffelklöße dazu, für die jede Familie ein eifersüchtig gehütetes Geheimrezept besaß. Die Zubereitung erforderte mindestens zwei Personen, wenn es an das kunstvolle Abbrühen des Teigs ging. Beide arbeiteten mit voller Kraft, die eine beim Rühren, die andere beim Halten der großen runden Rührschüssel. Vorher hatte man einen Riesenberg Kartoffeln schälen müssen, dann von Hand reiben. Diese Vorbereitungen traf man am Samstagabend; alles saß drum herum und erzählte. Richtig schöner Feierabend.
Am Sonntag wallt ein mächtig großer Topf mit Wasser auf dem Herd, daneben der kleine mit dem Stallhasenbraten und seiner langen Soße. In einem dritten kochen ein Selleriekopf, ein Kilo Möhren und zwei rote Beeten gemeinsam im Salzwasser. Denen werden nach dem Garkochen erst (nicht zu weich) die Häute abgezogen, sie geschnitten und als Salat angemacht. Ein praktisches, bewährtes Verfahren.
Nun die zahllosen Klöße ins siedende Wasser, viel mehr, als gegessen werden können. Was wie Überfluß oder Verschwendung aussieht, entpuppt sich allerdings als nüchterne Überlegung. Denn Klöße gibt's nun noch zwei weitere Tage: aufgebraten in Scheiben, gewürfelt mit Kohlgemüse, mal mit dem Rest der langen Soße, mal mit Kompott. Damit sind für die halbe Woche Kocharbeit und Feuerung gespart. An einem weiteren Wochentag, dem Backtag, ißt man Kartoffelkuchen vom heißen Blech zur Mittagszeit. Ersatzkaffee spült ihn hinunter.
Als es kein Fett mehr gab in den städtischen Haushalten, statt Milch nur noch — gelegentlich — gringelbe Molke, brachten sie uns eine Morgensuppe bei aus Molke und roh geriebenen Kartoffeln, die im richtigen Moment hineingerührt werden mußten und prächtig dickten. Gesüßt mit braunem selbstgemachten Zuckerrübensirup war das herrlich warm im Magen in noch ungeheizten Räumen. Dazu aß man die Brotschnitte, die

einem zustand, bestrichen mit Marmelade. Den Kindern machten wir zu ihrem Spaß ein paar Tätscher aus rohgeriebenen Kartoffeln, ohne Fett auf der blanken Herdplatte gebacken.

Morgens prasselte und stänkerte im Küchenherd ein Reisigfeuer. Das Material dazu hatten wir aus dem Wald geholt. Man zog mindestens alle vier Tage mit einer zweiten Frau und dem Handwagen los in einen Wald, der erstaunlich reingefegt und sauber aussah. Da lag kein Tannenzapfen, krachte kein toter Ast unterm Fuß, und bis in Nasenhöhe waren alle Bäumchen seitlich beschnitten und ausgeputzt. Es gab strenge polizeiliche Vorschriften: natürlich durfte nichts abgesägt werden, Äste über 2 cm Durchmesser waren tabu. Um das Leseholz im Wagen zu schichten, half Brechen übers Knie nicht immer, tat auch weh. Und so nahm ich doch eine winzige Handsäge mit, vorsorglich zerlegt in Blatt und Griff.

Die Anmarschwege wurden immer länger, bis sich endlich ergiebige Stellen fanden. Keine Frau verriet sie den anderen. Schraubdeckelgläser — ein wertvolles und nicht ersetzbares Besitztum — füllten sich mit Beeren, wenn man Glück hatte. Auch da polizeiliche Vorschriften: vor dem 4. Juni verboten! Eine Bohnenstange diente dazu, tote Äste herunterzuschlagen, die irgendwo da oben hingen und nicht von selbst kommen wollten. Dabei geriet mir immer was ins Auge. Essen, meist kalte Kartoffeln, hatten wir mitgenommen, denn das Unternehmen dauerte mehrere Stunden. Der Heimweg, ohne Weg und Steg mit beladenem Handwagen, konnte nur zu zweien geschafft werden. Es war dunkel, bis wir ankamen und die Familie wieder für drei bis vier Tage kochen konnte.

Natürlich wurde uns auch Festmeterholz zugeteilt. Das lag im Wald geschichtet — falls der Stapel noch vollständig war! Man mußte einen Bauern ausfindig machen, der für Geld und gute Worte sein Pferd anspannte, das Holz bis hinters Haus fuhr. Dann wurde die vielbeschäftigte einzige Säge bestellt. Eines schönen Tages sang in der Nachbarschaft das willkommene Geräusch. Wir sputeten uns, alle Vorbereitungen zu treffen und ein gutes Frühstück zu richten. Nun lagen die Kloben neben dem Hauklotz aufgetürmt. Nie im Leben hatte mir jemand Holzhacken beigebracht! Ich mußte froh sein, eine gebrauchstüchtige Axt zu haben, außerdem Schwung- und Körpergefühl und die kalte Notwendigkeit hinter mir, zu Holzscheiten zu kommen, andernfalls wir nicht heizen konnten. Warum machte das nicht mein Mann? Der war längst eingezogen, außerdem wäre das viel zu gefährlich gewesen, sowas schaffte er nicht.

Selbst war die Frau! Immer selbständiger, erfinderischer konnte, ja mußte sie sein. Was für viele ein hartes Muß war, diese Kriegsjahre der ungewohnten Anforderungen durchzustehen, dazu Leid und Ungewißheit um Angehörige und um das gemeinsame Schicksal Deutschlands — für mich

wurde es, fast wagt man nicht, es zu sagen, eine lebensvolle, ja glückhafte Zeit. Und erst im Nachhinein so erkannt, ziemlich später.
Mein Mann war eingezogen worden, aber als Ungedienter wurde er erst im Inland ausgebildet. Ehe er wegfuhr, hatte er mich mit verschiedenen Familien bekannt gemacht, die in unserer Stadt oder der Umgegend wohnten. So war ich nicht völlig allein in der Fremde. Aber die Berufsarbeit fehlte. Und bei allem, was man tat, schauten Nachbarn so neugierig zu.
Vor Kriegsausbruch waren die wohlhabenden Thüringer mit ihren Pkws von Ort zu Ort gerollt bis ins Bayrische hinein, einen Anlaß gab es immer. Davon erzählte mein Mann viel, denn er war sehr geschickt, sich überallhin mitnehmen zu lassen. Damit war es aus. Hatte man zuerst noch, als ich 1941 hinkam, mit dem Zug nach Coburg oder Meiningen fahren können, so gab es 1943 nur noch für die Berufstätigen Zugverkehr.
Im grünen sicheren Herzen Deutschlands hatten die Rüstungsgewaltigen verschiedene kleinere Zulieferbetriebe eingerichtet. Der Direktor des einen war uns befreundet und fragte, ob ich nicht den Betriebssport mit übernehmen wollte, denn er verfügte nur über einen rumänendeutschen Fußballer dafür. Das tat ich gern. Unsere Frauen bestritten sogar siegreich ein Sportfest gegen Frauenriegen anderer Betriebe. Zur Belohnung dürfen wir blaumachen und nach Würzburg fahren. Wo nicht viel los war. Aber aus dem Kriegsalltag hob sich der Trip glanzvoll heraus.
Leichtathletik und Volkstänze, so sehr ich damit bei hunderten von Menschen auch beschäftigt war, ließen Wolken von Neid und Mißgunst um mich herum hochquellen. Diese Freundin des Direktors macht nur, was Spaß macht! Sie soll arbeiten wie wir, im Dreck, die volle Arbeitszeit. Und Uhr stechen wie wir alle! — Anonyme Mächte setzten die Behörden in Bewegung. Als kinderlose Frau wurde ich regelrecht dienstverpflichtet. Das machte mir nichts aus. Für Feinmechanik hatte ich immer was übrig, scheute auch nicht schwarze Hände. Auch Fertigungspläne zu tippen auf überbreiter Maschine, war mal was anderes. Das Defilée an der Stechuhr bekam nun rituelle Funktion in meinen Augen, nachdem ich es früher einfach für einen nüchternen Kontrollvorgang gehalten hatte. Offenbar war meine Fantasie durch choreographische Vorstellungen zu stark vorbelastet: Murmelnd und zufrieden schienen sie es zu genießen, mich endlich *ihrem* Volkstanz eingereiht zu haben.
Täglich fuhr ich nun das kurze Stück mit dem Zug zur Arbeit. Man bekam dadurch ein wenig mehr zu sehn, als sich zu Fuß erlaufen ließ. Leider besaß ich kein Fahrrad, zu kaufen gab es keine. Aber die Organisationskünste vervollkommneten sich, auch die Reparaturkünste, so daß ich in den folgenden Jahren mit so manchem abenteuerlichen entliehenen Herrenrad erfolgreich auf den Dörfern war.

Munitionsarbeiterinnen in der Fabrik. Quelle: Ullstein-Bilderdienst.

Eines Morgens wollte eine junge Frau aussteigen, das Kind auf dem Arm, in der anderen Hand eine Last. Ich drückte den Türgriff herunter, wollte ihr öffnen — es ging nicht, die Tür klemmte. Sowas kommt eben vor unter Kriegsverhältnissen. Man hätte einfach die nächste Tür öffnen sollen. Statt dessen rammte ich mit allem aufbietbaren Schwung die rechte Hüfte gegen dies Hindernis — was ging bloß in meiner Motivation vor sich? Der Himmel bedient sich gelegentlich fantastischer Methoden, um bestimmte Entwicklungen durchzusetzen. In diesem Fall blieb die Tür zu, doch die Hüfte hatte etwas abbekommen. Heute, in den alten Tagen, ist der Schaden ganz offenbar. Damals gab es Blutergüsse, Schmerzen und natürlich Ärger über die eigene Blödheit.

Ich feierte ein bißchen krank, doch dann verdrängte ein anderes Ereignis diese Schlappe: Mir war so, als sei ich in anderen Umständen. Nach einer Denkpause und nun doch Aufsuchen einer Ärztin stand das fest. Die nötigen Papiere wurden ausgefüllt, und man befreite mich von der Arbeitspflicht.

Zu dieser Zeit lebte noch nicht lange meine Mutter bei uns in Thüringen, wohin man sie evakuiert hatte, als sie in einem Altersheim in Frankfurt ausgebombt worden war. Die freute sich sehr auf ein Enkelkind. Nun entfaltete sie ihre in Sondersituationen bewährte Tatkraft. Denn sie wußte, daß Kinderkriegen keine einfache Angelegenheit für mich war. Was ich nach einigen Fehlgeburten in dieser Situation brauchte, war Ruhe und das richtige Medikament.

Ruhe mitten im Krieg!? Eine irrwitzige Gedankenverbindung, doch hatten wir viel Glück im Unglück. Jetzt war man schon eingewöhnt in den Kriegsalltag, dessen Beendigung noch in einiger Ferne zu liegen schien. Jetzt bekam ich als werdende Mutter andere Lebensmittelkarten. Jetzt war noch Material da, aus dem Babysachen gemacht werden konnten. Jetzt durfte ich eine Hilfskraft anstellen. Jetzt war mein Mann nicht zu Haus — Liebe kann werdenden Kindern gefährlich sein! Jetzt verordnete eine vernünftige Ärztin Hinlegen und brachte mich über die kritische Zeit.

Als das Kind einige Monate alt war, nahm sich diese junge tüchtige und tapfere Frau das Leben. Wir, die sie kannten, waren sehr erschrocken. Nicht die einzige Frau war sie, die aufgab. Auch sie ein Opfer des Krieges und Hitlers. Ein Mensch, dem der Lebensplan offensichtlich nicht mehr aufging.

Gegen Ende der Schwangerschaft waren wir zeitgemäß gerüstet. Einen Kinderwagen samt Matratzchen lieh eine Frau aus der Bahnhofstraße. (Sie holte ihn später wieder, um bei ihrer Flucht die Habseligkeiten besser transportieren zu können.) Ein Kinderbett gab's auf Bezugschein, viel zu riesig für das kleine Wurm.

Vorher aber, ich sollte nicht vorgreifen, hatte die Geburt zu erfolgen. Mit Arzt und Hebamme im kleinen Krankenhaus war alles ausgemacht, ich sorgte mich nicht. Doch als es soweit war, in einer herrlichen Sommernacht mein eigenfüßiger Anmarsch erfolgte, rechts und links von Frauen untergehakt, war alles anders. Der Arzt war für zwei Tage verreist, hatte nur eine Vertretung hinterlassen, eine Dame, die man überhaupt nicht zu sehen bekam. Und die Hebamme — war in Urlaub.

Nun, ich war ziemlich ahnungslos und dies meine erste Geburt. Um auszuhelfen, kam von jenseits der nahen bayrischen Grenze eine Dorfhebamme, die allerdings nicht auf vier Geburten in der gleichen Nacht eingestellt war. Meine zugereiste Schwiegermutter, seit Wochen echte Kaffeebohnen sammelnd als Präsent für eine wach und freundlich zu erhaltende Hebamme, wurde die Gabe natürlich mit Dank los. Die Hebamme kochte sich auch gleich einen, vielleicht zu stark? Nicht mehr recht gewohnt? Jedenfalls belebte er sie derart, daß sie als aufgeregte flatternde Scheuche durch die Gänge eilte, bayrisch unverständlich redend und unentschlossen, wo sie zuerst zupacken sollte. Als Dank für den Kaffee bekam ich den besten Platz, nämlich auf dem einen einzigen Kreißstuhl, den sie hatten. Wo wohl die anderen drei Frauen entbunden haben?

Nachdem sie gefragt hatte, wie alt ich sei, ob dies die erste Geburt, beschloß sie, mit mir habe es noch lange Weile. Und ward nicht mehr gesehen. Ja, ja, da waren doch noch die drei anderen Frauen, sagte ich mir. Wer weiß, wie's denen geht. Bei der einen saß ständig die Ärztin, ging dort überhaupt nicht weg. — Die Wehen kamen stärker und häufiger. Mir wurde angst, so ganz alleine im Kreißsaal. Ich klingelte. Endlich kam sie, hochrot, schimpfte urbayrisch, das sei schlecht und überflüssig, sie zu stören, denn ich hätte ja noch Zeit. Und war wieder draußen. Nicht einmal geguckt hatte sie, wie weit es war. Na, und ich verstand nichts davon, leider.

— Die Wehen waren scheußlich. In einer Pause sah ich unter mich, herab vom Thron, auf dem ich saß. Da war nichts als der blanke Steinboden in ziemlicher Entfernung. Wenn das Kind nun herauskäme und da hinunterfiele? Die Vorstellung versetzte mich in Panik. Konnte man nicht ein Körbchen hinstellen, eine Schüssel unter mich? Entsetzt klingelte ich wieder — für die Katz. Sie hatte ihren bayrischen Eigensinn.

Bei mir aber war die Geburt im besten Fortschreiten. Nicht verspannt, doch muskelkräftig, brauchte ich nicht länger als fünf Stunden dazu, was niemand vermutet hatte. Mein Finger blieb auf der Klingel. Wütend stürzte sie herein, endlich, und konnte das Kind gerade in Empfang nehmen, das Köpfchen war schon da. War nun nicht mehr in Gefahr, auf den Boden zu fallen. Nein, war das eine Aufregung und Quälerei gewesen!

Jetzt endlich war sie ruhig, die Bayrische, badete das Kind und murmelte, um abzulenken: »Nein, was für spitze Ellenbogen sie hat!« Damit klärte sich, daß es eine Tochter war.
Den übernächsten Tag kehrte der Chefarzt zurück. Der alte Herr übersah den Dammriß oder vergaß einfach, ihn zu nähen. Einige Jahre darauf war der Gebärmuttervorfall perfekt, mußte operiert werden. Ich schildere das alles, um die allgemeine ärztliche Versorgung der Zivilbevölkerung im Krieg zu beschreiben. Wohl der Frau, die selbst etwas Bescheid weiß, sich und anderen helfen und raten kann.
— In meiner Erinnerung hatten wir 1944 einen sehr schönen Sommer, wettermäßig. Das Kind gedieh. Aber der Krieg eskalierte. Feindliche Flieger erschienen häufig über dem abseits gelegenen Bahnhof, feuerten im Tiefflug mit Maschinengewehren in die ein- oder aussteigenden Arbeitenden, sich genau nach dem Fahrplan richtend. Wir konnten das von unsern Fenstern aus beobachten, dazwischen lag ein weites Ende Ackerland.
Zu dieser Zeit kam mein Mann zu einem der seltenen Urlaube, hatte die kleine Tochter noch nicht gesehn. Es gibt auch ein Foto, wie vorsichtig er das kleine Geschöpf auf dem Arm hält. Als ich ihn zum Bahnhof brachte, galt der erste Blick dem Himmel. Flieger? Es blieb ruhig. Und dann war der Zug mit ihm weg.
Der Heimweg: auch unsere kleine Stadt hatte streng verdunkelt, doch fand man die vertrauten Wege leicht, rannte auch niemanden um, denn wir trugen alle Knöpfe oder Schmucktiere aus Leuchtmasse links angesteckt. So einen Salamander besitze ich noch, einen leuchtenden.
Der letzte Kriegswinter nahte — und verstrich auch. Nun besaß man schon Übung darin, sich zu versorgen, zu planen, das Laufende zu schaffen. Der Hausstand war auf vier Personen angewachsen. Mutter und Kind saßen wie unter einer köstlichen Glasglocke in friedlichem Beieinander, ringsum tobte der Krieg. Die Menschen überlegten sich, ob und wohin sie fliehen sollten. Mit einem Kleinkind und einer Großmutter läßt sich schwer fliehen. Und wohin? Wir tendierten in die Frankfurter Gegend. Doch da wurde verheerend gebombt. War nicht schon meine Mutter in Frankfurt ausgebombt worden, woraufhin sie zu uns nach Thüringen kam? Notgedrungen beschlossen wir, auszuharren.
Das große Raten begann, wer uns wohl erobern würde, der Russe oder der Ami? Für alle Fälle wurde der Keller besser hergerichtet. Das Kind bekam ein Notbett in einem großen Waschkorb bereitet. Wir stapelten etwas Essen. Sehr stabil war der Keller nicht, aber das war ein solides, wenn auch altes Haus. Es steht sogar heute noch. Bei Fliegeralarm gingen wir in den Keller, das Kind schlief dort ruhig weiter. Bald war jede Nacht Alarm. Und auch bei Tage. Von beiden Seiten näherten sich die Fronten. Wir

Liebe Grüße in die Heimat. Feldpostkarten.

lugten aus dem Küchenfenster, denn von dort sah man ein Stück der Straße ein, die von Meiningen herführte. Es sprach sich rum, daß die Amis zuerst hier sein würden, Frauen aus den Dörfern hatten es gesagt. Und dann erschienen drüben auf der Straße erste Geschütze und Wagen, ganz langsam fuhren sie. Völlige Stille bei uns.

Es war heller Tag. Sie hätten ruhig weiterfahren und auf den Marktplatz gelangen können. — Was die Partei- und Stadtgrößen beschlossen hatten, was sie unternahmen: ich weiß es nicht. Entweder vergessen oder nie gewußt. Ja, Alarm hatten sie wohl gegeben, denn das Kind war im Keller. Aber weiße Fahnen, hingen weiße Fahnen?

Der Blick aus dem Fenster! Hinterher erst wurde klar, was wir beobachtet hatten: Sie gingen in Stellung. — Dann die erste Salve auf uns. Im ganzen Haus klirrten die Scheiben und zersplitterten. Wir in den Keller, wo Oma eingewickelt im Liegestuhl lag und das Kind gerade aufwachte. Es folgten dann noch einige Salven, offenbar mehr um zu erschrecken, als um Schaden zu tun, denn zerstört wurde nicht viel. Darauf fuhren sie ein, klebten an Hauswände gräßliche Fotos aus Konzentrationslagern, setzten Öffnungszeiten für Läden fest, abends durften wir nicht auf die Straße, Waffen waren abzugeben. Wir hatten keine.

Doch dann klingelte es ganz zivil an der Flurtür, fünf amerikanische Soldaten traten ein und erklärten radebrechend, bei uns wohnen zu wollen. Nicht für immer, aber heute und morgen und vielleicht einige Tage? Mit kundigem Blick hatte einer die Musiktruhe entdeckt, gestikulierte aufgeregt und verschwand. Doch die andern machten sich's bequem, verteilten die Betten und Liegesofas, fingen an zu kochen und wollten mit dem Kind scherzen.

Wir fanden uns plötzlich ausquartiert. Ein Lob den guten Nachbarn, die sich der Oma annahmen, und ein gleiches der anderen Familie, die das Kind und mich beherbergte, direkt im Haus nebenan. Von da aus sah ich zu, was die Einquartierung anstellte, ja, ging rüber in den Garten und hängte wie immer Windeln und Kinderwäsche auf, durfte auch wohl mal an meine Essenssachen. Meine Haushaltshilfe konnte in ihrer Mansarde bleiben, doch sie rückte ab, war nicht mehr zu halten. Eine volksdeutsche Polin, eine sehr nette Frau. Wir hatten gut zusammengearbeitet, die Oma sich richtig angefreundet mit ihr.

Der Mann mit dem Blick für die Musiktruhe krempelte unser Kriegsleben am sinnfälligsten um. Neben das Haus hatte er einen stromspendenden Wagen bugsiert, den ein Kabel mit der Musiktruhe verband. Aus der holte er die tollsten Sendungen heraus, zig Feindsender (uns verboten gewesen), Nachrichten noch und noch, Tanzmusik (uns verboten gewesen), brüllendes Lachen der Soldatensender. Und unsere Platten spielten sie, Rosita Serano »Roter Mohn, warum welkest du schon?«, »Zwei Gitarren am

Meer«, alles laut, mit Verstärker, und auch nachts durch Straßenzüge schallend, bis sich in unserer Wohnung die halbe Besatzung der Stadt eingefunden hatte, tafelte und becherte.
Daß die Scheiben zerbrochen waren, ein Federbett aus zahllosen Schlitzen Daunen von sich gab, störte nicht. Sie fluchten nur über das Bürsten der Uniformen. Auch der leere Kinderwagen war voller Splitter gewesen, weil er unter einem Fenster stand. Sehr, sehr aufmerksam flöhte ich ihn, wir brauchten ihn doch.
Auf der Gartenbank gab es Gespräche, denn mit Zeit und Bedarf meldete sich mein Englisch wieder: Bleibt ihr bei uns, oder kommt auch noch der Russe? Sie wußten es nicht. Oder durften sie nichts sagen? Eigentlich war jedes Fraternisieren verboten. Ebenso plötzlich, wie gekommen, rückten sie wieder ab. Tiefe Stille herrschte auf einmal in unserer Straße. Neugierig betrat ich die Wohnung, auf allerhand gefaßt. Doch, o Wunder, sie waren freundlich umgegangen mit den Sachen, als hätten wir nur übermütige Logiergäste gehabt. In der Wärme-Etage des altmodischen Eisenofens stand eine Riesendose Chicken, in der Küche auf der Seifenschale duftete prima softe Seife — nicht vergessen, sondern neu und eben ausgewickelt — prächtig für das Baby!
Ja, dann räumte ich wieder auf — man gaukelt sich so leicht vor, nun finge die Normalität wieder an. Keine Verdunkelung mehr, kein Schießen. In Berlin wurde noch gekämpft. Wo war mein Mann?
Da erschien er, in Räuberzivil. Zu Fuß hatte er sich durchgeschlagen von Polen über Schlesien nach Thüringen, hatte vom Einzug der Amerikaner gehört. Märchenhaft, daß er wieder da war! Wir freuten uns fast zwei Tage, doch dann mußte er sich ja melden. Ging nur so eben eine Stunde vor Tisch zum Rathaus — und kam nicht zurück.
Unheimlich dehnte sich die Zeit. Ein Bote klopfte leise mit einem Gruß, er sei kriegsgefangen. Den Rucksack, einen Laib Brot, wenn's zu machen wäre, dies und jenes hätte er gern. Und schnell. Sie würden abtransportiert. Die Amerikaner entwickelten in den letzten Kriegswochen einen fast kindlichen sportlichen Ehrgeiz, recht viele Kriegsgefangene einzusammeln. Ob das nun Vierzehnjährige und alte Männer der letzten Verteidigung waren oder reguläre Soldaten. Sie richteten einige zentrale Gefangenenlager ein, von denen das auf den Wiesen bei Bad Kreuznach vielleicht das berüchtigtste wurde. Dorthin kam er. Wir Angehörige ahnten natürlich nicht, wo die Männer abgeblieben waren.
Alles, aber auch alles war ungewiß: Krieg oder Kriegsende? Hat man seinen Mann oder nicht? Gibt es heute was zu kochen, und was essen wir morgen? Weil die Essensfrage so sehr heikel war, hatte ich mir vorgenommen, das Kind mindestens ein Jahr lang zu stillen, und führte das auch durch. Sie hatte einen guten Zug.

Nach sechs Wochen amerikanischer Kriegsgefangenschaft wurde mein Mann entlassen, kehrte zurück, aber als ein Kranker, er hatte die Ruhr. Es muß furchtbar in dem überfüllten improvisierten Lager gewesen sein. Die Verpflegung funktionierte nicht, die Organisation, das Sanitäre. Es gab in die hohle Hand ein Häufchen Maispuder, einen Löffel voll Milchpulver und in diesem Stil noch verschiedene andere Lebensmittel, ohne Kochgelegenheit für alle. Krankheiten breiteten sich aus.
Da lag er nun fiebernd und ungebärdig im Bett, völlig ungewohnt, krank zu sein. — Aber wir kamen drüber weg.
Wieder auf den Beinen, kümmerte er sich um seinen zivilen Beruf, wurde bei unserer amerikanischen Militärverwaltung vorstellig. Die prüften die Unterlagen, setzten ihn dann wieder in die bisherige Beamtenposition ein. Das hieß für die ganze Familie: wir können hierbleiben! Fortan ging er jeden Tag auf seine Dienststelle, wo es mehr als genug zu tun gab.
Inzwischen war Hitler tot und der Krieg zuende gegangen, sozusagen versickert in Erschöpfung. Es war Sommer, also die erträglichere Jahreszeit. Der Mensch hofft, solange er lebt, und auch wir machten uns was vor.
Dann kam der Russe doch — das wäre ein neues Kapitel.

Ilse Strasser, geb. 1916. Nach Besuch der Volks- und Realschule Abitur in einer Abendschule. Ausbildung zur Bibliothekarin 1935—1938, ein Jahr Berufstätigkeit. 1940 Heirat, bis 1944 Geburt von vier Kindern. 1947 Rückkehr des Mannes aus der Gefangenschaft, ab 1952 Berufstätigkeit als Sekretärin, Korrespondentin und Sachbearbeiterin. Sie lebt heute in Bonn und betreut ausländische Studenten im Auftrag der Studienförderung der Friedrich-Ebert-Stiftung.

Ilse Strasser im Gespräch mit Charles Schüddekopf

Charles Schüddekopf: Ilse, Du bist 1916 geboren.

Ilse Strasser: 1916, ja.

Charles Schüddekopf: Ich meine, daß wir damit anfangen sollten, daß Du ganz kurz skizzierst, in welchem familiären und gesellschaftlichen Klima Du aufgewachsen bist, wo Du Deine Kindheit verbracht hast.

Ilse Strasser: Mein Vater war Kaufmann und handelte mit blanken und isolierten Leitungen nach dem ersten Weltkrieg. Er verdiente daran zunächst recht hübsch, so daß meine ersten Erinnerungen die an ein großes Haus sind mit entsprechendem Garten und entsprechend weiträumigen Lebensumständen. Dazu gehört zum Beispiel auch, daß nach wie vor zu Kaisers Geburtstag das ganze Haus vom Dach bis zum Keller beflaggt wurde mit kleinen schwarzweißroten Fähnchen und an diesem heiligen Tag mein Vater auch dreist die schwarzweißrote Fahne nach draußen hing. Einige Belgier, die zur Besatzung gehörten, waren darüber so empört, daß sie die Fahne herunterholten und meinen Vater für acht Tage einlochten. Das machte ihn in seinen eigenen Augen — in denen seiner Frau weniger, die fand das, nüchtern, wie sie geartet war, einigermaßen deplaciert, sowohl was die Person des Kaisers anbelangte als auch in Anbetracht der Umstände — machte ihn in seinen Augen zum politischen Märtyrer, deutschnational bis auf die Knochen, wie er war.

Charles Schüddekopf: Und Deine Mutter?

Ilse Strasser: Meine Mutter war ein bißchen wie eine graue Maus neben der sehr viel farbigeren Persönlichkeit meines Vaters, sehr tugendhaft, sehr zuverlässig. Politik war in ihren Augen ein Laster der Männer — nur geeignet, jede »gemütliche« Familienzusammenkunft zu torpedieren. Bis Hitler »Der Führer« wurde — ihn stattete sie dann mit göttlicher Unfehlbarkeit aus.

Charles Schüddekopf: Ihr habt wo gelebt?

Ilse Strasser: In Rheydt, das ist bei Mönchengladbach. Allerdings nur bis zu meinem 8. Lebensjahr. Schlechter Geschäftsgang und die Inflation hatten die Firma meines Vaters kaputtgemacht. Die Familie siedelte nach Düsseldorf über, wo mein Vater mal dies, mal das machte, über längere Zeiträume aber auch ohne Arbeit war — der Arbeitsmarkt war in den Jahren ja alles andere als erfreulich. Meine Mutter vermietete zwei Zimmer, was die Familie sehr eng zusammenpferchte; kurz und gut, es waren lausige Zeiten.

Charles Schüddekopf: Du hast Dich sehr stark an Deinem Elternhaus orientiert, am Lebensstil, auch an den politischen Überzeugungen?

Ilse Strasser: In der Zeit in Rheydt war ich viel zu klein, um dazu überhaupt eine Überzeugung zu haben. Für mich waren die Fähnchen bunte Fähnchen, und ich stellte nur fest, daß meine Mutter darüber irritiert war, aber da meine Mutter sehr häufig irritiert war über Dinge, die mein Vater sich in den Kopf setzte, waren das so Dinge, die man einfach hinnahm, über die man sich keine Gedanken machte.

Charles Schüddekopf: Und wann hast Du angefangen, Dir selbständig politische Gedanken zu machen?

Ilse Strasser: Ich habe das große Glück gehabt, nach vier Jahren Volksschule in eine Realschule umgeschult zu werden, die ein ganz hervorragendes Kollegium hatte. Da wurde nicht nur der eigentliche Lehrstoff vermittelt, sondern Verknüpfungen hergestellt, auf Ideen und Fragen eingegangen, aus welchem Bereich auch immer. In einer Mathematikstunde beispielsweise habe ich zum erstenmal von Freud und der Psychoanalyse gehört. Oberste Leitlinie dort war eine unendliche Toleranz gegenüber Meinungen und Einstellungen — auch politischen.

Charles Schüddekopf: Das ist wohl einer der seltenen oder glücklichen Fälle gewesen, daß Schule tatsächlich versucht hat, politische Aufklärung zu vermitteln.

Ilse Strasser: Und für mich ganz maßgeblich gewesen ist der Kontakt mit meiner Deutsch- und Klassenlehrerin. Von ihr lernte ich, wie dumm, wie verhängnisvoll Vorurteile sind, wie wichtig es ist, sich gegenüber Neuem, Unbekanntem unbefangen zu verhalten. Mit solchen Vorstellungen stieß ich in meinem Elternhaus nur auf wenig Gegenliebe. Hinzu kam, daß ich mit dem Sozialistischen Schülerbund, geleitet von Wolfgang Langhoff damals, bekannt wurde und dort eintrat und zum erstenmal mit einem politischen Konzept vertraut wurde, das mir geeigneter erschien, die von der Schule übernommenen Vorstellungen von Humanismus und Liberalität zu realisieren, als der Chauvinismus, dem mein Vater anhing. Es gab unliebsame Auseinandersetzungen mit dem üblichen: »Solange Du Deine Füße noch unter meinen Tisch setzt . . .« Unter meinem Kopfkissen fand meine Mutter »Das Kapital«, das ich heimlich las — mein Vater verbrannte es, und ich mußte etliche Nachhilfestunden in Französisch geben, um es zu ersetzen. Er, mein Vater, kaufte und las (und empfahl natürlich) Kriegsliteratur, aber nicht gerade Renn oder Remarque.

Charles Schüddekopf: Also so eine Art Kriegsliteratur der Glorifizierung, aber auch des Revanchismus.

Ilse Strasser: Absolut. Bei ihm war der beste Boden für Faschismus überhaupt. Es kam dann noch die wirtschaftliche Notlage hinzu, die solche Dinge dann stark begünstigt.

Charles Schüddekopf: Also Deine Orientierung wechselte, vom Elternhaus weg, das ist ja erstmal ein normaler Vorgang der Emanzipation und des Sichselbständigmachens.

Ilse Strasser: Ja.

Charles Schüddekopf: Aber politische Aufklärung oder Selbstaufklärung heißt ja nicht nur Einsicht in Gesamtzusammenhänge von Gesellschaft, sondern heißt auch, sich bestimmten Gruppierungen innerhalb der Gesellschaft nahe zu fühlen, also ein Stück Identität durch andere zu gewinnen, und das war für Dich die . . .

Ilse Strasser: Ja, um es noch mal zusammenzufassen: die in der Schule beförderte Neigung zu Humanität und Liberalität im Sinn von Einräumung gleicher Lebenschancen für *alle* fand ich im politischen Programm der Marxisten auf den Punkt gebracht, von dem aus Gefühltes und Gedachtes in nüchterne, praktische Arbeit umzusetzen war. Das begeisterte mich sehr. Und das hat sich bis heute nicht geändert.

Charles Schüddekopf: Hieß das, daß Geschichte und Lebensgeschichte, die vorher getrennt waren, aufeinander zuwuchsen?

Ilse Strasser: Ja, absolut.

Charles Schüddekopf: Bei der Machtergreifung warst Du 17, wenn ich richtig rechne.

Ilse Strasser: Ja, da war ich 17.

Charles Schüddekopf: Was ist in Deiner Erinnerung geblieben von dem Tag, an dem Hitler Reichskanzler wurde?

Ilse Strasser: Davon ist mir in Erinnerung geblieben, daß mein Vater, der in dem zuständigen Wahlbezirk mit Wahlhelfer war, nach Hause kam, sich die Hände rieb und unverhohlen sagte, daß man auch ein bißchen nachgeholfen habe. Nun ja, ich meine, ungeachtet dessen, auch wenn nicht nachgeholfen worden wäre (und das war wahrscheinlich nicht der einzige Fall, wo solche Dinge vorgekommen sind), hätte der Wahlerfolg der Nazis ausgereicht.

Charles Schüddekopf: War es für Dich dadurch, daß Du politisch aufgeklärt warst oder teilaufgeklärt, war es für Dich ein Debakel?

Ilse Strasser: Es wäre zuviel gesagt, wenn ich sagen wollte, das ganze Ausmaß des Debakels übersehen zu haben. Man — und wenn ich man sage, schließe ich mich ein — das heißt, der Kreis der Leute, mit denen ich umging zu der Zeit, linke Intellektuelle, überwiegend kommunistisch orientierte Intellektuelle, die waren der Meinung: Ach Gott, gebt ihm ein Vierteljahr höchstens, manche gaben ihm nur sechs Wochen, dann ist dieser Dilettant von der Bühne verschwunden. Und darauf einigte man sich, zuckte die Achseln und dachte, damit wär's getan. Was nicht ausschloß, daß man über einzelne Dinge, die da so passierten, schon unmittelbar schockiert war. Beispielsweise das Warenhaus Tietz in Düsseldorf, der jetzige Kaufhof, nach der »Arisierung« hieß das Kaufhof und ist es dann immer geblieben. Du konntest nicht mehr rein, es war gesperrt.

Charles Schüddekopf: Das war schon '33?

Ilse Strasser: Ja, unmittelbar danach setzte das ein. Die jüdischen Warenhäuser, auch jüdische Geschäfte, wurden blockiert, und es wurde der Bevölkerung verboten hineinzugehen, und dann wurden die offenbar enteignet, und wie das dann so gelaufen ist. Die Geschäftsleitung wurde ersetzt durch eine »arische«, die jüdischen Leute gingen ins Ausland.

Charles Schüddekopf: Man hat also nach der Machtergreifung das ganze erst als Spuk . . .

Ilse Strasser: Man hat es nicht genügend ernst genommen, kann man sagen.

Charles Schüddekopf: . . . als eine Sache, die sich aus sich selbst heraus wieder auflösen würde?

Ilse Strasser: Ja, aus der Unfähigkeit eines Mannes wie Hitler selbst und aus der Unmöglichkeit des Verhaltens der Leute um ihn herum auch, also die Art des Auftretens und das Sperren von Geschäften und solche Dinge. Es ist wenigen Leuten klargeworden, wie endgültig oder, wir wollten mal sagen, wie einschneidend und für lange Jahre einschneidend das war, was da heraufgezogen war.

Charles Schüddekopf: Und wie hast Du dann in den folgenden Jahren, also nach '33, die allmähliche oder auch abrupte Faschisierung des Alltags erlebt? Woran hat sich das gezeigt für Dich?

Ilse Strasser: Das zeigte sich zunehmend in den nächsten Jahren darin, daß man z. B. auch im Berufsleben nicht einfach privatisieren konnte. Du wurdest zu jeder Hitler-Rede befohlen. Du mußtest zum 1. Mai antreten zu den öffentlichen Kundgebungen. Ich meine, ich hab' mich gedrückt, aber immer mit dem Risiko, daß das auch unangenehm ausgehen könnte. Ich bin allein viermal hintereinander aufgenommen worden in die sogenannte Deutsche Arbeitsfront, die die Gewerkschaften ablöste, und hab es einfach immer wieder schludern lassen, hab' nicht bezahlt, und dann —

Boykott jüdischer Geschäfte. Quelle: Archiv der sozialen Demokratie, Bonn.

ja die müssen wohl eine schlechte Buchhaltung oder was gehabt haben — jedenfalls waren die nach einem gewissen Abstand immer der Meinung, ich sei noch nicht aufgenommen, und kamen wieder und nahmen mich auf. Ich meine, dagegen hättest Du nichts machen können. Du hättest was machen können, das wäre dann aktiver Widerstand gewesen, und zu den Leuten, die aktiven Widerstand geleistet haben, habe ich nicht gehört.

Charles Schüddekopf: Wo befandst Du dich '33? Du warst 17, warst Du noch auf der Schule?

Ilse Strasser: Ich habe an einer Privatschule das Abitur nachgemacht.

Charles Schüddekopf: Wann?

Ilse Strasser: Mit 18 Jahren, also das war '34. Und hab' dann eine Ausbildung als Bibliothekarin gemacht, das heißt, ich habe vier Semester Germanistik studiert und hatte dann als ersten Job, als ich mit dem Examen fertig war, eine Stelle in der sogenannten Bibliothek der preußischen Regierung in Düsseldorf. Da hatte ich das Glück, einen äußerst kritischen und renitenten Chef zu haben, der hätte sich eigentlich auch oft das Maul verbrennen müssen. Solange ich dort war, ist ihm aber weiter nichts passiert, obgleich er mit seiner Meinung wenig hinter dem Berge hielt. Für mich war das eine Möglichkeit, mich da einigermaßen wohlzufühlen.

Charles Schüddekopf: Was waren die zentralen Orte im Außen, in der Nazi-Gesellschaft, die Deine Alltagserfahrung und Deinen Umgang mit dieser Diktatur geprägt haben?

Ilse Strasser: Ganz sicher die Kristallnacht. Wie ich da abends durch die Straßen gegangen bin, die Bevölkerung auf den Straßen sprachlos — ob vor Verwunderung, vor Entsetzen, jedenfalls lautlos, eine Herde, die sich zusammendrängte. Dann mußt Du Dir denken: die SA bildete Ketten und wand sich schlangenförmig durch die Menge mit »Juda verrecke«, »Deutschland erwache« — wohl auch, um zu verhindern, daß es zu Meinungsaustausch bei der Bevölkerung kam. Vor vielen Häusern zerschmetterte Möbel, Glasscherben, aller mögliche Hausrat — von jetzt auf gleich vernichtete Existenz von Menschen . . .

Charles Schüddekopf: Ja, das ist eine Art der Zäsur, das ist ein sehr elementares und substantielles Erkennen, aber wie vollzog sich die schleichende Faschisierung im Alltag?

Ilse Strasser: Ja, ich meine, am besten kann ich die eigentlich an meiner Familie demonstrieren. Ich lebte damals schon allein und konnte feststellen, daß ich selbst zu meinen Schwestern, die ich sehr gern mochte, keinerlei Kontakt mehr aufrechterhalten konnte. Mir erschien das so, als seien alle insgesamt von einer Art ansteckender Krankheit befallen. Nun kann man das sicher psychologisch erklären. Man kann es aus der Frustration meiner Mutter erklären, für die plötzlich Hitler eine Art Heros war, dasselbe wie für gläubige Katholiken der Papst zumindest. Als ich an dem Abend nach Hause fuhr, weil ich mit irgend jemandem reden wollte . . .

Charles Schüddekopf: Am Abend der Kristallnacht?

Ilse Strasser: . . . ja, der Kristallnacht. Ich hatte versucht, einen jüdischen Bekannten anzurufen, weil ich wissen wollte, ob der Familie etwas zugestoßen sei, und auch das war schon erschreckend: Ich ging in das Telefonhäuschen, und es meldete sich nicht etwa die Familie, sondern es fragte irgendeine Stimme: Welche Nummer haben Sie gewählt? Und dann habe ich mich also auf mein Fahrrad gesetzt und bin nach Hause gefahren und gehe zu meiner Mutter und sage: Kannst Du Dir vorstellen . . ., und ich sehe heute noch, wie sie mich mit strengem Blick anguckte und sagte: »Wenn *der* Mann das anordnet« — *der* Mann war natürlich Hitler —, »wird es wohl richtig sein.« Bei einem so absoluten Grad von Gläubigkeit gab es überhaupt keine Möglichkeit des Argumentierens, der Unterhaltung miteinander mehr.

Charles Schüddekopf: Aber Gläubigkeit heißt in dem Zusammenhang ja auch Radikalisierung.

Ilse Strasser: Ja, natürlich. Meine Geschwister, alle jünger als ich — ich war die Älteste von sechs Geschwistern —, staken im BDM und der Hitlerjugend, und ich war gerade vom Alter her über den Zeitpunkt hinaus, wo ich hineingemußt hätte. Das war noch zu der Zeit, als ich bei meiner Familie lebte, und mein Vater legte mir natürlich sehr nahe, in den BDM einzutreten, und ich hab' ihm gesagt: »Nein, wenn ich nicht muß, ganz sicher nicht.« Also schön, das habe ich vermeiden können. Dann machte ich damals mein Praktikum, ein Praktikum in der Bibliothek des Kaufhofs, die damals 40 000 Bände umfaßte, die hatten eine sehr ausgiebige, die größte Privatbibliothek in Düsseldorf überhaupt.

Charles Schüddekopf: Also von Tietz?

Ilse Strasser: Nein, das war nicht mehr Tietz, war da schon Kaufhof. Ja, und dann kamen die »Schwarzen Listen« der Bücher heraus, die nicht mehr geführt, und nicht nur das, die auch nicht mehr gelesen werden durften. Man beschränkte sich nicht darauf, die betreffenden Bücher beiseite zu tun — sie mußten zerrissen werden, Stück für Stück. Mach das mal — das ist schon eine physische Anstrengung, von der anderen wollen wir schweigen. Ich hatte fertiggebracht, eine Reihe Bücher durchzuschmuggeln, und hatte sie zu Hause in meinem Schrank (das fällt in die Zeit, als ich noch bei meinen Eltern wohnte). Eines Abends komme ich heim, will ein Buch aus dem Schrank nehmen — der Schrank ist leer. Da hast Du eine der Überraschungen, mit denen man im Alltag konfrontiert werden konnte. Mein Vater, in der Meinung, alles was bei mir stünde, könne nur verboten sein, und »solches Zeug« dulde er nicht in der Wohnung, hatte in einer Art Rundumkahlschlag gleich alles mitgenommen, auch die Bücher, die einem zu lesen noch gnädig erlaubt war. Er war inzwischen SA-Mann, und die Bücher wurden natürlich verbrannt.

Charles Schüddekopf: Also es gibt zwei Formen der Faschisierung, eine ist die ideologische, organisatorische, und die andere, über die wir wenig wissen und über die Du hier redest, ist die »private«, die in der Familie.

Ilse Strasser: Ja.

Charles Schüddekopf:Und das ist auch die für Dich am . . .

Ilse Strasser: Die ist für mich exemplarisch, und das kannst Du insofern als Exempel betrachten, als das ja kein Einzelfall war. Wenn Du Dich umsahst, war ein Großteil der Bevölkerung wie in einem ständigen Nationalrausch. Und ich meine, das wurde ja auch sehr geschickt immer wieder mit entsprechenden Anlässen unterstützt oder hervorgerufen oder begünstigt, wie auch immer.

Charles Schüddekopf: Diese totale Gleichschaltung, die historisch verarbeitet ist als Gleichschaltung und Zerschlagung jeder Organisation, der politischen und gewerkschaftlichen Organisationen und der Auflösung des bisher bekannten öffentlichen Lebens überhaupt, die hat also die private Sphäre genauso ergriffen. Stimmt es, daß dann da überhaupt keine Grenze mehr war zwischen Privatem und Öffentlichem?

Ilse Strasser: Ja nun, ich meine, natürlich gab es eine Handvoll von Leuten, die anders dachten, und da kann das natürlich nicht so gelaufen sein. Aber im großen und ganzen kann man das schon sagen. Ich halte den Prozentsatz der Bevölkerung, die das nur stillschweigend über sich hat ergehen lassen, gegenüber denen, die durchaus mehr und mehr sich dahinterstellten, für verschwindend gering.

Charles Schüddekopf: Ilse, Alltag ist schwierig zu definieren. Alltag hat wohl auch etwas mit Vertrauen in den Tag zu tun und in die Wiederkehr von Ereignissen, auch wenn sie ganz ungeliebt sind. Konnte man nach '33 in dieser Art noch in den Alltag vertrauen, oder war das zerbrochen? Gab es eigentlich in dem Sinne keinen Alltag mehr? Gab es nur noch den Alltag unter dem Hakenkreuz, oder gab es auch noch einen privaten Alltag, in dem man weiterlebte wie zuvor?

Ilse Strasser: Natürlich gab es den, und ich meine, so hab' ich mein Leben zugebracht. Ich habe mich von diesen Dingen distanziert und habe nichts aktiv mitgemacht und habe durchaus meinen privaten Alltag gehabt. Das ist genau das, was ich mir heute zum Vorwurf mache oder machen muß.

Charles Schüddekopf: Und wie sah dieser private Alltag aus?

Ilse Strasser: Der sah kaum anders aus, als privater Alltag heutzutage auch aussieht. Vielleicht mit einigen Erschwernissen: Du kamst an Dinge nicht heran, die Dich interessierten. Doch, Du konntest zum Beispiel in eine Ausstellung »Entartete Kunst« gehen, da konntest Du Bilder von Grosz sehen, von Dix, von Picasso, aber unter der Firmierung »entartet«, nun gut, das war mir egal. Ich meine, das entbehrte nicht des Witzes, wen die Bilder echt interessierten, der konnte sie dort wenigstens einmal sehen. — Ich habe dann geheiratet, und zwar einen Mann, der in seiner Familie einen jüdischen Großvater hatte.

Charles Schüddekopf: Das war wann?

Ilse Strasser: Das war 1940. Das war einigermaßen umständlich, weil man entsetzliche arische Nachweise und diesen ganzen Krempel beibringen mußte. Nun ja, nach den sogenannten Nürnberger Gesetzen galten die Kinder als »deutschblütig«. Das besagte, daß sie zwar die üblichen Rechte aller Staatsbürger hatten, aber zum Beispiel nicht auf die Nationalpolitischen Erziehungsanstalten gekonnt hätten, worauf ich weiß Gott keinen Wert gelegt hätte, aber ich meine, das steht auf einem anderen Blatt. Und sie hätten natürlich auch nicht in die SS gekonnt, auch das hätte ich ihnen weiß Gott nicht gewünscht, aber man hätte ja nie wissen können — das weiß man bei Kindern nicht, meinetwegen, wären sie älter gewesen, ob sie nicht plötzlich diese Faszination auch ereilt hätte.

Charles Schüddekopf: Du hast '40 geheiratet, und Dein Mann war also vor dem Gesetz Halbjude?

Ilse Strasser: Nein, Vierteljude. Er stand kurz vor dem Assessorexamen 1933 und konnte das nicht mehr machen, war anderthalb Jahre arbeitslos gewesen. Die Familie hat einiges in ihrem Alltag an Auswirkungen, zu spüren bekommen von dem, was sich da begab. Langjährige Freunde der Familie kannten sie von heute auf morgen nicht mehr, grüßten auch nicht auf der Straße. Es fand auch da eine hochgradige Isolation statt. Und ich meine, das ist um so grotesker, als die Familie als solche eher auch deutschnational einzuordnen gewesen war und eigentlich nur unter dem Druck dessen, was da passierte, in eine Art von Gegenposition gedrängt worden war. Das ist mir unheimlich klargeworden an der Person meines Schwagers, der leidenschaftlicher Militär war und der nicht Offizier werden konnte und der es fertigbrachte, es als Erfolg zu verbuchen, daß ihn die Nazis wenigstens zum Unteroffizier und zum Ausbilder gemacht hatten im Krieg. Weißt Du, da ist mir jedes Verständnis weggeblieben.

Charles Schüddekopf: Und wie hat Dein Mann sich verhalten? Wie habt Ihr gemeinsam in dieser Ehe diesen . . .

Ilse Strasser: Ich war damals, als ich von dieser Familie hörte von einer Kollegin, so empört, als ich hörte, was sich da so begab, daß ich in einer Aufwallung gesagt hatte, wenn ich könnte, würde ich alle drei Brüder auf einmal heiraten. Nun hing das damit zusammen, daß zweien von ihnen eben Verlobungen aus solchen Gründen kaputtgegangen waren, weil plötzlich die Eltern und auch die Bräute der Meinung waren, mit 'nem jüdischen Großvater in der Familie, das ist vielleicht doch nicht so ganz geraten. Da, in der Tat, hast Du den Alltag. Daß Bindungen, die sonst zustandegekommen wären, kaputtgingen aus Vorsicht, weil eben die Partner in spe sich zurückzogen, ja, es war ihnen zu unsicher, und sie wären nicht bereit gewesen, irgendein Risiko einzugehen.

Charles Schüddekopf: Wann hast Du Deinen Mann kennengelernt?

Ilse Strasser: 1938.

Charles Schüddekopf: Da wußtest Du um den Antisemitismus und um die kommende Barbarei — da wußtest Du darum?

Ilse Strasser: Ja, sicherlich.

Charles Schüddekopf: Und wie lebte man in einer Beziehung, unter einem Damoklesschwert?

Ilse Strasser: Als ich meinen Mann kennenlernte, hatte er nicht vor zu heiraten, weil er besorgt war, daß er Kindern nicht die nötige Sicherheit bieten könnte, die ein Vater seinen Kindern eigentlich garantieren sollte.

Charles Schüddekopf: Und wie — ich meine, das ist eine sehr private Frage, aber auch eine sehr wichtige — wie kann eine solche Beziehung überhaupt existieren, durch Solidarität?

Ilse Strasser: In dem Fall ganz stark durch Solidarität geprägt, sicher. Du hast den Einzelfall vor Dir, das ist noch anders als die allgemeine negative Erfahrung. Die Empörung ist so hochgradig, daß das Moment der Solidarität mögliche persönliche Gegensätze überdeckt. Es kann passieren . . .

Charles Schüddekopf: . . . daß Solidarität Liebe ersetzt?

Ilse Strasser: Das nicht, aber meinetwegen Differenzen in der Auffassung über Kindererziehung — und das ist ein sehr wesentliches Moment, wenn man Kinder hat — zu gering einzuschätzen und also Bedenken hintanzustellen, die vielleicht sonst mehr in den Vordergrund gerückt worden wären.

Charles Schüddekopf: Wie hast Du Kinder erzogen? Dein erstes Kind ist '39 geboren.

Ilse Strasser: Mein Mann, unter dem Druck der gesamten politischen Entwicklung und weil er im Begriff war, wie er es auffaßte, sich innerlich zu stark festzulegen, wollte die Beziehung auflösen und hat sie aufgelöst, und ich wollte aus der Beziehung wenigstens ein Kind behalten. Das war mein erstes Kind. Den Namen des Vaters wollte ich verschweigen. Einen Strich durch diese Absicht hat mir das Jugendamt gemacht, weil es einfach unschwer festzustellen war, mit wem ich umgegangen war. Na ja, das hat dann die Eltern des Kindes wieder zusammengebracht. Aber die Besorgnisse meines Mannes damals waren nur zu verständlich. Wer hätte sagen können, ob die »Nürnberger Gesetze« das Letzte waren, was erlassen wurde? Welche Behinderungen, Diskriminierungen für die Kinder eines »Nichtariers« noch zu gewärtigen waren? Wer kann wollen, daß seine Kinder möglicherweise zu Parias gestempelt werden?

Charles Schüddekopf: Das waren die Ängste im faschistischen Alltag?

Ilse Strasser: Ja, oder: Nach meinem dritten Kind erschienen drei Damen der NS-Frauenschaft und überreichten mir eine Urkunde, so mit Wiege und kleinem Köpfchen drin, sehr niedlich aufgemacht: »Dir, deutsche Mutter« undsoweiter, und sagten dann, eigentlich müßte ich ja jetzt das Mutterkreuz kriegen, in meinem besonderen Fall ginge das aber leider nicht. Ich habe ihnen gesagt, sie möchten sich darüber keine Gedanken machen, ich sei keine Preiskuh. Es ist nichts passiert. Ich will damit nur sagen, es war durchaus möglich, auch mal eine scharfe Bemerkung am entsprechenden Platz zu machen, ohne daß man gleich von der Gestapo kassiert wurde. Natürlich war das mehr oder minder auch Glückssache; andere Leute haben auch solche Bemerkungen gemacht, und es ist ihnen sehr schlecht dabei ergangen. Oder: Ich hab' in einem Lokal gesessen und geraucht; es kamen zwei SA-Leute in das Lokal, der eine ging auf meinen Tisch zu und erklärte: »Eine deutsche Frau raucht nicht.« Ich wußte nicht, ob ich mehr ärgerlich war, oder ob ich es mehr komisch finden sollte, und ich hab' ihm dann gesagt, ich hätte bis dato geglaubt, deutsche Männer seien leidlich höflich. Er hat nichts mehr gesagt, es ist auch nichts weiter passiert. Weißt Du, das sind so Momente, wo Du Dich im Moment so kräftig ärgerst, daß Du auf Dein Maul nicht weiter achthast. Es wäre mir egal gewesen. Aber im großen und ganzen war an sich das Bestreben, nirgendwo anzuecken, natürlich sehr groß. Was sich dann im weiteren begab, was sich in den Lagern zugetragen hat, das muß ich aus meiner eigenen Erfahrung sagen, ist nicht der gesamten Bevölkerung bekannt gewesen. Wer es sicher nicht hat übersehen können, das sind Leute gewesen, die in der Nähe solcher Lager gelebt haben. Das halte ich auch für ausgeschlossen. Aber ich erinnere mich, daß mir eine Kölner Freundin, das war im Krieg schon, etwas über diese Dinge erzählte oder das, was sie gehört hatte, und ich ihr gesagt habe: »Aber Walli, weißt Du, bei aller Abneigung und bei aller Distanz, man sollte das Gerüchtemachen auch nicht übertreiben.« Weil solche Dinge, wenn Du nicht wirklich weißt, daß sie passieren, Dir so unvorstellbar erscheinen, daß Du sie für Gerüchte hältst.

Charles Schüddekopf: Nachdem in diesem Land sehr spät und dann aber auch sehr heftig auf den »Holocaust« reagiert wurde — und ich glaube, die schnelle Einigung auf dieses Kunstwort Holocaust ist ein Indiz für einen neuerlichen Verdrängungsprozeß, ich würd' eigentlich lieber sagen: Endlösung . . .

Ilse Strasser: Ja, es wäre direkter und ehrlicher.

Charles Schüddekopf: . . . seitdem gibt es, wie ich meine, doch die berechtigte Auffassung, man konnte es wissen, wenn man es wollte, und daß es auch mit den inneren Sperren zu tun hatte.

Ilse Strasser: Ja, aber hör mal, dazu mußt Du ja erstmal einen Anlaß haben. Levison zum Beispiel, von dem ich eben erzählte, den ich in der Kristallnacht erreichen wollte, der wanderte später aus nach Südamerika. Er hatte sich mit mir in Verbindung gesetzt, und ich habe ihn zum Bahnhof gebracht. Er war besorgt, daß ich mitkam.

Charles Schüddekopf: Ja, Dein Alltag ist ja schon unterschieden von dem Alltag anderer, zumindest was die substantielle, existentielle Bedrohung anlangt, weil Du mit einem Mann verheiratet warst . . .

Ilse Strasser: . . . der ohnehin schon Randerscheinung war, ja, der so gerade noch mitlaufen konnte.

Charles Schüddekopf: Was jetzt sehr deutlich geworden ist, ist, daß der Faschismus den Alltag bis in die äußersten Verästelungen von Beziehungen bestimmt hat und ganz gravierende, schwerwiegende Folgen hatte. Aber gab es in dieser Situation überhaupt noch — für mich ganz unvorstellbar — Orte oder Räume des privaten oder gesellschaftlichen Alltags, wo man glaubte, sich vor dem Faschismus sicher zu fühlen, Räume, die frei waren von Macht? Gab's die?

Ilse Strasser: Soweit Du berufstätig warst, ganz sicher nicht; denn da spielte das ständig mit hinein. Da ich aber 1940 geheiratet hatte und dann als Hausfrau, mich um die Kinder kümmernd, privatisierte, war für mich natürlich ein Freiraum gegeben. Und ich meine, für meinen Mann, der eine Anstellung als Sekretär des mit einer Jüdin verheirateten Juniorchefs der Rheinischen Linoleum-Werke gefunden hatte, elendest bezahlt; denn

„Wider den undeutschen Geist“. Bücherverbrennung. Quelle: Archiv der sozialen Demokratie, Bonn.

die schlugen Kapital daraus, daß sie in erster Linie solche lahmen Enten engagierten und sich die Leute auch noch zu Dank verpflichteten. Der Juniorchef hatte seine Frau in die Schweiz gebracht, ließ sich nicht scheiden, was man ihm hoch anrechnen mußte.

Charles Schüddekopf: Wie sahen diese Räume, frei von Macht, im Alltag aus? War das die Familie, die Kinder?

Ilse Strasser: Die Familie. Man ging nirgends hin. Du mußt denken, 1939 brach der Krieg aus, es gab von daher auch schon wenig Bewegungsfreiheit. Abends wurde alles verdunkelt. Und im übrigen ging die Sorge zunehmend darum, na praktisch, wie Du von Angriff zu Angriff lebtest. Ich mein', der Alltag ist dann durch sehr Unalltägliches vornehmlich geprägt gewesen, nämlich durch das Kriegsgeschehen, das sich ja nicht auf die Front beschränkte.

Charles Schüddekopf: Ab '39, ja.

Ilse Strasser: Ab '39.

Charles Schüddekopf: Vor '39 . . . Also für mich ist es einfach ein Abstraktum. Ich denke immer, man hätte sich jeden Augenblick seines Lebens — zumindest die Leute, die wußten, was da passierte — . . .

Ilse Strasser: Aber die waren zum Teil in alle Winde versprengt. Die, die sehr aktiv gewesen waren, haben nach Möglichkeit gesehen, daß sie ins Ausland kamen. Zum Beispiel von dem Kreis, mit dem ich in sehr jungen Jahren zu tun hatte, war nahezu niemand mehr übrig, und ich konzentrierte mich auf meine Familie. Was wäre anderes geblieben?

Charles Schüddekopf: Nein, es ist etwas anderes, was mich irgendwie quält, weil ich es konkret nicht fassen kann. Ich denke — und das ist natürlich wahrscheinlich eine idealisierte und sehr überhöhte Vorstellung von politischem Bewußtsein —, daß man sich jeden Augenblick seines Lebens unter den Nationalsozialisten bewußt war, in einer Diktatur zu leben.

Ilse Strasser: Sicherlich.

Charles Schüddekopf: Das war man?

Ilse Strasser: Ja, zähneknirschend, natürlich, das ja.

Charles Schüddekopf: Und trotzdem gab es etwas wie Orte des Abseits, in denen Faschismus eigentlich nur die Rolle des Außen spielte?

Ilse Strasser: Ja, aber wenn Du nicht selbst Faschist bist, kann der Faschismus für Dich persönlich nur Außen bleiben. Ich meine, das schließt nicht aus, daß Du darunter leidest und daß Dir das, um das Wort entsetzlich zu vermeiden, höchst unerfreulich und höchst unangemessen vorkommt. Aber das schließt doch nicht aus, daß Du Deinen Alltag verbringst auch mit kleinen Freuden und kleinen Lichtblicken, die sich aber dann auf private Dinge beziehen.

Charles Schüddekopf: Du lebst in einem nationalsozialistischen Alltag mit dem Bewußtsein des Antifaschisten, das heißt also, mit dem Bewußtsein, eigentlich nie zu kollaborieren, nie Vollstreckungsgehilfe zu sein, aber Du lebst doch in diesem Alltag.

Ilse Strasser: Ja.

Charles Schüddekopf: Und Du bist irgendwie auch Bestandteil dieses Alltags. Bist Du dann nicht auch Bestandteil, Vollstreckungsgehilfe dieses Herrschaftssystems?

Ilse Strasser: Sicher. Ja. Und da setzt der Vorwurf an. Da, wo ich nicht aktiven Widerstand leiste, muß ich mir sagen, daß ich es zwar nicht unterstützt, aber auch nichts dagegen unternommen habe.

Charles Schüddekopf: Nein, ich wollte das nicht irgendwie eskalieren lassen zu Fragen nach Schuld oder nach Sühne oder nach Moral, sondern: Wie sieht dieser Alltag aus, dieser Alltag, in dem man schon Bestandteil ist?

Ilse Strasser: Nicht anders als jetzt.

Charles Schüddekopf: Also, so wie ich jetzt lebe, hätte ich auch damals leben können, mit gewissen Einschränkungen, materiellen Einschränkungen?

Ilse Strasser: Vor dem Krieg und mit den Einschränkungen, daß Du natürlich nicht dieses breite von Dir sicherlich gewünschte Angebot auch nur auf dem kulturellen Sektor gehabt hättest. Aber, ich meine, unter dem, was noch erreichbar, hörbar, sichtbar, hörbar an Musik, sichtbar an Bildern, lesbar an Literatur war, konntest Du ja immerhin noch einiges finden, um nicht ganz zu vertrocknen.

Charles Schüddekopf: Was für eine Alltagsliteratur gab es denn überhaupt? Alltagsliteratur ist im besten Sinne ja eine, die den Alltag kritisch widerspiegelt.

Ilse Strasser: Man konnte durchaus noch Hermann Hesse lesen, und ich meine, auch bei Hesse ist durchaus kritisches Potential.

Charles Schüddekopf: Und sonst war es die Alltagsliteratur des Faschismus?

Ilse Strasser: Ja. Ja, und über die Reichsschrifttumskammer der Leute, die da groß geworden waren und sich da angepaßt hatten. Hanns Johst, Blunck, Leute, die indiskutabel waren.

Charles Schüddekopf: Kolbenheyer.

Ilse Strasser: Ja, Kolbenheyer.

Charles Schüddekopf: ... dessen Gesamtwerk heute wieder zu kaufen ist.

Ilse Strasser: Ja, das ist eben sehr interessant.

Charles Schüddekopf: Du hast 1940 das erste Kind bekommen?

Ilse Strasser: 1939. Und da war ich finster entschlossen, daß das mein Kind wäre und ich es alleine aufziehe. Ich lebte mit einer Freundin zusammen, die sich von ihrem Mann getrennt hatte und die beide Kinder versorgte. Ich arbeitete und verdiente das Geld. Wir lebten außerhalb von Düsseldorf, elf Kilometer weit, auf dem Land, hatten ein kleines Haus mit vier Räumen, bezahlten 25 Mark, hatten eine Ziege, zwei Morgen Land, und das wär' eigentlich ganz gut gegangen. Und ich hatte den Plan, bevor der Krieg ausbrach, nach Ostpreußen zu übersiedeln, weil ich das Land immer gerne sehen wollte, hatte auch schon die Zusage des Landrats von Goldap in der Tasche. Tja, und dann startete mein nachmaliger Mann einen großen Auftritt, haute kräftig auf den Tisch und erklärte, das würde er nicht zulassen, obgleich er gar nichts hätte zulassen oder dawider haben können. Immerhin imponierte mir das sehr, und ich habe mich dann entschlossen, dazubleiben und ihn zu heiraten.

Charles Schüddekopf: Das war 1940?

Ilse Strasser: Das war 1940. 1939 brach der Krieg aus, ja.

Charles Schüddekopf: Du hast insgesamt vier Kinder?

Ilse Strasser: Ja.

Charles Schüddekopf: Und alle sind sie unter der Flagge Hitlers geboren?

Ilse Strasser: Unter der Flagge Hitlers geboren, aber von der haben sie wenig gemerkt.

Charles Schüddekopf: Also Du hattest nie das Problem, daß Dein Alltag Dich auch noch vor die Anforderung stellte, die Faschisierung Deiner Kinder zu verhindern?

Ilse Strasser: Dazu waren sie zu klein, nein. So alt bin ich wiederum nicht.

Charles Schüddekopf: Also sah Alltag für Dich anders aus — das Problem kann ich mir vorstellen ...

Ilse Strasser: Das wäre ein Problem gewesen, wären die Kinder älter gewesen und ich wäre vor die Frage gestellt worden, sie müssen jetzt in die Hitlerjugend und sowas. Da hätten in der Tat Probleme angestanden.

Charles Schüddekopf: Probleme standen aber an, wie man die Kinder durch diese Zeit bringt. Oder ging das reibungslos? Ich meine, die Ernährungssituation wurde immer katastrophaler . . .

Ilse Strasser: Nein, im Krieg nicht. Die wurde erst katastrophal nach dem Krieg. Im Krieg war das so organisiert, daß Du vor allem als Familie mit Kindern zwar nicht kochen konntest wie heute, was Dir gerade in den Kopf kam, aber anhand der Zuteilung durchaus variieren konntest und eigentlich alles das, was der Organismus braucht, garantiert war. Es gab ausreichend Milch, es gab ausreichend Kohlehydrate, Obst gab's auch und solche Dinge. Nein, das Problem tauchte erst nach dem Krieg auf.

Charles Schüddekopf: Als Frau im Nationalsozialismus, das bedeutete ja eine gewisse ideologische Stigmatisierung und Doppelrolle. Auf der einen Seite die Nur-Hausfrau und Mutter, eine Rollenvorstellung, die der Nationalsozialismus ja nie eingehalten hat, auf der anderen Seite aber die Chance der Frau, berufstätig zu werden, von den Nazis aus kriegswirtschaftlichen, aus Kapitalinteressen heraus aktiv unterstützt. Wie hast Du das erlebt? Warst Du überhaupt berufstätig?

Ilse Strasser: In den Jahren nicht, nein.

Charles Schüddekopf: Aber wie hast Du Deine Rolle als Frau unter diesen ideologischen Voraussetzungen, die sich selber widersprachen, erlebt? Du hast vorhin erzählt von dem Mutterkreuz, das Du nicht angenommen hast.

Ilse Strasser: Nein, das hab' ich nicht gesagt. Sie haben sich entschuldigt, daß sie es mir nicht zuerkennen konnten, weil es einen jüdischen Großvater in der Familie gab. Ich habe ihnen gesagt, sie sollen sich nicht beunruhigen, ich sei keine Preiskuh. Ich hätte es nicht annehmen mögen, in der Tat nicht. Ich habe keine Kinder für den Führer oder für den Staat gekriegt, sondern *ich* habe sie gekriegt, genau genommen, weil's keine Pille gab. Aber wenn sie denn schon da waren, dann ganz sicher nicht für diese Art von Staat.

Charles Schüddekopf: Und wie hat aber diese Art von Staat Dich in deinem Dasein, in Deinem Dasein als Frau bestimmt?

Ilse Strasser: Ich habe gesehen, welche Rolle der Staat Mädchen und Frauen zuwies. Und ich muß sagen, das fand ich auf der einen Seite traurig und auf der anderen Seite zum Lachen, aber es hat mich nicht berührt.

Charles Schüddekopf: Aber diese Ideologie: Frau am Herd oder, zugespitzt gesagt, als Sklavin des Mannes . . .

Ilse Strasser: Das habe ich mit meiner Auffassung, mit der ich großgeworden war, nur als komisch empfinden können. Auch von den Frauen als komisch.

Charles Schüddekopf: Und das hat Dich konkret nie berührt?

Ilse Strasser: Nein, überhaupt nicht. Es hätte mich natürlich in dem Moment berührt, wo der Staat seinerseits Einfluß auf die Kinder hätte nehmen können. Dazu waren sie noch zu klein. Da wäre das Problem akut gewesen; denn was hätte ich dann tun können?

Charles Schüddekopf: Aber anders gefragt: Der Alltag, den Du in Deinem Elternhaus in der Weimarer Republik erfahren hast, der ja für eine Frau geprägt war von Normen, von Klischees, der hat sich durch den Nationalsozialismus nicht wesentlich gewandelt. Da war also kein Zuwachs von Repression und Deformation?

Ilse Strasser: Nein. Und das hängt einfach mit der besonderen Situation zusammen, daß ich einfach Privatmensch war. Und daß diese Rolle ja auch nicht im Gegensatz zu der Auffassung des Staates lag, denn eine Frau, die Kinder hat, gehörte ja nun mal ins Haus. Der Auffassung war ich allerdings selbst auch, aber nicht unter nationalsozialistischem Vorzeichen, sondern im Interesse der Kinder, wenn man sie denn schon in die Welt setzt, ohne sie gefragt zu haben, ob sie Lust dazu haben.

Charles Schüddekopf: Wie hat das ausgesehen — es gibt als grobes Raster zwei Formen des Widerstandes. Eine davon ist nach 45 in allen Facetten und Bereichen dargestellt worden: Das ist der organisierte Widerstand. Es gibt aber auch eine Form, die eigentlich bisher kaum zur Sprache gekommen ist, das ist der Widerstand des Einzelnen, man könnte auch sagen, der subjektive Widerstand. So wie er heute mir sich darstellt, hat er in Nischen stattgefunden . . .

Ilse Strasser: Ich brauchte keinen Widerstand zu leisten; ich war nicht infiziert. Und wäre ich im Berufsleben gewesen und auch in der kurzen Zeit, in der ich es war, na ja gut, da war ich in einer glücklichen Situation, daß ich zusammen mit meinem Chef ungehindert meckern konnte.

Charles Schüddekopf: Ja, das ist eine Form des Widerstandes, den ich meine.

Ilse Strasser: Die Möglichkeit des Sichentlüftens, seine Meinung von Fall zu Fall äußern. Nun gut, die habe ich nicht ausgelassen. Die habe ich aber auch persönlich nie als so gefährlich erlebt. Ich hab' jedenfalls nie eine negative Quittung darauf erhalten.

Charles Schüddekopf: Gehörte diese Form des Widerstandes, die zum Beispiel der Witz transportierte oder die nicht herausgehängte Fahne und die

Weigerung, etwas fürs Winterhilfswerk zu geben, waren das alltägliche Formen des Widerstandes?

Ilse Strasser: Ja, das sind alltägliche Formen des Widerstandes.

Charles Schüddekopf: Gibt es noch andere in Deinen Erinnerungen?

Ilse Strasser: Ja, daß man nicht zu dieser Art von Maifeiern ging, sondern sich davor drückte, wie das genannt wurde. Daß man nach Möglichkeit aussparte, eine Hitler-Rede ganz zu hören, wenn man es sonst nicht schon vermeiden konnte, sich überhaupt ganz zu absentieren, daß man eben Arbeit vorschützte und dann erst im letzten Moment hinging. Und ich muß sagen, ich habe da eine interessante Erfahrung gemacht, die mir manches, was man so um sich her erlebte, diese Besessenheit, diese Art von Psychose, der eine ganze Bevölkerung erlegen ist, etwas beleuchtet hat. Das war eine der Hitler-Reden, zu der ich ging, als die Hälfte vorüber war. Ich stand in der Nähe der Tür hinter einem Pfeiler. Das hatte zur Folge, daß ich das, was gesagt wurde, nicht mitbekam, sondern nur den Ton, den auf- und abschwellenden Ton und die außerordentliche Inbrunst, mit der gesprochen wurde. Das war Hitler in einer Phase, wo er nicht nur mehr brüllte, sondern offenbar schon etwas rhetorische Schulung erfahren hatte. Dann hab' ich bei mir selbst beobachtet, und wahrscheinlich bei mir beobachten können, *weil* ich nichts verstand, weil sonst sofort der Widerstand eingesetzt hätte, daß nur diese Art des Sprechens, die durchaus den Eindruck vermittelte, als stünde der ganze Mensch zwingend hinter dem, was er sagte, eine Art Mitschwingen in einem erzeugte. Und das hat mich wahnsinnig erschreckt, und ich hab' gedacht, Du hast nicht ein Wort verstanden und kannst bei Dir selbst konstatieren, daß so etwas eine Wirkung hat nur durch den Ton, in dem geredet wird. Und wenn bei jemandem, der schon leidlich kritisch genannt werden konnte, solche Wirkungen zu konstatieren sind, wie willst Du es Menschen verübeln, die sehr wenig Gelegenheit gehabt haben, Kritik zu entwickeln? Ich meine, das macht sich dann am Wort fest, aber dazu mußt Du dann verstehen. Bei den ersten Reden kam so etwas gar nicht in Frage. Das ging immer gleich mit 'nem Mordsgebrüll los und begann mit dem »Vierzehn Jahre ...« undsoweiter. Weißt Du, dagegen bist Du immun.

Charles Schüddekopf: Das hat jetzt von der Frage weggeführt, was Alltag noch an Nischen für ...

Ilse Strasser: Für Widerstand.

Charles Schüddekopf: Widerstand, das ist im heutigen Sprachgebrauch nicht der Begriff. Ich meine einfach ...

Ilse Strasser: Für Selbstbehauptung ...?

Charles Schüddekopf: Ja, Selbstbehauptung, das trifft es eher . . .

Ilse Strasser: Ich habe da keine Schwierigkeiten gehabt, weil ich in erster Linie auf meinen privaten Bereich beschränkt war, bis auf die kurze Zeit, wo ich im Beruf war und es da von Fall zu Fall getan habe, oder meinetwegen eben bei diesem Vorfall im Lokal oder bei dieser Geschichte mit dem Mutterkreuz oder später im Krieg, als mein drittes Kind geboren war. Man bekam seitens des Finanzamts eine bestimmte Zuwendung. Und nachdem das vierte Kind geboren war, hörten diese Zuwendungen auf, das heißt, ich bekam sie nicht für das vierte Kind, ich bekam sie auch nicht für das dritte Kind.

Charles Schüddekopf: Man bekam pro Kind, das geboren wurde, 250 Mark. Das heißt, das hat alles, glaube ich, damit zu tun, daß eine Art Ehedarlehen von 1000 Mark gegeben wurde, das man abkindern konnte.

Ilse Strasser: Nein, das war eine ganz andere Sache. Nein dies war einfach aufgrund der Tatsache, daß Du mehr Kinder als zwei in die Welt setztest, das wurde irgendwie prämiiert, und Du bekamst daher zu dem monatlichen Unterhaltsgeld noch einen bestimmten Betrag. Und der wurde also plötzlich storniert, ich bekam nichts, hörte auch nicht, aus welchem Grund. Und mein Mann, aus seiner Situation heraus mißtrauisch, bezog das sehr richtig auf die Lage, in der sich die Familie befand. Und das wollte ich gerne feststellen. Ich lebte damals, nachdem 1943 die Wohnung hier im Westen nach einem Bombenangriff restlos ausgebrannt war, in der Oberlausitz mit den Kindern und hatte dann auch meine Schwester bei mir, die die Kinder versorgen konnte. Ich fuhr also hier herunter zum Westen und, da wir vorher in Bedburg ansässig gewesen waren und die Kreisleitung in Bergheim an der Erft saß, bin ich dorthin und wollte diesen Mann sprechen. Ich kriegte nur seinen Vertreter, er selbst war nicht da, und habe den dann gefragt, wie das zusammenhinge. Und darauf sagte er mir folgendes: Man habe festgestellt, daß in der Familie nicht nur der jüdische Großvater wäre väterlicherseits, sondern daß auf der mütterlichen Seite noch zwei Generationen zuvor auch ein Jude gewesen sei. Und in einem *solchen* Fall sähen sie von einer Förderung ab. Und daraufhin habe ich ihm gesagt, dann würde ich ihnen doch vorschlagen, den Vater der Kinder a tempo von der Front in Rußland zurückzuziehen, damit er selbst wenigstens in der Lage ist, hier für seine Kinder zu sorgen, wenn denn der Staat es nicht für möglich hielte, sie zu fördern angesichts der Tatsache, daß er ja wie jeder andere an die Front geschickt wird. Und darauf äußerte dieser Mann den klassischen Satz: Da Sie ja totalen Bombenschaden erlitten haben und damit Ihre Pflicht getan haben — was für einen Blödsinn er da äußerte, war ihm nicht ganz klar —, wolle er nochmal vorstellig werden. Ich kann nicht sagen, daß der rabiat gewesen wäre oder mir gedroht hätte. Im Gegenteil, er war verlegen. Nur, wie gesagt, darüber ging der Krieg zu Ende, und ich hab' nie wieder etwas davon gehört, und meine Sorgen waren entschieden auch andere. Nur, ich will sagen, auch das ist ein Moment gewesen, wo ich die Gelegenheit nicht gescheut habe, deutlich meine Meinung zu sagen. Aber darauf hat sich's beschränkt. Ich kann Dir da nicht mehr bieten.

Charles Schüddekopf: Nein, Du mißverstehst das. Du sollst mir nichts bieten, und ich habe nicht nach etwas Außergewöhnlichem oder Sensationellem gefragt . . .

Ilse Strasser: Ja, aber Du siehst es weitgehend so, daß eigentlich eine ständige Art von Druck und Leiden sich notwendig hat herstellen müssen bei Menschen, die das nicht mit unterschreiben konnten. Natürlich. Aber selbst wenn Du Dich in der Situation befindest . . . Ist das heute sehr viel anders?

Charles Schüddekopf: Nein, und es ist nur die Frage . . .

Ilse Strasser: Und lebst Du nicht auch damit, und hast Du nicht auch Stunden, wo Du fröhlich bist?

Charles Schüddekopf: Ja klar. Genau das wollte ich ja auch wissen. Ich glaube nicht an diese permanente Deformierung des Alltags.

Ilse Strasser: Eben. Aber das ist ja auch das Fatale: man richtet sich ein, man hat seine privaten Kümmernisse, seine privaten Freuden, und das übrige ist, wie es ist. Mir ist nicht wohler heutzutage. Nicht, weil ich meine, dieser Staat sei faschistisch. Aber ich bin ein gebranntes Kind. Und vieles, was sich so begibt, angefangen bei der Zustimmung zu den Notstandsgesetzen über den Radikalenerlaß bis hin zum »Nachrüstungs«-Beschluß und der Lagerung von cruise missiles in der BRD, die Programmierung der Bevölkerung auf ein bestimmtes Feindbild, die zunehmende Bereitschaft neuerdings, einen Atomkrieg nicht mehr für ganz unmöglich zu halten — das deformiert mir meinen Alltag ganz gehörig.

Charles Schüddekopf: Das ist schon die Frage danach, ob das alltägliche Leben unter dem Hakenkreuz außer Erinnerungen und Bildern, von denen wir eben gesprochen haben, auch Spuren hinterlassen hat . . .

Ilse Strasser: Ja, das hat es sicherlich.

Charles Schüddekopf: Ja, laß es mich anders sagen. Ich meine mit Spuren — das scheint sehr oberflächlich — ich meine seelische Verwundungen, auch politische Verwundungen, die Dein Leben bis heute mitbestimmen, Prägung.

Ilse Strasser: Absolut.

Charles Schüddekopf: Wie sieht das aus konkret? Ich meine, wie sieht das aus in der alltäglichen Praxis heute? Was bedroht Dich? Was bedroht Dich, weil Du mehr weißt als ich?

Ilse Strasser: Was mich existentiell bedroht, ist das unabweisliche Gefühl von tiefer Resignation, das Gefühl, wie es ein Tiger in einem Käfig haben mag, der vorher Freiheit gekannt hat, dies Hinundherlaufen und etwas tun mögen und nicht sehen, wo man etwas tun kann. Ich sehe keine Möglichkeit, mich zu engagieren, wo ich es für wirklich effektiv halten könnte. Ich seh's zur Zeit nicht.

Charles Schüddekopf: Das Gefühl könnte ich auch haben, Ilse, ohne daß ich Nationalsozialismus und Faschismus hätte erleben müssen. Was sind die Wunden aus dieser Zeit, die Dein Leben heute noch bestimmen?

Ilse Strasser: Ja, daß ich mir sagen muß, daß eben außer dem passiven Widerstand kein aktiver geleistet worden ist, sondern ich mir eben auch mein Privatleben in der Zeit gegönnt habe, was genau genommen, wenn ich mich als politischer Mensch verstehe — und in gewisser Weise habe ich mich auch damals als solcher verstanden — ich mir nicht hätte leisten dürfen.

Charles Schüddekopf: Ja, das ist die Frage nach Schuld. Ich meine mehr die Frage nach . . .

Ilse Strasser: Ja, aber das ist etwas, mit dem man fertigwerden muß. Du hast gefragt nach irgendwelchen Rückständen aus dieser Zeit, die sich in einem festgesetzt haben. Du hast das Wunde genannt — gut. Ich meine, ich kann das nur so definieren. Ich habe persönlich keine Attacken erfahren, keine Verhöre erlebt und solche Dinge.

Charles Schüddekopf: Du kennst mich, Du kennst meinen Alltag. Du weißt vielleicht, wie ich versuche, diesen Alltag zu bewältigen. Was ich meinte, war die Frage danach, ob Du, weil Du im Gegensatz zu mir diesen nationalsozialistischen Alltag kennst, der Dir irgendwelche Zeichen auf die Haut gebrannt hat, ob Du den heutigen Alltag anders erfährst als ich. Also das wäre ja: durch Geschichte Lernen.

Ilse Strasser: Doch, ich hab' das schon erwähnt. Ich meine, daß das natürlich hochgradig sensibilisiert für Strömungen, die Du ja heute wieder beobachten kannst und denen entschieden zuwenig Aufmerksamkeit gezollt wird, während man der »Bedrohung von links« eine überdimensionale Bedeutung beimißt. Ich bin unfähig geworden zum »kleinen Kompromiß«. Radikalenerlaß und politische Denunziation versetzen mich in hellen Alarm — gebranntes Kind. Ausländerhaß und Kristallnacht kann ich nur nebeneinandersehen. Und solche Parallelen lassen mich einfach fassungslos werden. *Niemand* hat vor '33 geglaubt, daß sich das ereignen würde, was sich dann ereignet hat. Niemand glaubt heute, was morgen brutale Wirklichkeit sein kann.

Begriffserklärungen

ADGB (Allgemeiner Deutscher Gewerkschaftsbund), Spitzenverband der freien Gewerkschaften, der 1919 als Nachfolgeorganisation der »Generalkommission der Gewerkschaften Deutschlands« gegründet wurde. 1933 versuchte der ADGB zunächst durch Verzicht auf politische Demonstrationen und Anpassung an das Nazi-Regime, seine Organisation zu erhalten. Im Mai 1933 wurde er dennoch aufgelöst und von den Nazis durch die DAF (Deutsche Arbeitsfront), eine NSDAP-Organisation, ersetzt.

BDM (Bund Deutscher Mädel), Teil der HJ. Der BDM sollte die Mädchen auf ihre Rolle als Hausfrau und Mutter vorbereiten und dabei die antifeministische, rassistische NS-Ideologie verankern.

Blockwart. Die nach dem Führerprinzip strukturierte NSDAP war von oben nach unten in Reichsleitung, Gauleitung, Kreisleitung, Ortsgruppe, Zelle und Block organisiert. Innerhalb des Blocks als Basis war der Blockwart der unterste Rang. Ihm oblagen gewisse Aufgaben, die zumeist Überwachungs- und Kontrollfunktionen hatten.

Bündische Jugend, eine um 1923 entstandene Bezeichnung für die politisch und konfessionell unabhängigen Bünde der Jugendbewegung. 1933 wurde die bündische Jugend verboten und im Zuge der totalen Gleichschaltung der HJ eingegliedert.

DAF (Deutsche Arbeitsfront), nationalsozialistische Organisation, die nach dem 2. Mai 1933 an die Stelle der Gewerkschaften trat. Die Mitgliedschaft bei der DAF war formell freiwillig, jedoch wurde von Anfang an ein starker Druck auf die Arbeitnehmer ausgeübt, der DAF beizutreten. Anfangs eine Arbeitnehmerorganisation zur Integration der Arbeiter, begann die DAF tarifpolitische Vorstellungen zu entwickeln. 1934 wurden deshalb alle tarifpolitischen Angelegenheiten dem Industrie- und Handelstag übertragen. Dann wurde die DAF umstrukturiert. Sie sollte offen sein für alle »schaffenden Deutschen«, d. h. auch für die Unternehmer. Während nun die Unternehmer über die Wirtschaftsverbände ihre Interessen gegenüber der Regierung vertreten konnten, besaßen die Arbeitnehmer keine gewerkschaftliche Vertretung mehr.

Deutsches Jungvolk, siehe HJ.

Freie Gewerkschaften, siehe ADGB.

Glaube und Schönheit. Während die Jungen innerhalb der Hitlerjugend eine paramilitärische Ausbildung erhielten, wurden die Mädchen auf »allen hausmütterlichen Gebieten geschult«. 1937 wurden daher die Zeltlager für Mädchen verboten und 1938 das BDM-Werk »Glaube und Schönheit« gegründet, in dem die Mädchen in »Körperpflege, Gymnastik, Geschmacksbildung und Kultur« unterwiesen wurden.

HJ (Hitlerjugend), Jugendorganisation der NSDAP, die 1926 als »Bund deutscher Arbeiterjugend« gegründet wurde. Bis 1933 gehörte sie als Jugendabteilung zu den nationalsozialistischen Kampfverbänden. 1936 machte ein Reichsgesetz die HJ zur zentralen, dem Elternhaus und der Schule gegenüber bevorzugten Organisation. Alle anderen Jugendorganisationen waren zuvor bereits aufgelöst, d. h. gleichgeschaltet worden. Die HJ war folgendermaßen aufgebaut: 10- bis 14jährige Jungen und Mädchen bildeten das »Deutsche Jungvolk« bzw. den »Jungmädelbund«, die 14- bis 18jährigen Jungen und Mädchen die HJ im engeren Sinne bzw. den »Bund Deutscher Mädel«.

ISK (Internationaler Sozialistischer Kampfbund), gegründet im Januar 1926, zunächst unter Leitung von Leonard Nelson, später von Willi Eichler, erkennt früher als andere sozialistische Gruppierungen die Notwendigkeit der Abwehr des Nationalsozialismus mit allen Mitteln. 1932 Gründung der antifaschistischen Tageszeitung »Der Funke«. Nach der nationalsozialistischen Machtergreifung intensive, gut vorbereitete konspirative Aktivitäten im Inland und aus dem Exil. Trotzdem 1937 Verhaftung vieler Funktionäre und weitgehende Zerschlagung der Inlandsorganisation durch die Gestapo.

KdF (Kraft durch Freude), einer der DAF unterstellte »Gemeinschaft«, die die Zielsetzung hatte, Urlaub und Reisen sowie die Volksbildung zu gestalten. Dem Ausland, aber auch den eigenen »Volksgenossen« gegenüber sollte die »KdF-Gemeinschaft« den wachsenden Wohlstand der Arbeiter im Dritten Reich demonstrieren.

Kinderfreunde, siehe SAJ (Sozialistische Arbeiterjugend).

Landwirtschaftliches Pflichtjahr. Auf Anordnung des Beauftragten für den wirtschaftlichen Vierjahresplan von 1938 mußte »die ledige weibliche Jugend« unter 25 Jahren mindestens ein Arbeitsjahr in der Land- und Hauswirtschaft absolvieren. Gleichzeitig wurde ein Nachweis des Pflichtjahrs im sogenannten Arbeitsbuch für alle die Frauen gefordert, die nach dem 1. März 1938 erstmals eine Tätigkeit als Arbeiterin oder Angestellte aufnehmen wollten.

NSBO (Nationalsozialistische Betriebszellen-Organisation). Am 2. Mai 1933 besetzte die SA die Häuser der freien Gewerkschaften, ihr Vermögen wurde beschlagnahmt und ihre Führer wurden verhaftet. Daraufhin lösten sich die christlichen Gewerkschaften freiwillig auf. Nachdem die Interessenvertretung der Arbeiter zerschlagen war, ging von den Nationalsozialistischen Betriebszellenorganisationen die Initiative zur Bildung der Deutschen Arbeitsfront aus.

Napola (Nationalpolitische Erziehungsanstalten), 1933 gegründete und 1941 dem Reichserziehungsminister direkt unterstellte Kaderschulen für den NS-Führungsnachwuchs.

NS-Frauenschaft. Zwischen 1912 und 1933 hatte die Frauenbewegung Teilerfolge auf vielen wichtigen Gebieten erreicht, so die politische Gleichberechtigung (1918) und die Anerkennung der weiblichen Arbeits- und Berufsleistung in einigen Bereichen. Nach 1918 bestimmte die Schulung der Frau zur Staatsbürgerin und die Herausarbeitung klarer Frauenforderungen für das soziale Leben die Arbeit der Frauenbewegung. Diese Entwicklung brach 1933 mit der Machtergreifung durch die Nationalsozialisten ab. Der »Bund Deutscher Frauenvereine« und die meisten großen Frauenberufsverbände lösten sich auf. Der Anschluß der deutschen Frauenbewegung an die internationalen Verbände wurde gelöst, die konfessionellen Verbände wurden streng auf das kirchliche Gebiet beschränkt und die bleibenden Vereine im »Frauenwerk« zusammengefaßt. Die nationalsozialistischen Frauen schlossen sich in der »NS-Frauenschaft« zusammen. Die Ziele der Frauenbewegung wurden als liberalistisch abgelehnt, die Frauenarbeit auf »Pflege der Familie, Heranbildung gesunder tüchtiger Hausfrauen und Mütter« ausgerichtet.

NSV (NS-Volkswohlfahrt), ein im April 1932 in Berlin gegründeter und der NSDAP angeschlossener Verband, der für die nationalsozialistische Wohlfahrtspflege zuständig war. Ihre Zuständigkeit erschöpfte sich nicht in der Armenfürsorge, sondern sie war ein wichtiges Instrument zur Durchsetzung der nationalsozialistischen Rassenideologie. »Aus der rassepflegerischen Einstellung der nationalsozialistischen Weltanschauung heraus zielt ihre Hilfe auf Erhaltung und Förderung der biologisch rassisch und charakterlich wertvollen Kräfte des Volkes.«

RAD (Reichsarbeitsdienst), eine Reichsorganisation, die zur Durchführung der allgemeinen Arbeitsdienstpflicht, die am 26. Juni 1935 für die gesamte männliche und weibliche Jugend vom 18. bis 25. Lebensjahr in Kraft trat, gegründet worden war. Die Dienstzeit betrug ein halbes Jahr.

Sturmabteilung (SA), uniformierte und bewaffnete politische Kampf- und Propagandatruppe der NSDAP. 1920 wurde sie als Versammlungsschutz der Partei gegründet und war seit 1921 von ehemaligen Freikorpsoffizieren zur paramilitärischen Organisation nach dem Vorbild der Wehrverbände umgeformt worden. Die SA wurde im Straßenkampf, zur Terrorisierung der politischen Gegner und zur Herausforderung der Staatsgewalt eingesetzt. Nach der Machtergreifung verfolgte ihr Stabschef E. Röhm weitergehende Ziele: die Bildung eines Milizheeres der SA, in dem die Reichswehr aufgehen sollte. 1934 ließ Hitler beim sogenannten Röhmputsch die Führungsspitze der SA liquidieren und löste die SA als selbständige Organisation weitgehend auf.

SS (Schutzstaffel), 1925 entstandene Sonderorganisation zum Schutze Hitlers und anderer NSDAP-Funktionäre, die sich nach 1933 zum wichtigsten politischen Sicherheits- und Terrorinstrument der NSDAP entwickelte. Nach 1934 drang die SS immer mehr in die politische Polizei der Länder ein, und 1936 wurde Heinrich Himmler, der Reichsführer der SS, auch Chef der Polizei und 1943 Reichsinnenminister. Damit hatte die SS eine zentrale politische Machtstellung im Dritten Reich erlangt. Sie organisierte und vollzog den Terror der Geheimen Staatspolizei und der Konzentrationslager, die Massentötungen der Juden und den zerstörerischen Widerstand vor der endgültigen Niederlage des Dritten Reiches.

SAJ (Sozialistische Arbeiterjugend). Vorläufer sind die ab 1904 gegründeten lokalen Arbeiterjugendvereine. Der Mitgliederstand der Organisation — seit 1923 unter dem Namen Sozialistische Arbeiterjugend — erreicht 1925 mit 70.000 einen Höhepunkt. — Parallel entwickeln sich nach österreichischem Vorbild seit Ende des ersten Weltkriegs Kinderfreunde- (später Rote Falken-) Gruppen, die sich 1923 zur Reichsarbeitsgemeinschaft der Kinderfreunde zusammenschließen und ab 1927/28 organisatorisch wie inhaltlich eng mit der SAJ zusammenarbeiten. Bei ihrer Auflösung 1933 zählt die Kinderfreundebewegung 200.000 Mitglieder.

Winterhilfswerk, 1933 im Rahmen der »Nationalsozialistischen Volkswohlfahrt« gegründete Hilfsorganisation. Sie unterstand der Aufsicht des Propagandaministers Goebbels. Das Winterhilfswerk sammelte — auch zu propagandistischen Zwecken — Geld, Lebensmittel und Kleider für Bedürftige.

Weiterführende Literatur

Apitz, Bruno, Nackt unter Wölfen, Frankfurt, 1979

Burkhardt, Berndt, Eine Stadt wird braun. Die nationalsozialistische Machtergreifung in der Provinz. Eine Fallstudie, Hamburg, 1980

Der Nationalsozialismus Dokumente 1933—1945. Herausgegeben, eingeleitet und dargestellt von Walther Hofer, Frankfurt/M., 1957

Eggebrecht, Axel, Volk ans Gewehr, Chronik eines Berliner Hauses 1930—34, Berlin/Bonn, 1980

Kennzeichen J. Bilder, Dokumente, Berichte zur Verfolgung und Vernichtung der Deutschen Juden 1933—1945. Herausgegeben von Helmut Eschwege, Frankfurt/M., 1979

Schoenberner, Gerhard, Der gelbe Stern. Die Judenverfolgung in Europa 1933 bis 1945, München, 1978

Terror und Hoffnung in Deutschland 1933—1945. Leben im Faschismus. Herausgegeben von Johannes Beck, Heiner Boehncke, Werner Heinz, Gerhard Vinnai, Reinbek, 1980

Zorn, Gerda und Meyer, Gertrud, Frauen gegen Hitler. Berichte aus dem Widerstand 1933—45, Frankfurt/M., 1974